Teletrabajo
y Neurotecnología

Diseño de tapa:
LUCAS FRONTERA SCHÄLLIBAUM

VIVIANA L. DÍAZ

Teletrabajo y Neurotecnología

Una guía imprescindible
para gestionar el Trabajo 4.0

GRANICA

ARGENTINA - ESPAÑA - MÉXICO - CHILE - URUGUAY

© 2018 *by* Ediciones Granica S.A.

ARGENTINA
Ediciones Granica S.A.
Lavalle 1634 3° G / C1048AAN Buenos Aires, Argentina
granica.ar@granicaeditor.com
atencionaempresas@granicaeditor.com
Tel.: +54 (11) 4374-1456 Fax: +54 (11) 4373-0669

MÉXICO
Ediciones Granica México S.A. de C.V.
Calle Industria N° 82
Colonia Nextengo - Delegación Azcapotzalco
Ciudad de México - C.P. 02070 México
granica.mx@granicaeditor.com
Tel.: +52 (55) 5360-1010. Fax: +52 (55) 5360-1100

URUGUAY
granica.uy@granicaeditor.com
Tel: +59 (82) 413-6195 FAX: +59 (82) 413-3042

CHILE
granica.cl@granicaeditor.com
Tel.: +56 2 8107455

ESPAÑA
granica.es@granicaeditor.com
Tel.: +34 (93) 635 4120

www.granicaeditor.com

Díaz, Viviana L.
    Teletrabajo y Neurotecnología : una guía imprescindible
para gestionar el Trabajo 4.0 / Viviana L. Díaz. - 1a ed. -
Ciudad Autónoma de Buenos Aires : Granica, 2018.
    352 p. ; 22 x 15 cm.

    ISBN 978-950-641-953-0

    1. Neurociencias. I. Título.
    CDD 158.2

ÍNDICE

AGRADECIMIENTOS

Son muchas las personas, mascotas, ángeles, lugares, creencias, Dios, que han marcado mi vida, enseñándome, y convirtiéndome en alguien mejor.

A mis hijos Melisa y Esteban, que son mi orgullo, mi amor incondicional, de quienes aprendo, en el día a día, contagiándome sus alas de libertad.

A mi compañero inseparable, Albert, pasión compartida, alegrías y valor para encarar una vida en común.

A mis adorados padres, que me han inculcado valores y una excelente educación con la firmeza de papá y la ternura emocional de mamá.

A mi querido hermano, con su acompañamiento permanente.

A los excelentes autores que compartieron capítulos de mi proyecto convertido hoy en obra, Alberto Eduardo Fantini y Eduardo Berteuris, copilotos de esta nave que pretende ser faro y agente de la realidad.

A Julio Armando Grisolia, que siempre en la búsqueda del *kaizen* ha sido un referente e incansable maestro de quienes como yo lo admiran profundamente.

No creo en la casualidad y sí en la causalidad. Muchas veces me he preguntado por qué estudiar en un taller literario si mi intención no era ser escritora. Ya incursa en la abogacía, jamás pude dejar la adicción por enseñar, transmitir conocimientos y disfrutar viendo a mis alumnos del primario, secundario, carreras de grado, pos grado y especialización compartir el aula y las ideas.

Fascinarme por el arte de la negociación, pero descubrir que la mejora de la empleabilidad y la innovación tecnológica eran apuestas que me exigían dedicación.

Las neurociencias y los sin límites del cerebro atraviesan mi formación tradicional haciéndome vibrar con la posibilidad de elegir mis pensamientos para que los mismos sean los responsables de mi acción.

En cada momento de nuestra vida se enciende la pasión por aprender, por dar lo máximo, por abrir el cerebro para conocer otras realidades, por gestionar las emociones para encontrar serenidad, certeza, felicidad.

A todos y a cada uno, familia, amigos, colegas, compañeros, alumnos, profesores, tutores, colaboradores... A todos ustedes que han sido y son mi *sensei*. ¡Muchísimas gracias!

Viviana

PRÓLOGO

La amplia trayectoria de Viviana en materia de negociación, y trabajo conectado remoto, se ve reflejada en el enfoque original de la obra que tengo el placer de prologar y que suma las neurociencias.

La Dra. Díaz es una destacada especialista en el área, con una sólida formación académica –Doctora en Derecho del Trabajo, Previsión Social y Derechos Humanos, Magíster en Derecho del Trabajo y Relaciones Laborales Internacionales–, lo cual la coloca en inmejorable situación para abordar con éxito la temática elegida en este libro.

Con ella compartimos proyectos y actividades académicas, entre otras, congresos y seminarios, y además coordina la Diplomatura en Negociación y Métodos Adecuados en Resolución de Conflictos de la Universidad Nacional de Tres de Febrero (UNTREF) y es docente a cargo del módulo Negociación y Conflicto de la Maestría en Derecho del Trabajo y Relaciones Laborales Internacionales de dicha casa de estudio.

En tantos años de trayectoria, he compartido con Viviana su curiosidad e interés por explorar nuevas temáticas que pudieran atravesar el Derecho del Trabajo, tanto individual como colectivo. Desde la Programación Neurolingüística (PNL), la Negociación por Intereses (NI), el Pensamiento Lateral (PL), el Coaching, el Neoliderazgo, el Trabajo Conectado Remoto (TCR), y ahora el método Neuro-TIC, que se convierte en un enfoque innovador donde se gestionan las emociones y se direccionan las acciones para mitigar el efecto perjudicial de las TIC en el cerebro.

En esta, que no es su primera obra, una vez más con claridad conceptual, subsume en un tratamiento multidisciplinario las diferentes perspectivas de un método: el de Gestión Neuro-TIC que, desde la prevención, busca describir la tecnología desde un aspecto diferente.

Recurre a un análisis amplio del tema y lo aborda desde diferentes disciplinas que nos llevan a recorrer y entender el cerebro como el órgano protagonista de nuestro sentido del ser.

Viviana utiliza metodología cualitativa y encara con profundidad la problemática que se propone analizar conjugando la sinergia entre Trabajo-Cerebro-Tecnología. Asimismo, para su interpretación y lectura, construye un marco conceptual significativo, bien estructurado, que nos conduce por un futuro que ya es presente, el de la Revolución Industrial 4.0.

Con solidez argumental, describe las tres etapas que conforman el Método GNT, consistentes en Preparación, Programación y Gestión, del cerebro.

Existe también coherencia y congruencia entre la secuencia de los capítulos y el análisis normativo y jurisprudencial sobre cómo el trabajo conectado remoto se expande en el mundo y cuáles son sus implicancias desde la perspectiva de la generación de empleo.

El valor agregado de este libo consiste en una mirada diferente sobre esta modalidad laboral, el trabajo conectado remoto, cuya tipificación más conocida es el teletrabajo. Asimismo, el marco de referencia va más allá de lo estrictamente jurídico y contiene lo que según la propia autora es lo que diferencia al humano del robot, lo cognitivo.

Desde un conocimiento más profundo del cerebro, se van enunciando los posibles "nuevos puestos de trabajo", las habilidades necesarias para crear y mitigar la pérdida de posiciones laborales que la tecnología produce y la dignificación de la mujer a través de la equiparación con el hombre en lo que se denomina el Techo TIC de Cristal y el Trabajo de los Cuidados.

En conclusión, el libro que tengo el honor de prologar, con un lenguaje preciso, examina con cuidado y minuciosidad las diversas facetas de la temática encarada y se erige así en un material valioso y esencialmente útil, de consulta obligada, que los lectores sabrán apreciar.

Dr. Julio Armando Grisolia*

---

* Doctor en Ciencias Jurídicas y Sociales. Magíster en Derecho del Trabajo y Relaciones Laborales Internacionales. Juez Nacional del Trabajo. Investigador categorizado por el CIN. Director del Doctorado en Derecho del Trabajo (UNTREF) y de la Maestría en Derecho del Trabajo y Director de la Maestría en Derecho del Trabajo y Relaciones Laborales Internacionales (UNTREF). Docente de grado y posgrado en UNTREF, UBA, UADE, UCA, USAL. Autor y coautor de libros y artículos publicados en revistas especializadas. Director del Instituto de Estudios Interdisciplinarios en Derecho Social y Relaciones del Trabajo (IDEIDES) de la Universidad Nacional de Tres de Febrero.

INTRODUCCIÓN

Método de Gestión Neuro-TIC

Cuando comencé a escribir esta obra, la tercera en la sucesión de mis hijos gráficos, estaba interesada en mostrar la evolución del trabajo conectado remoto y las ventajas que proporciona a la hora de implementarlo en una empresa u organización.

Pero pasó algo en mi vida que fue una bisagra, un antes y un después. Una malformación en el cerebro, y luego dos operaciones muy cercanas, marcaron a fuego mi relación con el cerebro. ¿Por qué a ella?, tan joven, talentosa, hermosa, amada, admirada, ¿por qué a mí?, su mamá.

Tenía que encontrar una respuesta, una razón, donde por supuesto no la había. Necesité recorrer neurólogos y aprender todo lo que pude sobre cómo funciona el cerebro. Debí ahondar en mis propias convicciones y sobreponerme a todo egoísmo para dejarla ser, y no contagiarla con mi temor.

"El amor de un padre a un hijo no se puede comparar. / Es mucho más que todo. / No, si vos sabés (...) que cuando llegaste cambiaste el olor de mis mañanas. / No, si vos sabés", como dice la canción de Vicentico, tan ciertamente.

Cada uno de nosotros va buscando su camino, y frente a una crisis las opciones pueden ser quedarse en el dolor, en la ira, en el ¿por qué a mí? Dejarse vencer por la depresión, no superar la zona de confort que uno encuentra en su propia familia, amigos, pares, o dar un paso más. Y este último fue el recorrido, buscando programas para ser mejor, sosteniendo al otro desde el dar sin esperar.

Todo indicaba que el cerebro sería mi norte, que aquel protagonista de tanto sufrimiento y estrés sería también portador de una nueva oportunidad. Y así fue, en alianza con la medicina, con el amor, con la fe en Dios, con el ángel de la guarda siempre presente y con una enorme capacidad de resiliencia, que mi hija fue recuperándose y yo comencé una nueva etapa.

El conocimiento del cerebro me llevó a explorar sobre mi autoconocimiento, y de pronto esta pasión por conocer el fascinante mundo de las neurociencias me condujo a explicar las TIC, las tecnologías de la información y comunicación, desde otra perspectiva. La vida misma me encontró explorando patrones y tiempos que hasta el presente no había experimentado, el piloto automático que cada mañana encendía mi día y me contagiaba de mal humor y desencanto comenzó a apagarse en la medida en que la conciencia plena, la búsqueda interna se adueñaban de lo cotidiano, de lo verdaderamente importante: la felicidad de programar, de proyectar, de vencer estigmas, de vivir en libertad real, de sonreír y disfrutar.

Por eso, este libro dispara una mirada de la tecnología muy humana y direccionada por el cerebro, ese órgano plástico que elige la comodidad de lo conocido hasta que se cruza con la mente e incorpora la actitud del cambio.

La propuesta es sistematizar un método que facilite la programación del cerebro para el uso y la aplicación de las tecnologías de la información y comunicación en el contexto sociolaboral. Se trata de gestionar, porque implica administrar, programar y planificar nuestro cerebro para el uso sustentable y no adictivo de la tecnología. Un método que aplica al trabajo conectado remoto (TCR) como su mejor vehículo de mejora de la calidad de vida.

Como toda metodología, requiere de diferentes técnicas y prácticas de introspección, meditación, yoga, respiración, educación del pensamiento enfocado en el propósito (EPEP), programación neurolingüística (PNL) y *mindfulness* que facilitan la programación del cerebro para la autogestión, el manejo del tiempo, el neuroliderazgo y la creatividad dentro del contexto social, y especialmente en el marco del TCR. Se trata de un método, y esta palabra hace referencia al conjunto de estrategias y herramientas que se utilizan para llegar a un objetivo preciso; representa un medio instrumental para perseguir un fin. Cualquier proceso de la vida requiere de un método para funcionar, la etimología de la palabra indica que proviene de un grafema griego que quiere decir vía; es decir, se trata de un camino obligatorio para hacer una acción.

En este sentido, el método de Gestión Neuro-TIC (GNT) sirve para la preparación, programación y gestión del cerebro a fin de direccionar en forma sostenible las tecnologías de la información y comunicación (TIC), por eso el libro propone la descripción de las etapas del método, que comprende preparación, programación y gestión, para luego focalizarlas en la actividad sociolaboral a través del trabajo conectado remoto, en el nuevo paradigma de la Revolución Industrial 4.0 y los grandes desafíos que ello implica.

Partimos de la primera fase que es la preparación porque se necesita conocer básicamente el funcionamiento del cerebro. Para ello, se detallará cómo está conformado, sus funciones y morfología, entendiendo que solo con información puede gestionarse un método científico que logre resultados comprobables y sostenidos en el tiempo; esta preparación implica dotarse del conocimiento adecuado.

En la segunda fase hablaremos de programación, a efecto de considerar la planificación, el propósito y la finalidad que como seres humanos nos caracteriza, y nos diferencia, de otros seres vivos; es decir, la intención, sin la cual el deseo está condenado a la desaparición; sin actitud, el programa carece de sustento. En un recorrido por diferentes técnicas compartiremos los beneficios de la práctica del EPEP, meditación, respiración, *mindfulness*, yoga y PNL.

El avance de las TIC y la imposición de sus ritmos generan una notable influencia en nuestra forma de ser, de pensar, de actuar, de planificar y de focalizar nuestro cerebro. Esta tercera fase implica la gestión, el método GNT, donde veremos que la tecnología no es algo opuesto a la vida humana, pues las personas viven con la tecnología. Tampoco es buena o mala en sí misma, sino que depende del buen uso que el ser humano haga de ella; las herramientas digitales facilitan el encuentro de las personas.

Desde la fase cuarta a la sexta, comenzaremos a recorrer el nuevo paradigma, la sociedad industrial 4.0 y los diferentes modelos de relaciones laborales atravesados por las TIC, de los cuales el TCR es el más apropiado.

Ahondaremos en los mitos y antecedentes aportados por el teletrabajo en Argentina y en el mundo para compartir estadísticas y normativas vigentes. Encontrarán lo más novedoso de las aplicaciones de las TIC en el empleo, tanto en el campo como en la industria, y su notable contribución al medio ambiente.

Los invito a todos y a cada uno a iniciar este recorrido que pretende aportar valor, conocimiento y disfrute en la maravillosa tarea de vivir y trabajar gestionando nuestro cerebro a través de la tecnología.

¡Gracias!

Viviana Laura Díaz

CAPÍTULO I

PREPARACIÓN

1. ¿Qué nos cuenta el cerebro?

"Los humanos tenemos la capacidad de metacognición, es decir, la capacidad para monitorear y controlar nuestra propia mente y conducta. Esta última función nos ha permitido dar un paso gigantesco en términos evolutivos: hemos logrado volvernos la especie que se propone estudiarse a sí misma." La cita corresponde a Facundo Manes y Mateo Niro,[1] autores del libro *Usar el cerebro*.

Diferenciamos cerebro y mente, ya que no se trata de lo mismo. El cerebro está constituido por las neuronas y sus conexiones, las que forman los circuitos; en tanto que la mente es la actividad mental, los pensamientos y las emociones contenidos en el cerebro. Ahora bien, algunos aspectos de nuestra mente actúan sobre el cerebro y pueden causar cambios físicos; es decir, avanzan en una **primera certeza**: los pensamientos cambian la actividad eléctrica del cerebro, sus circuitos y estructura.

El cerebro humano es el centro del sistema nervioso, se trata de un órgano muy complejo que realiza importantes funciones vitales.

Los primeros miembros del género *Homo*, tenían una media de volumen cerebral de 700 cm^3 con un peso de casi 1.000 gramos.

---

1 Manes, F. y M. Niro: *Usar el cerebro*. Planeta, Barcelona, 2015.

El tamaño del cerebro continuó creciendo sin un correspondiente incremento en el tamaño corporal hasta la aparición de los primeros *Homo sapiens*. Los cerebros de estos últimos habrían sido tan grandes como los nuestros: 1.330 gramos en promedio.

Sin embargo, no es el tamaño lo importante, sino las conexiones que se establecen entre las distintas partes que constituyen el sistema nervioso, pues haciendo un paralelo con Internet, a mayores contactos en redes sociales, mayor expansión en información y conocimiento tenemos, cuanto mayor es la conexión neuronal, mejor es el funcionamiento del cerebro.

Estructuralmente, el cerebro es una masa gelatinosa dividida en dos partes: hemisferio derecho y hemisferio izquierdo, unidas por el cuerpo calloso, que es un haz de fibras nerviosas que tiene como función y objetivo principal conectar esos hemisferios para garantizar el buen funcionamiento del cerebro en todos sus sentidos.

Este órgano se encuentra protegido por los huesos del cráneo, suspendido en el líquido cefalorraquídeo y aislado de la sangre por la barrera hematoencefálica. El líquido cefalorraquídeo es de color gris rosáceo compuesto por millones de células nerviosas que se conectan formando las redes que controlan todas las funciones del cerebro.

La superficie de ambos hemisferios está cubierta por la corteza cerebral, que incluye áreas motrices, de sensibilidad corporal, del lenguaje, visual, olfativa, auditiva, gustativa y de la asociación que integran e interpretan la información que ingresa a través de los sentidos.

El cerebro del recién nacido tiene un tamaño de cráneo mucho menor que el de la corteza cerebral, por lo que esta última se va plegando sobre sí misma a medida que va creciendo y esos pliegues y circunvoluciones dan origen a los lóbulos: parietal, temporal, occipital y frontal, cada uno con sus áreas funcionales y asociativas.

Justamente, estas últimas (las áreas funcionales y asociativas) son las que marcan la diferencia entre el cerebro humano y el de otras especies, porque se ocupan de funciones mentales superiores como el pensamiento, razonamiento, creatividad y autocontrol emocional.

El cerebro es el resultado de una evolución, un proceso de suma de capas sucesivas: el cerebro instintivo reptiliano, el más profundo y primitivo, al que se superpone un cerebro emocional e intermedio, y sobre este se deposita un cerebro racional y moderno. La realidad es que ningún estudio consigue separar la emoción y la racionalidad de una forma clara; se encuentran íntimamente interrelacionadas en nuestra organización cerebral y en nuestro funcionamiento mental.

El cerebro reptiliano, ubicado en el interior del cráneo, es la zona más antigua del sistema nervioso y está compuesto por el cerebelo, la médula espinal, el bulbo raquídeo y los ganglios basales. Ocupa el 5% de la masa cerebral y su tarea es reaccionar ante los estímulos del medio. Es el que recibe los datos del cuerpo, los analiza, y regula los procesos básicos de funcionamiento del corazón y de los pulmones. Pone en marcha respuestas de lucha o huida porque su función es asegurar la supervivencia, evalúa lo conocido como seguro y lo desconocido como peligroso, es un oponente nato al cambio. Es el responsable de la información inconsciente que llega del exterior; no se trata de un área reflexiva, sino de un equilibrio biológico.

El cerebro límbico o emocional es el propio de los mamíferos, crea los instintos básicos, los deseos y las emociones, se ubica rodeando al reptiliano. Constituye un complejo conjunto de estructuras que se hallan por encima y alrededor del tálamo, y justo por debajo de la corteza cerebral. Incluye el tálamo, el hipotálamo, el hipocampo, la hipófisis, la glándula pineal y la amígdala. Es el principal responsable de nuestra vida emocional y tiene mucho que ver con la formación de memorias.

El sistema nervioso emocional[2]

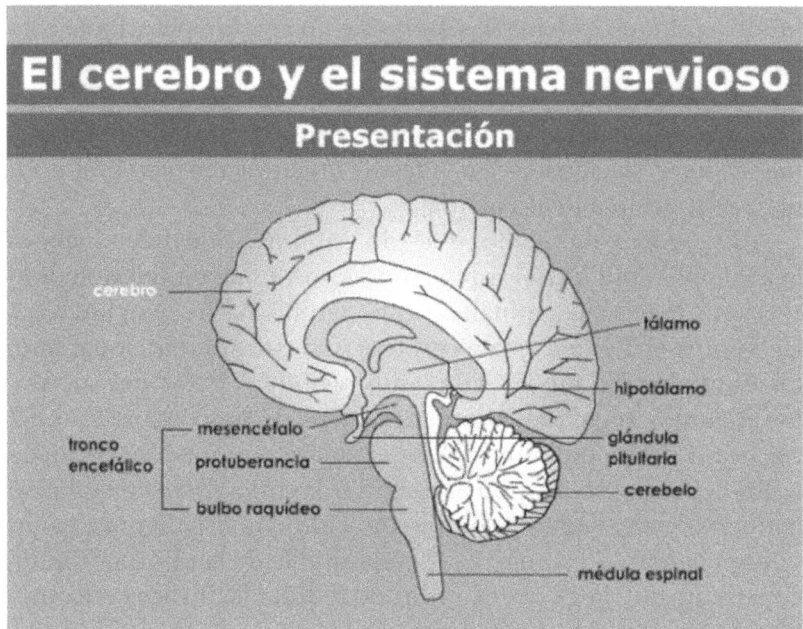

Veamos en particular cómo funciona cada una de sus partes.

Tálamo

El tálamo es una pequeña estructura dentro del cerebro situada apenas encima del tronco del encéfalo que tiene extensas conexiones de nervios. Su función principal es retransmitir las señales sensoriales a la corteza cerebral, a excepción de las olfativas, que pasan directamente del bulbo olfatorio a la corteza cerebral. Está organizado en diferentes núcleos que envían la información de la corteza a otras áreas; es decir, la comunicación entre la corteza y el tálamo es recíproca y bidireccional.

---

2   El sistema nervioso emocional según el doctor C. George Boeree, Departamento de Psicología, Universidad de Shippensburg, recuperado a partir de http://www.psicologia-online.com/ebooks/general/emocional.htm

Hipotálamo

El hipotálamo es una pequeña parte del cerebro localizada justo debajo del tálamo a ambos lados del tercer ventrículo. (Los ventrículos son áreas dentro de la corteza conectadas al fluido de la médula.) Se sitúa dentro de los dos tractos del nervio óptico, y justo por encima e íntimamente conectado con la glándula pituitaria. Es el responsable de la regulación del hambre y la sed, la respuesta al dolor, los niveles de placer, la satisfacción sexual, la ira y el comportamiento agresivo. También coordina el funcionamiento de los sistemas nerviosos simpático y parasimpático, lo cual significa que regula el pulso, la presión sanguínea, la respiración y la activación fisiológica en respuesta a circunstancias emocionales.

Hipocampo

Ubicado en el lóbulo temporal intermedio, es el responsable de la conversión de la memoria a corto plazo en memoria a largo plazo. La etimología del término "hipocampo", palabra acuñada por el anatomista Giulio Cesare Aranzio,[3] hace referencia a la semejanza entre esta estructura del encéfalo con un caballito de mar. Es un pequeño órgano con una forma curvada y alargada, ubicado en la parte interior del lóbulo temporal y va desde el hipotálamo hasta la amígdala. Por lo tanto, cada encéfalo tiene dos hipocampos: uno en cada hemisferio del cerebro. Está asociado a una parte de la corteza cerebral conocida como arquicorteza, que es una de las regiones más ancestrales del encéfalo humano; es decir, que apareció hace muchos millones de años en nuestra línea evolutiva.

La principal función del hipocampo es la de mediar en la generación y la recuperación de recuerdos, en conjunto con muchas áreas repartidas por la corteza y con otras áreas del sistema límbico. Por lo tanto, tiene un papel muy importante en la consolidación de los aprendizajes realizados, ya que por un lado

---

3 Giulio Cesare Aranzio (1530-1589), médico de Bolonia, descubridor del conducto arterioso y de la zona del cuarto ventrículo que llevan su nombre.

permite que ciertas informaciones pasen a la memoria a largo plazo y por el otro vincula este tipo de contenidos con ciertos valores positivos o negativos, según si estos recuerdos han estado asociados a experiencias placenteras o dolorosas (fisiológica o psicológicamente).

Glándula pineal

Es la responsable del sueño y la vigilia; de color gris rojizo y del tamaño aproximado de un grano de arroz (5 a 8 mm), se encuentra ubicada en la cisterna cuadrigémina, bañada por el líquido cefalorraquídeo, y forma parte del epitálamo. Por cierto, jugó un papel importante en la filosofía de René Descartes, quien la consideró, desde una perspectiva dualista, como el asiento principal del alma y el lugar en el que se forman todos nuestros pensamientos.

Amígdala

La amígdala es una estructura subcortical situada en la parte interna del lóbulo temporal medial. Se trata de un elemento clave para la supervivencia debido a que su principal función es integrar las emociones con los patrones de respuesta correspondientes a ellas, que pueden ser a nivel fisiológico o conductual. Es el principal núcleo de control de las emociones y sentimientos en el cerebro, controla asimismo las respuestas de satisfacción o miedo; es decir, etiqueta las emociones informándoselas al cuerpo en un 100% y a la corteza cerebral en el 4 al 6%. Sus conexiones no solo producen una reacción emocional sino que, debido a su vinculación con el lóbulo frontal, también permite la inhibición de conductas. Es la que provoca "estrés" y puede ser regulada mediante la meditación, como vamos a compartir más adelante.

Neocórtex

Es el encargado de los impulsos, la motivación y la memoria a largo plazo. Es el que permite tener ideas, elaborar conceptos y pensar; constituye el asiento de la percepción consciente, donde se elabora el yo; es la zona más nueva del cerebro, donde se gestionan los planes, donde se toman las decisiones.

La corteza cerebral nos permite aprender y recordar nuestras experiencias, nos facilita la modificación de una acción, de un programa, e interpretar las emociones, que básicamente son el miedo, la ira, la tristeza y la alegría. Está compuesta por los lóbulos cerebrales (dos frontales, dos parietales, dos temporales y dos occipitales) y el cuerpo calloso que une los dos hemisferios cerebrales (derecho e izquierdo).

Los lóbulos frontales organizan la memoria de trabajo (o memoria a corto plazo), que es el espacio mental en el cual retenemos la información hasta accionar con ella. Estos lóbulos son responsables de la conducta, la emoción y de adaptar los impulsos violentos y agresivos. Deciden las acciones voluntarias y la focalización de la atención.

Los lóbulos parietales son responsables del tacto, los sentimientos y la orientación corporal; regulan la comunicación con el cuerpo.

Los lóbulos temporales regulan la percepción del sonido, el lenguaje, el aprendizaje y la memoria.

Los lóbulos occipitales estructuran la percepción de la vista. El cuerpo calloso, compuesto por 300 millones de fibras nerviosas (axones), contiene los impulsos nerviosos que van de un hemisferio al otro.

Entendemos que estamos preparados para asumir la **segunda certeza**: la anatomía cerebral está íntimamente relacionada con el desempeño motriz, neurocognitivo, emocional y conductual del ser humano.

El cerebro conforma el sistema nervioso junto con el cerebelo, el tallo cerebral, la médula espinal y los nervios periféricos. El sistema nervioso es uno de los sistemas más importantes del organismo, pues tiene múltiples funciones basadas en recibir y procesar la información proveniente tanto del entorno como del interior del cuerpo con el fin de regular el funcionamiento de los demás órganos y sistemas.

Las células que conforman el sistema nervioso central son las neuronas, que tienen características muy diferentes del resto de las células del cuerpo, pues cuentan con prolongaciones de gran longitud conocidas como dendritas (zona de recepción) y axones (zona de emisión). Poseen una enorme capacidad de comunicarse a través de señales eléctricas, llamadas impulsos nerviosos. Esta comunicación se denomina sinapsis, y por ella una neurona envía un mensaje a una neurona blanco (u otra célula), lo que forma circuitos que pueden procesar la información entrante y producir una respuesta que siempre es ejecutada mediante una acción de tipo motora, como la contracción muscular y la secreción glandular.

La neurona segrega una proteína que es un neurotransmisor encargado de inhibir o excitar la acción de la otra neurona. El espacio sináptico es el lugar intermedio entre la neurona transmisora y la receptora.

Se ha estimado que el cerebro humano contiene de 50.000 a 100.000 millones de neuronas. Cada una puede tener 100.000 dendritas, que son las que adquieren información proveniente de un axón de otra neurona. Estas células transmiten las señales a través de hasta 1.000 billones de conexiones sinápticas. La primera área de procesamiento de los datos visuales es la retina, pero podemos procesar conscientemente solo cuatro datos que están dados por el foco de atención; somos ciegos a las cosas a las que no les prestamos atención, lo que se denomina, como analizaremos más adelante, ceguera atencional.

La intrincada estructura de redes neuronales se forma a medida que las células cerebrales se comunican entre sí, con lo cual nuestra **tercera certeza** es que el cerebro interpreta la realidad a partir de los sentidos: vista, olfato, oído, tacto y gusto, y de la interrelación de estas percepciones con lo que existe en su mundo interno (que son los preconceptos, ideas, valores, creencias, programas).

2. Conformación de la realidad en el cerebro

La información que ingresa por los sentidos se dirige a las diferentes zonas del cerebro donde es procesada; por ello, cada uno de nosotros construye la realidad en el cerebro a partir de los *inputs* de información que recibe. Se trata de una construcción subjetiva, personal y particular.

Los filtros mentales son nuestras creencias, ideales, experiencias, valores, vivencias, antecedentes familiares, cultura, estados emocionales, hábitos de pensamiento, esquemas mentales, ideas preconcebidas, expectativas que se ocupan de transformar la realidad, esa que viene del exterior en nuestra realidad.

Los filtros pueden ser tanto conscientes como inconscientes, como vamos a compartir más adelante, y esa conciencia nos permite programar y focalizar hacia un determinado objetivo. Los filtros inconscientes con el tiempo se convierten en canales de percepción predominante, entonces hablamos de sistemas representacionales que podrán ser auditivos, visuales o kinestésicos, teniendo cada uno de nosotros un porcentaje predominante de ellos en la conformación personal.

El cerebro controla y regula las acciones y reacciones del cuerpo, recibe continuamente información sensorial, analiza esos datos y luego responde, controlando las acciones y funciones corporales. En nuestro cerebro residen las competencias, barreras, actitud de aceptación, rechazo, rencores y pasiones que sentimos, y su evolución depende de las experiencias, percepciones y procesos que desarrollamos durante nuestra existencia.

Los primeros años de vida son de rápido crecimiento para la estructura cerebral. Al nacer, cada neurona de la corteza cuenta con unas 2.500 sinapsis; a los tres años de vida, este número aumenta a 10.000 sinapsis por neurona, y un adulto, en cambio, tiene la mitad.

Cuando nacemos todos los cerebros están programados biológicamente para llevar a cabo las mismas funciones; sin embargo, a lo largo de nuestra existencia el cerebro se modifica como respuesta al medio ambiente, al aprendizaje y a las experiencias vividas, y esta es la principal característica del cerebro: la neuroplasticidad.

Hasta los años 60, los psicólogos creían que los cambios en la estructura cerebral solo podían tener lugar durante la infancia. Se suponía que en la edad adulta las estructuras cerebrales eran imperturbables. Las investigaciones más recientes demuestran que el cerebro continúa creando nuevas conexiones neuronales y alterando las ya existentes con el fin de adaptarse a nuevas experiencias, aprende de la conducta y de la nueva información para crear nuevos recuerdos.

El psicólogo William James sugirió que el cerebro no era tan inmutable como se pensaba en 1890. En su obra *Principios de psicología* escribía que "la materia orgánica, especialmente el tejido nervioso parece dotado de un extraordinario grado de plasticidad". En 1920, el investigador Karl Lashley proporcionó evidencias, a partir de diferentes estudios, que corroboraron esa plasticidad. Ya en la década de 1960 los científicos comenzaron a estudiar casos de adultos que habían sufrido accidentes cerebrovasculares pero que podían recuperarse, demostrando la maleabilidad del cerebro. A medida que ganamos en experiencias y nuevas conductas, las conexiones sinápticas se fortalecen, mientras que las que no se usan son eliminadas; este proceso se conoce como "la poda sináptica". Las neuronas que utilizamos con mayor frecuencia desarrollan conexiones más fuertes, y las que nunca o rara vez se utilizan finalmente mueren.[4]

Se asume que tras alcanzar cierta edad no solo cesa el crecimiento cerebral sino que lentamente, desde nuestra más precoz infancia, empieza a manifestarse una irreparable e irreversible pérdida de células cerebrales. Esto significa que las células con que contamos en la primera edad constituyen el número máximo de células disponibles. Sin embargo, como hemos dicho, estudios recientes demuestran que bajo condiciones adecuadas las neuronas pueden regenerarse, reemplazando así en el cerebro las células muertas, lo que constituye uno de los más revolucionarios presupuestos: la neurogénesis.

Ello supone nuestra **cuarta certeza**: una estimulación apropiada del cerebro puede ayudar a contrarrestar la pérdida de células que acompaña a la edad.

---

4 William James (1842-1910) fue un filósofo estadounidense con una larga y brillante carrera en la Universidad de Harvard, donde ejerció como profesor de psicología, y fue fundador de la psicología funcional.

Partes de una neurona[5]

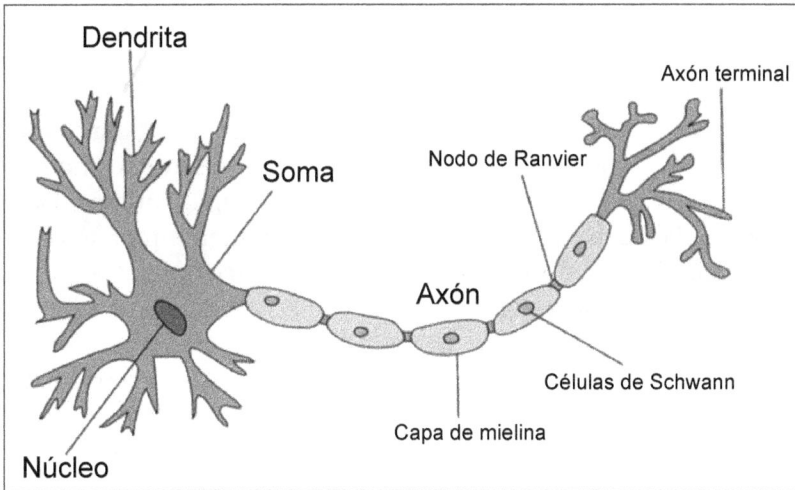

La tecnología permite conocer aspectos relevantes de un ser humano, pues a través de una resonancia magnética puede distinguirse las diferentes morfologías del cerebro, identificando a quienes cuenten con aptitudes artísticas, deportivas, intelectuales, musicales y de cualquier otro tipo.

Con esta mirada del cerebro analizaremos la replicación de las TIC en el comportamiento humano y la íntima relación que existe entre las neurociencias y el trabajo conectado remoto. Comencemos por definir qué se entiende por neurociencias.

3. ¿Por qué las neurociencias?

Se trata de un conjunto de disciplinas científicas que estudian la estructura, función, bioquímica, farmacología y patología del sistema nervioso, así como la interacción de sus diferentes elementos que dan lugar a las bases biológicas de la conducta. En el nivel

---

5 Según el Instituto de Educación Secundaria Ramón Pignatelli. Recuperado a partir de http://psiconeura.wikispaces.com/file/detail/Partes_de_una_ neurona%2C_diagrama.png

más alto, las neurociencias se combinan con la psicología para crear la neurociencia cognitiva que aporta una nueva manera de entender el cerebro y la conciencia, pues se basa en el estudio científico que une disciplinas tales como la neurobiología, la psicosociología y la psicología cognitiva.

La tarea central de las neurociencias es la de intentar explicar cómo funcionan millones de células nerviosas que se encuentran en el encéfalo para producir la conducta, y cómo a su vez estas células están influidas por el medio ambiente para aportar soluciones innovadoras que benefician a la sociedad.

Las últimas investigaciones del equipo alemán liderado por la doctora Julia Freund, en mayo de 2013,[6] han comprobado que el sistema nervioso continúa generando nuevas neuronas y células gliales a lo largo de la vida, inclusive en edades avanzadas. Estos procesos pueden ser incentivados mediante actividades aeróbicas, tecnológicas, con una nutrición adecuada y sueño reparador, entre otros factores, a los cuales agregaríamos fundamentalmente una buena actividad mental.

El poder de la neuroplasticidad del cerebro consiste en la capacidad de activar o crear nuevos circuitos, y la mente, los pensamientos pueden producir cambios físicos en el córtex; por ejemplo, si pienso que toco el violín, puedo medir los cambios físicos en mis manos y dedos, pues mi cerebro no distingue entre la acción real de tocar el violín y la representación mental de estar ejecutando el instrumento desde el pensamiento.

Peter Levine, psicólogo especialista en traumas que trabajó para la NASA, definió la neuroplasticidad como la habilidad del cerebro para asumir nuevas funciones, basada en necesidades de cambio y acciones personales. Incluye cualquier proceso que resulte en el cambio de la estructura, circuitos, composición química o funciones del cerebro[7]. Entonces, la **quinta certeza** es sin

---

6 Freund, J. *et al.*: "Emergence of Individuality in Genetically Identical Mice", *Science*, 340, 10 de mayo de 2013, págs. 756-759. Extraído de http//www.sciencemag.org/content /340/6133/7560)

7 Peter Levine (1960) es biofísico médico y psicólogo. Terapeuta norteamericano, autor y educador, se especializó en el tratamiento y la comprensión del estrés postraumático y desarrolló Somatic Experiencing®.

lugar a dudas: nos convertimos en quienes somos según cómo pensamos y vivimos.

Es decir que las conexiones entre neuronas no solo están modificándose constantemente según cómo utilicemos el cerebro (neuroplasticidad), sino también como consecuencia de algunas actividades (neurogénesis) que pueden hacerlas aumentar, tales como alimentación, práctica deportiva, sueño reparador y uso de las TIC. El ser humano puede autoliderar la calidad "de funcionamiento" de su cerebro, para que sea más ágil, así como su morfología, para que haya más y mejores conexiones entre neuronas, y en esto tienen mucho que ver las emociones.

Las emociones son aquellas sensaciones y sentimientos que posee el ser humano al relacionarse con sus semejantes y con el medio en general. Es una resultante de la actividad del sistema nervioso, y tiene dos componentes: uno es la sensación subjetiva que sentimos en nuestro interior y otro es la manifestación externa; estos dos aspectos de la emoción pueden residir en regiones separadas del sistema nervioso.

Tal como sostiene Estanislao Bachrach[8] en su libro *En cambio*, "los comportamientos habituales están influenciados por las emociones, y estas a su vez por los pensamientos". Utilizando la simbología del iceberg, las acciones y algunos comportamientos visibles están fuera del agua, pero los pensamientos, emociones y comportamientos no visibles se encuentran bajo la superficie

Por ello, nuestra **sexta certeza** sostiene: la base de mis acciones no es visible, está en mi mente, en lo que pienso; sin embargo, cuando quiero cambiar, solo veo lo visible que son los comportamientos, de ahí que sea tan difícil el cambio.

Ahora bien, ¿dónde aplica la tecnología? Las TIC encienden en el cerebro el sistema de recompensas, la promesa de placer, por eso hablamos de tecnología adictiva. Miramos un promedio de 150 veces por día el celular buscando encontrar siempre "buenas noticias". El exceso de información transmitida por las

---

8   Estanislao Bachrach (1971) es Doctor en Biología Molecular por las universidades de Montpellier y UBA y Máster en Dirección de Empresas por la Universidad Torcuato Di Tella.

TIC, paraliza el cerebro, detona el sistema de alarma en el córtex frontal y produce noradrenalina. Esta última, también denominada norepinefrina, es la hormona del estrés que aumenta la frecuencia cardíaca, la presión sanguínea y la liberación de las reservas del cerebro, que son glucosa y oxígeno. Pero a su vez estos efectos nocivos de las TIC, como vamos a describir en los próximos capítulos, tienen una mirada positiva con respecto a la tecnología. Justamente, de la combinación de las neurociencias y la ergonomía resulta la neuroergonomía, basada en explicaciones y métodos biológicos que buscan mejorar el rendimiento personal a través del uso de la tecnología.

En esta búsqueda están presentes dos grandes objetivos: utilizar conocimientos emergentes de la actuación humana y de la función cerebral, por un lado, y diseñar sistemas para un funcionamiento más seguro y eficiente del rendimiento cerebral, por el otro. El objetivo de la fusión de estos dos campos es utilizar los descubrimientos sorprendentes del cerebro humano y el funcionamiento fisiológico, tanto para informar el diseño de las tecnologías en el lugar de trabajo y el hogar como para proporcionar nuevos métodos de entrenamiento que mejoren el rendimiento, amplíen las capacidades y optimicen el ajuste entre ser humano y tecnología.

La investigación en el área de la neuroergonomía ha florecido en los últimos años con la aparición de técnicas no invasivas para el seguimiento de la función del cerebro que pueden ser utilizadas para estudiar diversos aspectos de la conducta humana en relación con la tecnología y el trabajo, que incluyen la carga mental, la atención visual, la memoria de trabajo, el control motor, la interacción hombre-máquina y la automatización adaptativa.

En consecuencia, este campo interdisciplinario se refiere a las investigaciones del sistema neuronal, la percepción humana, el conocimiento y el rendimiento en relación con los sistemas y tecnologías de la vida real. Por ejemplo, en el uso de computadoras o smartphones en el domicilio del trabajador conectado o en el lugar de trabajo del trabajador presencial. Este último aspecto nos lleva a profundizar sobre el cerebro y sus implicancias en el trabajo conectado remoto.

4. Trabajo, cerebro y emoción: una trilogía inseparable

Resulta interesante analizar cómo funciona nuestro cerebro a la hora de trabajar, teniendo la certeza de que resulta prácticamente imposible mantener nuestra concentración activa durante las ocho horas diarias que integran una jornada laboral, pues la concentración es un recurso limitado, y las actividades como el análisis, la priorización, la planificación y otros tipos de pensamiento crítico consumen grandes cantidades de energía, que es obtenida por el cerebro a través de la glucosa y el oxígeno.

A medida que el suministro de energía se reduce, el cerebro se cansa y, como sostiene Bachrach, este "vago" prefiere la zona de confort; lo conocido y no el desafío que justamente le requeriría más gasto. Como nuestro cerebro consume mucha energía (hasta un 20%), el ser humano ha desarrollado mecanismos fisiológicos para asegurarse de no desperdiciar este suministro limitado. Por este motivo, cuando nuestra corteza prefrontal se encuentra ante una tarea compleja, aumenta nuestra tendencia a distraernos; lo mismo ocurre frente a situaciones de crisis o complejas, y dentro de estas últimas se instala el cambio, la realización de un nuevo programa.[9]

El grupo mundial Work Space Futures de Steelcase, es un equipo de investigación que se dedica a innovar basándose en *insights* relacionados con la forma de trabajar de las personas. Las investigaciones previas sobre la carga cognitiva y el impacto en la capacidad de las personas para concentrarse en su trabajo animaron a los miembros del equipo a dirigir un proyecto sobre el aprendizaje concentrado para sacar a la luz y comprender lo que la neurociencia ha descubierto sobre los procesos cerebrales relacionados con la atención, cuyo significado semántico es "ir hacia". La conclusión es inequívoca y nos marca lo que representa la **séptima certeza**: resulta imposible que un trabajador esté ocho horas o más manteniendo su atención bajo control, focalizado.

---

9 Bachrach, E.: *En cambio. Aprende a modificar tu cerebro para cambiar tu vida y sentirte mejor.* Sudamericana, Buenos Aires, 2014.

Muchas veces se cree que es más productivo quien hace múltiples tareas (*multitasking*), pero lo cierto es que no pueden realizarse varias tareas con la misma parte del cerebro. Se trata del *dual task interference*, o el paradigma de doble tarea, un concepto relacionado con la denominada memoria de trabajo. Esta última se refiere a las estructuras y procesos usados para el almacenamiento temporal de información (memoria a corto plazo) y su elaboración.

El concepto fue utilizado por vez primera por Alan Baddeley en 1974 para describir como memoria temporal "en línea" aquella utilizada para realizar ciertas tareas y resolver determinados problemas. Con este término también se introdujo la teoría de las operaciones cognitivas relacionadas en esa forma de memoria activa llamada memoria operativa o memoria a corto plazo.[10]

En la propuesta original de Baddeley, la memoria de trabajo está integrada por tres componentes: el ejecutivo central, que permite la asignación de los recursos atencionales a los demás elementos del sistema, que son "esclavos" del ejecutivo central; el bucle fonológico, que permite que se mantenga viva la información de carácter verbal a lo largo del tiempo, y la agenda visoespacial, que es crítica para la retención de la información sobre objetos y espacio.

La memoria de trabajo requiere la activación de un circuito de neuronas, el cual activa en sí la memoria propiamente dicha. Esta memoria, si bien es activada desde la corteza prefrontal, requiere a su vez la activación del resto de estructuras neuroanatómicas implicadas, como el lóbulo temporal, para el significado, o el lóbulo occipital, para la imagen visual. Según el modelo cognitivo, la memoria tiene un "eje directivo", el cual mantiene subordinados dos mecanismos: uno visual y otro auditivo.

Una investigación del Columbia Medical Center sugiere que retener demasiada memoria a largo plazo puede interferir en la memoria operativa o de trabajo. Las personas que son capaces de

---

10 Alan David Baddeley (1934) es un psicólogo británico, profesor de psicología en la Universidad de York. Es conocido por su estudio sobre la memoria de trabajo; en concreto, por su modelo de los múltiples componentes.

recordar con facilidad y precisión fechas históricas o eventos lejanos pueden tener más dificultades en recordar palabras o acontecimientos de actualidad del día.

La memoria de trabajo es muy sensible a la interferencia de la información almacenada en la memoria a largo plazo, lo cual nos lleva a nuestra *octava certeza*: la memoria no es un mero "cajón de recuerdos", sino que es un proceso activo vinculado al procesamiento de la información, comparable con la memoria ram de las computadoras.

Ciertamente, el desempeño de las tareas realizadas en forma simultánea es menor, pues ambas acciones compiten por la misma clase de recursos de procesamiento de información en el cerebro. Por ello, la implementación del trabajo conectado remoto (TCR) facilita la concentración plena y un estado de bienestar relacionado con la conciliación del trabajo y la vida personal. Sobre este punto volveremos a profundizar en el Capítulo V, dedicado al TCR.

Nuestros sentidos recogen los datos y las sensaciones, y los transmiten al cerebro, este último es un gran procesador de datos que puede absorber de forma simultánea unos 11 millones de unidades de información o bits, pero en forma consciente solo un máximo de 40 bits; es decir, que se descartan 10.966.960 datos de la realidad.

Ahora bien, hablamos de trabajo y del cerebro, pero veamos entonces de qué manera juega la comparación del cerebro humano con Internet, todo un desafío.

5. Cerebro global y TIC

Cuando el escritor Peter Russell[11] acuñó la expresión "cerebro global" en su libro *The Global Brain,* en 1983, el concepto supe-

---

11 Peter Russell (1946), escritor y científico, estudió matemáticas en la Universidad de Cambridge y fue a la India para estudiar meditación y filosofía oriental. Cuenta con un posgrado en ciencias de computación y fue una de las primera personas en introducir seminarios de potencial humano en el campo corporativo. Elaboró los videos *The Global Brainy* y *The White Hole in Time,* merecedores de sendos premios. Es autor de diez libros, incluido el *best seller The Global Brain Awakens* y, además, de *The Upanishads* y *The TM Technique.*

raba la simple comparación entre las conexiones de un cerebro (neuronas) y las redes de comunicaciones, pues consideraba el cerebro global como el sistema nervioso, la "mente" de un extraordinario "ser planetario" de impulsos eléctricos.

La expresión cerebro global abarca la red formada por las personas y las tecnologías de la información y comunicación (TIC) integradas por teléfono, radio, televisión, satélites, computadoras e Internet.

En la comparación entre lo humano y la tecnología, las malas experiencias, los malos recuerdos, se equiparan a los virus informáticos, y su antivirus sería el perdón. El Proyecto Web Principia Cybernetica tiene como objetivo desarrollar una filosofía completa o visión del mundo basada en los principios de la cibernética. Participan en él los científicos Francis Heylighen[12] y John Bollen y resulta muy interesante pues simula el funcionamiento de un cerebro global en Internet. Tanto el cerebro global como la web inteligente persiguen reconstruir la ruta seguida por los usuarios en la red.

Los expertos actualizan y componen constantemente los enlaces de la web, según la demanda de los usuarios, y desconectan los que pierden actualidad de la misma manera como ocurre con las neuronas que no utilizamos en nuestro cerebro. En su proceso se utilizan algoritmos que se asignan a cada visitante con el objetivo de rastrear el camino que sigue dentro de la web para memorizar la historia de su comportamiento. El resultado esperado es reconocer los gustos de cada usuario para exhibirle solo las páginas que resulten de su interés y proponerle nuevos sitios de acuerdo con el perfil que se ha ido formando sobre su comportamiento. Esta tarea de diseño y creación es un nuevo rol laboral teletrabajable que constituye un nuevo puesto.

La **novena certeza**, que luego desarrollaremos en profundidad en el Capítulo IV, es irrefutable: el trabajo conectado remoto facilita el trabajo en equipo, y la sumatoria de personas promueve

---

12 Francis Heylighen (1960) es más conocido por su trabajo en el Proyecto Principia Cybernetica, su modelo de Internet como cerebro global, y sus contribuciones a las teorías de la memética y la autoorganización.

la inteligencia colectiva, que es una forma de inteligencia que surge de la colaboración y el concurso de muchos individuos.

Algunos pensadores han bautizado la era 3.0 como la entrada de la web semántica o inteligente, pero para Tim O'Reilly, conocido por acuñar el término web 2.0, esta definición es insuficiente. En los últimos años se ha visto una evolución y creciente sofisticación de los procesos de colaboración e inteligencia colectiva en la red. Hay muchos ejemplos de ello, como la elaboración del perfil de Wikipedia del terremoto de Japón donde 1.300 individuos trabajaron juntos para crear un documento que fue editado 5.000 veces. "Hubo una estructura consolidada que permitió generar la información más detallada sobre el terremoto", opinó O'Reilly, quien en 1978 comenzó a desarrollar su carrera en el mundo editorial, fundó su propia empresa y en 1992 publicó *The Whole Internet User's Guide & Catalog*, el primer libro divulgativo sobre Internet. En 1993 O'Reilly creó el primer portal de Internet, *Global Network Navigator*, que más tarde se convertiría en AOL, y en 2000 fundó Safari Books Online, primer sitio de venta de libros en línea en Internet.

Si de precursores se trata, Ray Hammond lleva un cuarto de siglo prediciendo el futuro desde el Instituto para el Futuro de la Humanidad de la Universidad de Oxford, donde en 1983 hablaba de la web como transformadora de la sociedad. En su obra *El mundo en 2030*[13] describe atrevidas predicciones sobre el impacto que van a tener la ciencia y la tecnología en la vida humana, asegurando una mejor prosperidad con la interacción de la robótica y advirtiendo sobre el desafío del cambio climático.

En el campo de la medicina, las personas tendrán acceso a "órganos de repuesto", desarrollados a partir de su propio ADN y conservados en un banco de tejidos. La ingeniería genética va a permitir potenciar el aspecto físico e intelectual deteniendo el envejecimiento, lo cual traerá diferentes consecuencias a nivel individual y también social, en tanto que la tasa de vida será mucho mayor. Habrá una verdadera revolución en las telecomunicaciones a partir de los implantes nanotecnológicos. Estos dis-

---

13 Hammond, R.: *El mundo en 2030*. Ediciones Yago, Zarautz, 2008.

positivos, situados bajo la piel y conectados al cerebro, facilitarán la comunicación, la conexión a Internet, el envío de correos electrónicos y la gestión de la agenda, y permitirán una traducción simultánea a todos los idiomas del mundo.

La inteligencia artificial pronostica ordenadores que superen la inteligencia humana; los robots realizarán la mayoría de las tareas humanas. El desafío es cómo prepararse para que la tecnología sea un instrumento del ser humano, que el cerebro lidere la robótica. La respuesta es entrenamiento, neurociencias, desarrollo cognitivo, emociones y pensamientos que modifiquen el cerebro, nuevas modalidades laborales y el trabajo conectado.

Ahora bien, si el estado emocional condiciona el funcionamiento del cerebro, modificando funciones tales como el lenguaje, la toma de decisiones, la memoria y la percepción, el buen uso de las TIC facilita su perfeccionamiento. La web será cien veces más poderosa y económica que la actual; el cerebro global, constituido por interconexiones neuronales e interfaces biodigitales, facilitará el intercambio de información entre personas y máquinas. Simuladores táctiles, olfatorios y gustativos ofrecerán sensaciones tan similares a las reales que no podrán distinguirse. Hammond explica que uno de "los principales motores para el futuro" será la población; afirma que para el año 2030 mil millones de personas tendrán como mínimo 65 años de edad. Un envejecimiento que comienza a visualizarse en algunas sociedades, como Japón, donde están desarrollando robots elaborados con materiales plásticos avanzados que cuidarán de los ancianos.

Ray Hammond ha afirmado que si en los aviones incluyeran plásticos, su peso se reduciría en un 30% y el consumo disminuiría, y lo mismo ocurriría con los barcos, ya que el 60% de los bienes que se transportan en ellos lo hacen dentro de contenedores de acero. Los ciclos de vida de los productos son cada vez más breves, las empresas registran una incapacidad interna de innovación pronunciada en el marco de una competencia global creciente; todo se conjuga para generar el llamado "Efecto de la reina roja" sobre la innovación. Las empresas se ven obligadas a invertir cantidades de dinero cada vez mayores para mantener su posición en el mercado.

El cerebro global es rico y diverso, y en diferentes partes del mundo existe un gran número de personas cuyos conocimientos y creatividad pueden aprovecharse. El trabajo en red se convierte en el punto focal y la oportunidad para aumentar, optimizar y mejorar el valor de una entidad o actividad aislada, haciéndola más inteligente, adaptativa y personalizada. Gracias a ello, el concepto de trabajo en red se ha extendido a múltiples aspectos de nuestras vidas diarias, desde operaciones militares hasta movimientos sociales.

Beneficiarse del poder de la innovación de las redes es fácil en teoría pero difícil en la práctica debido a tres tipos de retos: de mentalidad y culturales, de contextualización y de ejecución. Los primeros implican empresas con una historia de grandes logros. Se caracterizan por el síndrome de "aquí lo sabemos todo", un obstáculo para la búsqueda exterior de las nuevas ideas y su aceptación. Con respecto a los retos que plantea el contexto, cada empresa se encuentra en su propio marco de innovación, por lo que debe saber relacionarlo con la innovación centrada en redes, y finalmente, una vez que se encuentra la oportunidad de innovar en colaboración con una red de investigadores, queda pendiente determinar su ejecución.

Las empresas deben abordar las cuestiones de las capacidades y competencias, la integración de los procesos de innovación internos y externos para asegurarse el éxito de sus iniciativas. Por eso, es importante describir los cuatro modelos de la innovación centrada en redes, compuesta por dos dimensiones principales: el espacio de la innovación y el liderazgo de la red.

a) El espacio de la innovación

La definición del espacio de la innovación, puede articularse en una plataforma o estándar tecnológico. Este es el caso de AppExchange, una plataforma de desarrollo que creó Salesforce.com para beneficiarse de los esfuerzos creativos de los desarrolladores de software independientes. Puede también estar definido por las dependencias creadas por los productos o procesos existentes. Por ejemplo, la empresa Ducati hace que sus clientes intervengan en la innovación para mejorar sus productos.

b) El liderazgo de la red

Puede estar centralizado o ser difuso; en el primer caso, se trata de una empresa dominante que lidera la red. Por ejemplo, en su ecosistema tecnológico, Salesforce.com ejerce el liderazgo al establecer y promover la plataforma tecnológica y facilitar las actividades de sus desarrolladores externos. En el segundo caso, el liderazgo tiende a estar distribuido de manera difusa entre los miembros de la red; todos ellos comparten esa responsabilidad. Así, muchos proyectos de software libre poseen una estructura de liderazgo democrática, sobre la cual los diferentes miembros de la comunidad comparten la toma de decisiones.

Las dos dimensiones de la innovación centrada en redes, el espacio y el liderazgo, constituyen los cuatro modelos arquetípicos posibles: el modelo orquesta, el modelo de bazar creativo, el modelo de *jam session* (expresión que hace referencia a la improvisación musical en el jazz sobre melodías conocidas, sin mucha preparación ni arreglos predefinidos) y el modelo Mod Station (el término se refiere a las modificaciones de los videojuegos de computadoras existentes, las "mods"). Veremos cada uno en particular.

El modelo orquesta. Este modelo de innovación centrada en redes se asemeja mucho a la organización y la estructura de una orquesta sinfónica, donde la estructura del espacio de la innovación está bien definida y el liderazgo de la red está en manos de una única empresa dominante. La situación a la que corresponde este modelo es la de un grupo de empresas que se unen para explotar una oportunidad del mercado, basándose en una arquitectura de la innovación explícita y definida por la empresa dominante. Un ejemplo es la empresa Boeing, que reunió a una serie de socios de distintos lugares del mundo a los que podía confiarles tanto partes del concepto como de la producción. Las empresas participantes provenían de Japón, Australia, Italia y Canadá; cada una de ellas fue elegida sobre la base de una serie de estándares muy estrictos, ya que a su vez tendrían que implicarlos a sus propias subcontratadas y proveedores. La red de innovación de Boeing también incluía a los clientes, aunque su papel se limitaba a ser fuente de ideas para la fase de definición del producto. Al apostar por la innovación centrada en redes, Boeing transformó su condición de fabricante en la de integrador de sus socios, lo que incluía la asignación de tareas, la fijación de expectativas y la toma de decisiones sobre herramientas y procesos comunes. Por su parte, el papel de los socios era el de innovadores que ayudaban a Boeing a definir la configuración general del avión e innovar en el diseño y desarrollo de sus componentes.

El modelo de bazar creativo. Este modelo corresponde al contexto en el cual una empresa dominante "compra" la innovación en el bazar global de las nuevas ideas, productos o tecnologías, y utiliza su propia estructura para preparar su comercialización en el mercado. La infraestructura de comercialización puede incluir las capacidades de diseño, de creación de marcas, el capital y el acceso a los canales de distribución. Aquí también la empresa principal juega un papel dominante en la red de innovación, al prestar su infraestructura para el desarrollo y la comercialización de los nuevos productos o servicios. Sin embargo, la naturaleza del espacio de la innovación no está tan bien definida, ya que los mercados objetivo o áreas tecnológicas están solo vagamente delimitados y no está del todo claro de dónde puede provenir una nueva idea o en qué consistirá. Un ejemplo clásico de este modelo lo encontramos en la colaboración con los inventores. Dial Corporation, una compañía de consumibles con sede en Scottsdale, Arizona, ha sabido aprovechar la colaboración con los inventores en el marco de su iniciativa "Socios en la innovación". Dial está presente en tres mercados principales: de cuidados personales, de lavandería y de limpieza del hogar. Lanzada en 2004, en forma de página web, "Socios en la innovación" invitaba a los inventores a presentar sus ideas patentadas en un concurso llamado "Quest for the Best" (búsqueda de lo mejor), en las categorías de producto específicas que Dial luego evaluaría para determinar su potencial comercial. Si la valoración era positiva, la empresa compraría la patente y la comercializaría.

El modelo de *jam session*. Consiste en contribuciones individuales de inventores que se reúnen para colaborar en la concepción y el diseño de una innovación. Aquí, por regla general, el espacio de innovación no está bien estructurado y sus objetivos o su dirección tienden a surgir de manera orgánica desde la colaboración. No existen miembros dominantes, y la responsabilidad de liderar o de coordinar la actividad está repartida entre los miembros de la red. Las decisiones clave que determinan los procesos y resultados de las innovaciones tienden a surgir de las interacciones de los miembros de la red. Una de las iniciativas de innovación que presenta todas estas características es el desarrollo del Apache, un software libre de servidor web presente en la mayoría de los sistemas operativos, desde UNIX a Windows. Apache se ha consolidado como el servidor web más popular, ya que es utilizado por más del 70% de todas las páginas de Internet. La iniciativa Apache plantea con una gran claridad los principios del modelo de innovación *jam session*: una visión de innovación emergente realizada por una comunidad autogestionada, de manera que todos sus miembros puedan beneficiarse. Este modelo está cada vez más presente también en otras partes del sector de software, desde sistemas operativos y servidores web hasta aplicaciones para empresas y herramientas para el usuario final.

El modelo de Mod Station. Al ofrecer el código fuente de un videojuego a una comunidad de jugadores, una empresa de videojuegos posibilita la creación de variaciones sobre ese mismo juego. Estas modificaciones pueden suponer añadir nuevas características, nuevas interfaces, nuevas tramas, etc. Dependiendo del alcance de las modificaciones, ellas pueden ser totales o parciales de los videojuegos existentes. Los individuos que las llevan a cabo son los propios usuarios o *modders* a los que empresas de videojuegos proporcionan herramientas y amplia documentación para facilitarles el trabajo. Los resultados de esa tarea se distribuyen y usan por Internet. El videojuego *mod* más popular es Counter-Strike, creado como modificación de otro previo, Half-Life, producido por Valve Corporation de Bellevue, EE.UU. Este modelo posee dos características principales: supone una modificación o aprovechamiento de la innovación de un producto, proceso o servicio existente, y tiene lugar en una comunidad de innovadores cuyas reglas y valores los fija ella misma y no una empresa dominante. Un ejemplo más reciente del mencionado modelo es el Movimiento Mashup, surgido en el mercado de servicios web en 2005. Este movimiento presenta la creatividad de los desarrolladores y entidades independientes, que mezclan y juntan datos y elementos de presentación desde fuentes de información web múltiples para ofrecer nuevos e innovadores servicios web. Las grandes compañías como Flickr patrocinan y permiten el acceso libre a sus sitios a los creadores de mashups, fundamentalmente porque estos mejoran la visibilidad y fomentan la utilización de sus propios productos. Así, gracias al servicio Mappr, Flickr.com atrae a más navegantes, algunos de los cuales seguramente estarán dispuestos a pagar más por los servicios extra que ofrece.

El contexto de la innovación de la empresa juega un papel decisivo para determinar qué modelo de innovación centrada en redes le conviene más. El recurrir al "cerebro global" ya ha dejado de ser una disyuntiva de si aprovecharlo o no, para convertirse en una cuestión de *cómo* aprovecharlo. Sin lugar a dudas la **décima certeza** marca la transición a la sociedad del conocimiento, donde el aprendizaje cambia el cerebro, la tecnología es el medio y la decisión humana es finalmente la responsable.

6. La evolución de la comunicación atravesada por las TIC

Comunicar es intercambiar información, dialogar con otro. Efectivamente, tanto la comunicación verbal (que se dice con la palabra), como la no verbal (expresada a través del tono de voz, las posturas corporales, el ritmo de la respiración, la forma de saludar o la tensión de los movimientos) constituyen las maneras de transmitir el mensaje. Pero veremos que su evolución está atravesada por la tecnología hasta llegar a la comunicación 4.0.

El mensaje es el producto físico donde por lo menos intervienen tres factores: el código, el contenido y la forma en que es tratado ese mensaje. Toda comunicación humana tiene alguna fuente y su propósito debe estar expresado en forma de mensaje.

La principal barrera que se opone a la comunicación interpersonal es la tendencia espontánea a juzgar, evaluar, aprobar o reprobar las afirmaciones de la otra persona. Si bien la tendencia a hacer evaluaciones es común en cualquier interacción verbal, se ve muy favorecida por las situaciones que entrañan un compromiso emocional. Por esta razón, cuanto más intensos y encontrados sean los propios sentimientos, más se reducen las posibilidades de comunicación mutua. Solo habrá dos ideas, dos sentimientos, dos juicios que se negarán recíprocamente en el espacio psicológico.

Cuando la escucha es comprensiva se evita la evaluación, y se verifica entonces una comunicación real, se capta la manera de sentir del otro al situarse en su esquema referencial con respecto al tema en cuestión. Si puedo atender a lo que el otro dice, comprender cómo lo siente, apreciar el significado y sentir el matiz emocional que tiene para él, entonces se estará liberando poderosas fuerzas de cambio en su persona. Esa comprensión empática –comprensión con la persona, no sobre ella– es un acercamiento tan efectivo que puede lograr cambios notables en la personalidad.

En la comunicación orientada hacia la empatía, y no hacia el ataque, juega un papel fundamental el denominado arte de formular preguntas. Se trata realmente de un arte y no simplemente de una técnica porque siempre es más difícil preguntar que responder, puesto que el que pregunta indaga, en tanto que quien responde puede en cierto modo utilizar parte de la información inserta en la pregunta. Ambas competencias (aprender y escuchar) están vinculadas entre sí en un circuito espiralado. Existen en general cuatro tipos de preguntas: las de apertura, las abiertas, las cerradas y las de cierre, que podemos ver a continuación.

Preguntas de apertura

Las preguntas de apertura son las que dan comienzo al tema. Por ejemplo: "¿por qué considera importante que se incluya el estudio del cerebro en esta ponencia?".

Esta pregunta requiere de la persona indicada un mayor conocimiento del tema para que pueda explayarse sobre la petición, debe tener información sobre la cuestión a tratar, ser del tipo de persona que transmite información. Se utilizan para la presentación de un tema.

Preguntas abiertas

Las preguntas abiertas requieren de gran información. Se diferencian de las preguntas de apertura porque son realizadas durante el transcurso de la exposición de otro. Las preguntas abiertas favorecen el intercambio de ideas, están focalizadas a informarse de la situación y de los sentimientos. Necesitan escuchar activamente, y para ello el acompañamiento verbal y corporal constituye una herramienta que las facilita.

Preguntas cerradas

Este tipo de preguntas no precisan mucha información, la respuesta puede ser una sola palabra. Por ejemplo: "¿cuántas personas trabajan en su empresa?". La respuesta queda reducida a un número. Con las preguntas cerradas puede obtenerse diferentes tipos de respuestas que podrán ser de:

- acuerdo,
- oposición,
- poca información.

Preguntas de cierre

Son aquellas en las que se solicita una respuesta breve. Por ejemplo: "estamos terminando la sesión, ¿ha tomado usted alguna decisión?". Se formulan para obtener todos los enfoques que sean posibles sobre el problema, y así abrirse a otras perspectivas que se tengan sobre la cuestión.

Se trata de preguntas utilizadas para generar información de forma rápida. Para graficar la técnica, elijo utilizar la figura del embudo; en la parte superior, donde la apertura es grande, las preguntas son abiertas a efectos de obtener la mayor cantidad de datos posibles y generar el clima adecuado para una comunicación efectiva; hacia el extremo inferior, el embudo tiene una apertura pequeña, donde la pregunta debe ser cerrada, en orden de asegurarse una respuesta acotada, información concreta y concluyente cuando la negociación ya tiene su proceso iniciado.

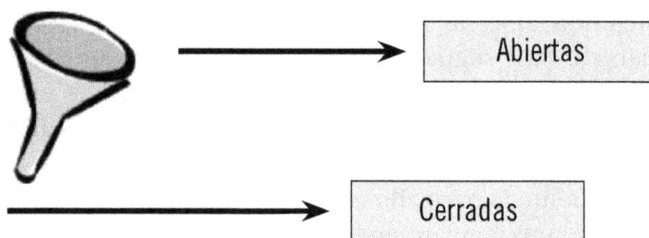

Ahora bien, resulta imprescindible atravesar la comunicación mediante el uso de las TIC. En este sentido, el primero en mencionarlo fue Jeffrey Zeldman[14] en 2006, en un artículo titulado "La web semántica" al referirse a la comunicación 3.0. Zeldman planteaba una nueva concepción de Internet, cimentada en un lenguaje más natural (similar al utilizado por los seres humanos en la vida cotidiana) en sustitución de las palabras clave.

Se trata de un concepto abierto e inteligente, una comunicación en la que los receptores juegan el mismo papel comunicativo que los emisores, equilibrándose por primera vez la importancia de uno y otro en el proceso comunicativo. Ya no hay un emisor y un receptor propiamente dichos, sino que existen comunicadores que se intercambian mensajes en un proceso en el que cada uno tiene la misma importancia dentro de una comunidad.

La web cerebral o web 4.0, cuya principal característica es la inteligencia colectiva y que supondrá la fusión entre el mundo virtual y el mundo real, tiene su anclaje en el mundo on-line

---

14 Jeffrey Zeldman (1955) es diseñador web, escritor, conferenciante y emprendedor. Fue el precursor del diseño web basado en estándares que garantiza que un sitio web pueda ser utilizado en cualquier navegador y en cualquier dispositivo habilitado.

Big data. Las empresas van a predecir lo que quiere el consumidor antes de que lo pida; el planteo son estrategias de 360 grados. Las personas que forman parte de toda la cadena de valor podrán comunicarse también entre sí y con las máquinas en tiempo real. Los trabajadores conectados de forma remota realizarán tareas más especializadas y serán más eficientes.

La industria conectada 4.0 proporciona una mayor capacidad de adaptación al momento actual mediante la innovación, la automatización, y procesos productivos más sofisticados, de una mejor comunicación entre las personas y las máquinas. Esto es clave para mantener la competitividad y las posiciones de liderazgo en el mercado. La comunicación 4.0 plantea una realidad de personas hiperconectadas a través de redes inteligentes, en las que la tecnología tiene mucho que aportar, y está formada por:

La web semántica

Es un conjunto de actividades desarrolladas en el seno del World Wide Web Consortium. Este último es un consorcio internacional que genera recomendaciones y estándares que aseguran el crecimiento a largo plazo de la World Wide Web (www).

La www es la red informática mundial, un sistema de distribución de documentos de hipertexto o hipermedios interconectados y accesibles vía Internet. Es decir, con un navegador web una persona visualiza sitios web compuestos de páginas que pueden contener textos, imágenes, videos u otros contenidos multimedia y navegar usando los hiperenlaces.

El objetivo es mejorar Internet al ampliar la interoperabilidad de los sistemas informáticos mediante "agentes inteligentes", que son programas en las computadoras que buscan información sin operadores humanos.

La web se desarrolló entre marzo de 1989 y diciembre de 1990, fruto de las investigaciones de Tim Berners Lee y Robert Cailliau, publicadas en Suiza en 1992. Desde entonces, Berners Lee ha jugado un papel activo guiando el desarrollo de estándares web intentando desde el principio incluir información semántica en su creación, la World Wide Web, pero por diferentes causas no fue posible. En 1990 ambos investigadores dieron a conocer la web como la conocemos actualmente. La web semántica se basa en dos puntos fundamentales:

a) La descripción del significado, donde se definen los conceptos y se articula la semántica, los metadatos y las ontologías. La semántica apunta a poder interpretar, comprender y procesar la información a través de las máquinas. Los metadatos describen los recursos de la web, pueden ser los datos que maneja otra aplicación. La ontología es una jerarquía de conceptos con atributos y relaciones que establece una terminología consensuada para definir redes semánticas de unidades de información interrelacionadas y con ciertas reglas. Es explícita, porque define los conceptos, propiedades, relaciones, funciones, axiomas y restricciones que la componen; es formal porque es legible e interpretable por las máquinas; es una conceptualización porque es un modelo abstracto y una vista simplificada de las entidades que representa, y es compartida porque ha habido un consenso previo sobre la información acordado por un grupo de expertos.

b) La manipulación automática de estas descripciones se efectúa mediante lógica. El usuario se aprovechará de Internet pero dejará progresivamente de navegar para centrarse en el uso de aplicaciones. Un ejemplo de ello puede ser la aplicación Google Goggles, una plataforma que permite realizar búsquedas en Internet a través de fotografías realizadas con un teléfono móvil. Si se apunta con la cámara del móvil a un cuadro, un lugar famoso, un código de barras o QR, un producto, un logotipo o una imagen popular, Google lo buscará, y si lo encuentra en su base de datos, ofrecerá información útil.

Las comunicaciones 3.0 y 4.0 abren un sinfín de posibilidades que poco tienen que ver con la comunicación 1.0, que es unidireccional (una parte emite el mensaje y la otra contesta), o con la limitada comunicación 2.0, que es bidireccional. En esta última, una parte, por ejemplo la empresa, manda mensajes y el cliente opina al respecto, pero a partir de la evolución de la tecnología se crean nuevos canales de comunicación e interacción con las empresas. El cliente ha dejado de ser un espectador pasivo para pasar a formar parte del equipo de marketing de las empresas; pero no es solo un espectador, ya no es conformista sino que se ha vuelto exigente, quiere información interesante, impactante, y además decide cuándo y dónde recibirla. En la comunicación 3.0 se multiplican las posibilidades de obtención de productos y servicios por escuchar activamente las emociones del usuario; son muy importantes la inteligencia emocional, las neurociencias aplicadas al marketing.

Estamos ante un usuario más inquieto y que, en cierta manera, tiene por primera vez el poder en sus manos, desaparece el término cliente para pasar a dirigirnos a personas concretas. Vivimos en la era de las pantallas, para informar, para entretener, para comunicar o para jugar, y la clave es la emoción, decididamente, el cerebro.

Una vez más la tecnología ofrece multitud de aplicaciones que pueden ayudar a conocer más a esas personas que son los clientes potenciales, los usuarios que también son los propios trabajadores. Para ello, pueden instalarse sensores que optimicen los contenidos en función de quien visite la web, o adaptándolos según quienes observen una determinada pantalla, ya sea por sexo o rango de edad, o por condiciones medio ambientales, y que en un día caluroso nos ofrezcan una bebida fresca y nos trasladen a una playa paradisíaca. Más aún, aprovechando la alta penetración de smartphones y tablets, una vez captada la atención de las personas, se podría adaptar una campaña publicitaria para formar parte de la vida del usuario mediante aplicaciones móviles. Pueden personalizarse ofertas, cupones y descuentos, creando un canal de comunicación exclusivo para cada persona, haciendo que se sienta única, y pudiendo conseguir así que, mediante las redes sociales, se traspase la barrera del cliente y se trate con la persona.

La comunicación 4.0 facilita la generación de contenidos multimedia (texto, imágenes y videos), lo que unido al marketing de contenidos incrementa el tráfico de visitas y mejora el posicionamiento de una empresa en los buscadores. La interacción con los usuarios a través de comentarios y experiencias facilita el conocimiento del receptor. Se puede "pensar" en cada tipo de "persona" en particular y conducir a cada potencial cliente adonde el dador del mensaje quiera direccionarlo. La personalización facilita la comunicación exclusiva con cada persona, haciéndola sentir única, valorada y comprometida, lo cual asegura que ella recomiende el producto o la empresa en forma incondicional. La comunicación 4.0 trae un concepto abierto e inteligente, el de "Internet social", en donde el protagonista es el usuario. La comunicación recíproca permite a los consumidores hacer recomendaciones y comentarios, por ejemplo, acerca de una experiencia de compra o una valoración del servicio vía redes sociales. Del mismo modo, facilita la transparencia y crea confianza en el usuario, ampliando de esta forma el círculo virtuoso del compromiso empresa-cliente. Este estilo de comunicación replica en las emociones; el receptor del mensaje se "emociona" y se fideliza; primer escalón en la generación de la confianza.

7. Síntesis del Capítulo I. Las diez certezas

Como síntesis de este primer capítulo e integrando las diez certezas enunciadas, podemos asegurar que los pensamientos cambian la actividad eléctrica del cerebro, su estructura y sus circuitos, por eso nos convertimos en quienes somos según cómo pensamos y vivimos. La anatomía cerebral está íntimamente relacionada con el desempeño motriz neurocognitivo, emocional y conductual, y su estimulación apropiada ayuda a contrarrestar la pérdida de células que acompaña al normal proceso de envejecimiento humano.

Interpretamos la realidad a partir de los sentidos de la vista, gusto, olfato, oído y tacto, y actuamos desde el cerebro; solo podemos ver nuestros comportamientos externos, que en realidad son las manifestaciones. Por eso se hace difícil el cambio, porque radica en lo invisible, en la mente. El aprendizaje cambia el cerebro, la tecnología es el medio y la decisión humana es la responsable a través del procesamiento activo de la información en la memoria.

El *Homo interneticus*, el ser humano del siglo XXI, tiene otros patrones de conducta, basados en el trabajo en equipo, en la conciencia del cuidado del medio ambiente, en un liderazgo horizontal, en un proceso de atención focalizado que le hace imposible trabajar ocho o más horas. Por eso, la modalidad de trabajo conectado remoto, TCR, facilita la inteligencia colectiva, que es una forma de inteligencia que surge de la colaboración y el concurso de muchos individuos y la tecnología.

Preparamos nuestro cerebro al conocer cómo funciona, cómo pensamos, cómo sentimos, nos expresamos y actuamos. La herramienta es el aprendizaje y el entrenamiento, por eso una vez aprendidos estos conocimientos estamos en condiciones de pasar a nuestra segunda fase, la programación. En cada uno de los entrenamientos partimos de considerar a cada individuo como lo que es: único, diferente, con una realidad que solo él mismo construyó y con un bagaje de experiencias que lo posiciona como propio hacedor de su destino. Ahora bien, exploremos lo necesario para comenzar con la etapa de la programación.

CAPÍTULO II

PROGRAMACIÓN

En este capítulo desarrollaremos las diferentes herramientas que podemos utilizar para programar. Para comenzar, es interesante conocer el alcance del concepto programar como sinónimo de planificar, y su antónimo: la improvisación.

1. Improvisación *versus* planificación. Experiencias de planificación

La pregunta es: en la vida, ¿nos manejamos solo por intuición o, por el contrario, planificamos nuestras metas enfocándonos para alcanzar un objetivo concreto? Ciertamente la intención es la clave de una programación y, al igual que ocurre con los sistemas informáticos, nuestro cerebro puede ser programado para el cumplimiento de objetivos (método EPEP: educación del pensamiento enfocado en el propósito).

El plan es una intención, es un proyecto, un propósito, es un sistema que llevado al concepto de cerebro lo convierte en un sistema abierto, conocido como estabilidad dinámica; es decir, que puede relacionarse con el ambiente, crecer y evolucionar. Algunos autores han denominado a este concepto como *flow*. Y precisamente, el profesor Mihaly Csikszentmihalyi desarrolló la "Teoría del flujo" que puede ser aplicada a inventores, científicos y artistas a fin de determinar cómo y por qué logran esa innovación.[15]

Cuando hablamos de estabilidad estamos precisando lo que en las ciencias implica una situación que se mantiene igual en el tiempo o con una modificación razonablemente pequeña de las condiciones iniciales; es decir, que no altera de forma significativa el futuro de la situación. Dependiendo del área en particular, la estabilidad tiene significados ligeramente diferentes. En informática, por ejemplo, se dice que un sistema es estable cuando su nivel de fallos disminuye por debajo de un determinado umbral, que varía según la estabilidad que se requiera. Pero volviendo a nuestro cerebro, estabilidad dinámica implica la posibilidad de cambiar positivamente; de hecho, nuestro cerebro puede adaptarse y no quedar suspendido en el tiempo, no es inflexible, pero esto requiere de un plan.

La Real Academia Española define el término planificar como trazar los planos para la ejecución de una obra, hacer el plan o proyecto de una acción o someter a planificación. Planificar significa estudiar de manera anticipada las metas y acciones basándose en un método, plan o lógica y no en intuiciones. Asimismo, implica pensar antes de actuar, con método, de forma sistemática, con proyección al futuro, analizando oportunidades y amenazas del entorno, proponiendo metas y acciones.

Volviendo a la planificación, esta es sin lugar a dudas una habilidad cognitiva fundamental que forma parte de las funciones ejecutivas. Es el proceso mental que nos permite seleccionar las acciones para alcanzar una meta, decidir sobre el orden apropiado, asignar a cada tarea los recursos cognitivos necesarios y establecer un plan de acción. Esta capacidad varía según cada persona, y depende de algunos factores como la plasticidad cerebral, la mielinización, el establecimiento de nuevas rutas o conexiones sinápticas, y la introspección. La mielinización es el proceso por el cual se forma una vaina de mielina (sustancia lípida) alrededor del axón, por la cual se transmiten los impulsos nerviosos de unas neuronas a otras. El 80% de la mielinización

---

15 Csikszentmihalyi, M.: *Flow.* HarperCollins, Nueva York, 1990.

se produce hasta los seis años de edad, un 10% entre los seis y los 30 años, y el resto a partir de los 30 años.

Para planificar una tarea de forma eficaz es necesario contar con la información necesaria, pero también tener la capacidad de establecer mentalmente una síntesis adecuada de todos los datos. El deterioro o alteración de la capacidad de planificación hace que ciertas cosas nos resulten más difíciles. Ahora bien, los procesos mentales implicados en la capacidad de planificación (establecer metas, diseño de planes y programas adecuados) pueden ser entrenados y mejorados con la estimulación cognitiva adecuada y con hábitos de vida saludables.

Algunos ejemplos de la vida cotidiana donde utilizamos nuestra capacidad de planificación pueden ser: organizar un viaje, unas vacaciones, cocinar, estudiar, trabajar, etc. Los adultos o niños que presentan déficits en su capacidad de planificación tienen dificultades para saber cómo comenzar a hacer una tarea o planear un proyecto. Es normal que estas personas se sientan abrumadas al tratar de dividir una tarea en diferentes partes más manejables, y es posible que les resulte difícil entender la idea o meta principal.

Podríamos entonces distinguir 10 síntomas o características de las personas que tienen dificultades en planificar, que fueron detectadas durante los entrenamientos en los cursos de Dream team en capital humano que organizamos con el equipo de docentes y especialistas de USUARIA. Ellas son:

1. Tienen problemas para tomar decisiones correctas, dudan.
2. Presentan dificultades para anticipar las consecuencias de sus actos, no tienen prevención.
3. No son capaces de calcular correctamente el tiempo que les llevará hacer algo, no pueden anticiparse.
4. No son buenos en decidir el orden de importancia para llevar a cabo una agenda, no pueden establecer prioridades.
5. Se distraen con facilidad, se olvidan, no pueden concentrarse.

6. Suelen presentar bajos índices de productividad o creatividad, son rutinarios.
7. Pueden hacer la tarea muy rápido (pero de forma inconsistente).
8. Se desesperan si surgen imprevistos, se bloquean, tienen poca tolerancia a la frustración.
9. Tardan más tiempo que otras personas en cambiar de una actividad a otra, no son flexibles.
10. Están siempre angustiados por lo que les falta terminar, viven en el futuro, son ansiosos.

La ausencia o las deficiencias en la capacidad de planificación se han considerado prototípicas de la patología del lóbulo frontal (fundamentalmente relacionada con lesiones o disfunciones que afectan al área prefrontal). Cualquier tarea que requiera planificación, organización, memorización, administración del tiempo y una flexibilidad de pensamiento se convierte en un gran desafío para las personas que presentan déficits en su capacidad de planificación.

Se trata del "síndrome disejecutivo", que se refiere a las dificultades para realizar estrategias operativas, concentrarse en una determinada tarea y finalizarla con éxito. Este síndrome engloba un conjunto de síntomas –problemas de comunicación, déficits comunicativos, cognitivos y conductuales, cambios en los patrones de sueño– que surgen a partir de alteraciones en el cerebro de las funciones ejecutivas. La severidad de las disfunciones varía mucho, de acuerdo con la etiología del problema y de las características individuales, como su personalidad previa, sus experiencias y nivel intelectual o cultural.

Son muchos los denominados gurúes de la planificación especializados en comunicar, la clave es cómo encarar hábitos positivos. Uno de ellos, Leo Babauta, autor del libro *Zen to Done*, toma diferentes aspectos del popular sistema de productividad Getting Things Done, 7 Habits y otros, y los combina tratando de simplificar lo máximo posible las acciones a llevar a cabo a fin de evitar situaciones estresantes.

Del mismo modo, Stephen Covey, en su obra *Los 7 hábitos de la gente altamente efectiva (empresa y talento)*, publicada en marzo de 2011, destaca algunos conceptos interesantes. Por un lado, los relacionados con la descripción de las acciones o tareas pendientes, priorizándolas según la meta u objetivo; por otro, la planificación de los días de la semana en que se llevarán a cabo dichas acciones, con especificación de horarios (lo más estrictos posible). Finalmente la observación o evaluación sobre el cumplimiento de dichas acciones, lo que permite que el cerebro tenga la sensación de disfrute del trabajo cumplido y el ahorro de energía para el futuro (prioridad en nuestras mentes).[16]

Planificar es uno de los hábitos más sencillos para la productividad, pero también el más importante, debido a que da sentido al foco, al programa que es el objetivo de la vida. Contraria al concepto de planificar, la definición de *improvisar* implica el despliegue de una acción, la realización de algo, de un modo absolutamente intempestivo e inesperado; es decir, una acción sin ningún tipo de preparación o anticipación es llevada a cabo únicamente con aquellos medios e instrumentos de que la persona dispone en el momento de efectuarla. La acción de improvisar es sumamente cotidiana en las vidas de todos; es prácticamente imposible que alguien en algún momento o situación de su vida no se haya visto obligado a desarrollar alguna acción con estas características para salir adelante de una situación. Ahora bien, la planificación *es un sistema* que requiere habilidades que solo pueden ser alcanzadas a través de prácticas, que compartiremos para luego desarrollar el método de Gestión Neuro-TIC (GNT). Se trata de prácticas porque se requiere de un sustrato cognitivo previo. En este sentido, el concepto de práctica puede ser utilizado con acepciones distintas según el contexto: como sustantivo y como adjetivo.

De cualquier modo, el término siempre tiene que ver con la noción de algo que se realiza, que se lleva a cabo y que requiere determinados conocimientos o constancia para que los

---

16 Covey, S. R.: *Los 7 hábitos de la gente altamente efectiva*. Paidós, Barcelona, 2011. Covey (1932-2012) ha sido una autoridad internacionalmente respetada en materia de liderazgo y es experto en familia, profesor, consultor de organizaciones y escritor.

resultados sean los esperados. Cuando el término es utilizado como sustantivo, se trata de un oficio, actividad o acción que se realiza de manera constante y con compromiso. La práctica se obtiene de una acción regular realizada con diferentes objetivos: uno puede ser mejorar y obtener un rendimiento cada vez superior; otro, designar el área en donde esa actividad se lleva a cabo regularmente. Además, el término también puede ser entendido como un adjetivo, considerando que algo es práctico cuando es útil y positivo; es decir, que puede brindar beneficios para quien lo lleve a cabo. Este último es el sentido con el que se describen las diferentes prácticas que hacen a la programación tal como ha sido expuesta.

2. Práctica de meditación

En la cultura occidental la palabra meditación viene del latín *meditatio*, que significa enfocar atentamente el pensamiento a la consideración de algo. El concepto está asociado a la concentración y a la reflexión profunda. Pero empleado en conceptos provenientes de prácticas espirituales asiáticas, como el *dhyana*, adquiere una nueva definición que la hace similar a la contemplación. Esta última representa el estado espiritual que aparece en el ser humano cuando practica el silencio mental que se consigue con el desapego de pensamientos y sensaciones. La meditación toma diferentes significados en diferentes contextos, y se ha practicado desde la antigüedad como un componente de numerosas religiones y creencias, aunque no constituye una religión en sí misma.

La concentración de la mente tiene como finalidad aliviar determinadas condiciones de salud física y/o psicológica, logrando un estado de paz total a través del control de los pensamientos y las emociones. Puede llevarse a cabo en forma pasiva (sentado o acostado) o en forma activa, mientras se realizan otras actividades (caminar o correr, por ejemplo).

En el siglo XIX, el movimiento teosófico creado en Nueva York por Helena Blavatsky, Henry Steel Olcott y William Quan

Judge adoptó la palabra "meditación" para referirse a las diversas prácticas de recogimiento interior o contemplación propias del hinduismo, budismo y otras religiones orientales. Los autores parten de bases filosóficas que incluyen aspectos como qué entender por meditación, por qué meditar, cuál es la relación de la meditación con la vida espiritual y cuáles son sus efectos. De este modo presentan la dinámica del proceso de meditación desde la parte inicial y los aspectos preliminares, pasando por la concentración, la meditación y lo que puede llamarse su estado cumbre: la contemplación.[17]

La meditación entrena nuestra mente, induce a un modo de conciencia. El término se refiere a un amplio espectro de prácticas que incluyen técnicas diseñadas para promover la relajación, construir energía interna o fuerza de vida, y desarrollar compasión, amor, paciencia, generosidad y perdón. Es interesante destacar que se caracteriza por:

- Un estado de concentración sobre la realidad del momento presente.
- Un estado mental libre de pensamientos, el llamado *silencio mental.*
- Una concentración en la cual la atención es liberada de su actividad común y es focalizada en algo superior (por ejemplo, Dios).
- Una focalización de la mente en un único objeto de percepción, como la respiración o la recitación constante de un vocablo o de una sucesión de ellos (ejemplo, los mantras en el yoga).

La meditación es importante en el budismo, y cada escuela tiene diferentes maneras y técnicas específicas. Para algunas, es la forma mediante la cual la mente logra alcanzar un plano de realidad y entendimiento que va más allá de lo aprendido, y tiene

---

17 Helena Blavatsky (1831-1891), escritora rusa, iniciadora de la teosofía moderna. Su madre descendía de los príncipes Dolgoruky, y junto con su padre, Van Hahn, coronel del ejército ruso, fueron de notable influencia para sus ideas vanguardistas.

que ver más con lo sensorial. Según la escuela budista zen, meditar es la condición natural de la conciencia humana, capaz de comprender por sí sola el significado de su existencia, aun a nivel inconsciente. Esta percepción se interrumpe por la agitación o el interés en los asuntos particulares que absorben nuestra atención. La práctica de un sistema o rutina de meditación devolvería la mente a ese estado básico y primordial. Algunos maestros zen dicen que meditar es "tocar el corazón" del ser humano.

Para el cristianismo, la meditación es una expresión de la oración. El cristiano trata de dirigir su pensamiento a Dios, a Su palabra y a Su obra con la ayuda de la Biblia.

En el hinduismo, en las escuelas de yoga y vedanta la meditación es una parte de dos de las seis ramas de la filosofía. En el islamismo también se emplean diversas técnicas meditativas; y en la mayoría de las religiones basadas en el paganismo, la meditación es un pilar fundamental para mantener una conexión con la divinidad.

La meditación es el medio para aliviar el estrés, para fortalecer la memoria y para potenciar la capacidad de tomar las decisiones apropiadas, es un viaje para ser uno mismo.

Ciertamente, durante una visita al continente asiático, en enero de 2018, en las lejanas tierras de Vietnam, Camboya y Tailandia, tuve la oportunidad de conocer más acerca del budismo, la meditación y el yoga. Por ejemplo, el templo de Vam Mieu o templo de la literatura en Hanoi, Vietnam, creado en honor a Confucio en 1070, dignifica el conocimiento a través de 82 lápidas grabadas con los nombres de los estudiantes universitarios más brillantes apoyados sobre tortugas de piedra. Todo ello en contraposición con el enjambre de motos que surcan las calles generando un exceso de adrenalina para quienes pretendíamos transitarlas. En aquella primera universidad en Vietnam, podía sentir el silencio y la concentración que solo el conocimiento profundo nos ofrece, una forma activa de meditación.

En el templo de Thien Mu, también en Vietnam, una escuela budista activa, pude ver a los monjes estudiando y recorriendo el lugar. Los más pequeños, de solo cinco años, llevaban un mechón de pelo sobre su frente como símbolo de

su decisión de vida. Así podría mencionar el Quan Thanh, el
Le Dai Hanh, el Vihara Mendut, todos templos y monasterios
cargados de energía relajante. Pero donde la eclosión se convierte en una fuerza inconmensurable es en el Angkor Wat, en
Camboya, construido por Suryavarman II en los años 1112-1152
para honrar al dios Vishnu. Justamente allí, en la estructura re-
ligiosa más grande del mundo, declarada Patrimonio de la Humanidad por la Unesco en 1992, comencé a entender algunos
principios del budismo. Al recorrer la antigua ciudad de Angkor
Thom, el templo de Bayón y el Tha Prohm, a través de sus rui-
nas y de la naturaleza pude respirar la fuerza de Angkor, antigua
capital del imperio Jemer que durante su época de esplendor,
entre los siglos IX y XV, tuvo una extensión de 200 km^2 y una población de hasta medio millón de habitantes. Angkor Wat fue
el centro político y religioso, entre cuyos muros se ha calculado
que vivían más de 20.000 habitantes, luego fue abandonada en
1432 y sostenida solo por sus monjes. Durante más de mil años
la mayoría de los monjes budistas theravada que se encontraban en todo el imperio Jemer de Angkor cumplieron con una
importante función social ocupándose de la educación básica
de la gente y transmitiendo la cultura jemer y sus tradiciones
mediante el relato de historias y el oficio de rituales. Mientras
el budismo mahayana había sido la religión de reducidos números de virtuosos y de elites de laicos antes del siglo XII, el
budismo theravada, introducido por quienes habían estado en
Ceilán, se había convertido en una religión popular practicada
en miles de aldeas antes del siglo XIII.

Dentro de las creencias de la cosmología budista jemer es
muy importante la visión del destino humano generado por la
acción personal libre y volitiva o karma. Tenemos un amplio grado de libertad para determinar nuestras futuras experiencias y
nuestro lugar en el mundo que puede cambiar en el curso de una
vida cuando el karma se "desgasta". La meditación por parte de
los ancianos, especialmente como preparación para la muerte,
es un mérito poderoso. El canto de los sutras budistas y las cere-
monias religiosas son formas importantes para obtener méritos,
pues crean un buen karma y disuelven el mal karma, cambiando

la mente. "Somos lo que pensamos, todo lo que somos proviene de la mente y con la mente creamos el mundo."

3. Práctica de yoga

El término proviene del sánscrito y significa unión; se refiere a una tradicional disciplina física, mental y espiritual originada en la India. Se asocia con prácticas de meditación en el hinduismo, budismo y jainismo.

Su práctica otorga como resultado:

- La unión del alma individual con la divinidad.
- La percepción de que el yo es espiritual y no material.
- El bienestar físico y mental entre quienes tienen una postura racionalista.

Los seguidores de las distintas doctrinas de la India sostienen que diversos caminos conducen al mismo fin. Generalmente el seguidor de un tipo de yoga cree que el único yoga (método de unión o acercamiento a Dios) es el propio, y desprecia a los practicantes de otros tipos de yoga.

El hatha yoga es el más difundido en todo el mundo, y es conocido por sus asanas (o posiciones corporales). Se trata de un sistema de posturas físicas cuyo propósito es lograr que el cuerpo esté apto para la meditación. Las asanas generan serenidad física y mental, de tal forma que un yogui devoto pueda sentarse durante varias horas en una postura de meditación sin sufrir fatiga o inquietud. Algunas de las asanas son la posición de loto y el saludo al Sol. En la década de 1980 el yoga se popularizó por todo el mundo occidental como una forma de ejercicio físico.

Un estudio de 2012 llamado "Yoga in América" reportó que en EE.UU. hay 20,4 millones de practicantes de yoga (el 8,7% de la población). Allí se indicaba que el 44% de quienes no lo practicaban manifestaron estar interesados en hacerlo.

En España, una encuesta encargada en 2014 determinó que el yoga es practicado –al menos una vez a la semana– por el 12,03% de los españoles, y un 28,9% de la población lo ha practicado alguna vez en su vida. Entre las variantes de yoga más populares se citan el yoga dinámico (asimilable al vinyasa), el hatha yoga, el astanga yoga, el kundalini yoga y el bikram yoga. Finalmente, el 21 de junio de 2014 fue declarado por las Naciones Unidas el Día Internacional del Yoga.[18] Fue a través de la Resolución ONU, n° 69/131 donde se destaca que "el yoga puede contribuir de manera holística a lograr un equilibrio entre la mente y el cuerpo". Este enfoque de la salud y el bienestar a partir de la consideración de un día festivo, puede facilitar el desarrollo sostenible de la sociedad al avanzar hacia estilos de vida que estén en más armonía con la naturaleza.

Fue justamente en Tailandia, en el Agama Yoga, el más popular de Koh Phangan, donde me impresioné con las fantásticas prácticas de *asanas,* saludo al Sol, y relajación. Y como experiencia única, en Chiang Mai, La Rosa del Norte, fundada en el siglo XIII por el rey Mengrai, donde la práctica del yoga es clave para disminuir el estrés y la ansiedad; allí justamente pude por primera vez despejar mi mente.

4. Práctica de respiración

La respiración es un proceso mediante el cual los seres vivos absorben y expulsan el aire tomando parte de las sustancias que lo componen. Consiste en la entrada de oxígeno[19] al cuerpo de un ser vivo y la salida de dióxido de carbono.

La respiración no es solamente una actividad de los pulmones, pues es todo el organismo el que captura el oxígeno y expulsa el dióxido de carbono. Sus miles de millones de células consumen oxígeno incansablemente para liberar de los glúcidos (azúcares) la energía necesaria e indispensable para realizar sus actividades.

La respiración humana consta básicamente de los siguientes procesos:

---

18 https://es.wikipedia.org/wiki/Naciones_Unidas
19 https://es.wikipedia.org/wiki/Ox%C3%ADgeno

- Inhalación y exhalación: se trata de la entrada y la salida de aire de nuestros pulmones.
- Hematosis: es el intercambio gaseoso en los alvéolos pulmonares.
- Transporte de oxígeno a las células del cuerpo.
- Respiración celular.

El ser humano realiza el intercambio de gases en la respiración por medio de membranas delgadas y húmedas que forman parte de sus pulmones, a los cuales les llega el aire a través de las vías respiratorias (fosas nasales, faringe, laringe, tráquea y bronquios).

En cada ciclo de inhalación y exhalación los pulmones se expanden y se contraen. El tipo de aire que se inhala es diferente del tipo de aire que se exhala, esto porque al respirar se producen cambios muy complejos dentro del cuerpo.

La respiración es una de nuestras principales fuentes de energía y podríamos describir algunas de sus características a fin de sistematizarla a propósito del método GNT:

a) Siempre nos acompaña, mientras estamos vivos, en cualquier momento, en toda circunstancia.

b) No depende de la actividad mental voluntaria, no hace falta que pensemos en ella para que ocurra; no es racional aunque podemos influir en ella y dirigirla hacia formas de respirar que consideremos más adecuadas para determinadas circunstancias y actividades. Por ejemplo, la respiración abdominal es sumamente relajante, sirve para obtener calma y también se la puede utilizar para reducir dolores.

c) Podemos racionalizarla, es una de las pocas funciones psicofisiológicas que además de funcionar de manera involuntaria e inconsciente, también puede ser activada de manera voluntaria y consciente, en estado de vigilia, al controlar su ritmo y profundidad y regular diversas funciones físicas y psicológicas.

d) Podemos tener acceso a sistemas de control fisiológico que normalmente son inaccesibles a la voluntad, como los sistemas simpático y parasimpático; por lo tanto, la respiración puede actuar como regulador de los sentimientos y de la conducta.

e) Nos ancla en el momento presente. No se puede respirar el aire de ayer, ni el de mañana. Es imposible hacer todas las respiraciones del día por la mañana para ya tenerlas hechas. Ni siquiera es posible inspirar y exhalar a la vez. Para la respiración solo existe el ahora, este preciso instante, sin registro de los recuerdos sobre el pasado o el anticipo sobre el futuro.

f) Es en sí misma un interesante objeto de observación. La respiración puede ser nasal, oral, abdominal, regular, irregular, profunda, superficial, corta o larga. Existen tantas pautas respiratorias como necesidades tenga el organismo. El aire ingresa en nuestro cuerpo frío y seco, y sale templado y húmedo. Genera sensaciones físicas de expansión y contracción, sensaciones emocionales, y tiene sus pausas.

g) Como anclaje de la atención, la respiración es tan sutil que puede hacer ver con claridad cuándo se dispersa la mente y adónde ha ido. Si se está recordando algo o imaginando o planificando o se está aburrido, inquieto, creativo, temeroso, ilusionado.

h) Si aprendemos a "escucharla", nos proporciona una valiosa información de cómo se encuentra nuestro cuerpo, nuestra mente, nuestro mundo emocional. Eso supone tomar conciencia de qué es lo que necesitamos, y es el primer paso para tomar decisiones sobre cómo cuidarnos. Cuando nos hacemos conscientes de ella, con toda nuestra intención, es capaz de generar un espacio de paz, serenidad y tranquilidad y de conexión con uno mismo. Es recomendable respirar en posición de 90 grados para dar espacio a los órganos, en especial al hígado, y hacerlo a través de la glotis en una frecuencia que incluya inspiración, apnea, espiración y apnea. Al ralentizar la respiración, puedo pausar y responder sin reaccionar.

En síntesis: la respiración es el nexo entre la mente, las emociones y el cuerpo.

5. Método EPEP

Para el análisis de este método, hemos invitado a su creador, el doctor Eduardo Berteuris, a compartir de primera mano su significado, por eso celebro el honor de su escritura. El método está basado en la actividad y el funcionamiento cerebrales. Por eso es importante explicar temas como la cognición, la atención, la concentración, la combinación de datos más emoción que dan forma a la memoria, las redes cerebrales, la neuroplasticidad, las emociones, los pensamientos y los sentimientos, entre otras actividades cerebrales.

Es ambicioso referirse a todos estos conceptos en pocas líneas y de forma sencilla para que sea entendido por personas alejadas de la medicina o de la biología. El pensamiento es una actividad eléctrica y química, por lo tanto, el pensamiento es materia.

¿Qué es EPEP?

EPEP es la educación del pensamiento enfocado en el propósito. Es neurociencia aplicada a la vida cotidiana. Es un contacto con el ser o con la espiritualidad de la persona. Es la construcción de la felicidad. Consiste en la educación del pensamiento para enfocarlo en el propósito que tiene la persona. Para entender mejor esta definición analicemos en forma de síntesis estas dos palabras: educación y propósito.

Educación es el proceso de facilitar un aprendizaje. En este caso es aprender algunas reglas básicas del funcionamiento cerebral, reglas que, si las tenemos claras, ayudan a conseguir las metas que la persona se propone. A través del método EPEP realizamos el traspaso de conocimientos, habilidades, valores, creencias y hábitos que permiten aprender esas acciones básicas que tiene el funcionamiento cerebral.

Con la práctica del método las personas obtienen ayuda del funcionamiento inconsciente cerebral para alcanzar aquellos objetivos que se proponen.

La educación del método EPEP se lleva adelante con:

- **Una estrategia en la forma de pensar.** La forma de pensar de este método ayuda a la coordinación de los hemisferios cerebrales, lo que permite aprovechar los procesos de detalle del hemisferio izquierdo y los creativos del derecho.
- **Un uso cerebral adecuado de la palabra.** El uso adecuado de la palabra hablada ayuda a enfocar la atención cerebral, herramienta cognitiva muy importante que contribuye a encontrar en la realidad los recursos que se necesitan para la obtención de la meta.

  Explica qué son las emociones, cómo se producen y cómo gestionarlas para impedir que un desborde emocional aleje a la persona de la meta que está construyendo.

  Enseña cómo se construyen los hábitos que facilitan la obtención de la meta y cómo debilitar aquellos que la persona tiene y que le son perjudiciales.

  Enseña el poder que tiene la actitud en la construcción de la meta, y aporta estrategias para cambiar una actitud limitante por otra facilitadora, que ayude a encontrar soluciones a las dificultades que aparezcan en el proceso.
- **Un propósito.** Es la intención de hacer algo; en el método EPEP constituye la intencionalidad que acompaña a una serie de acciones para alcanzar un objetivo, algo que se quiere conseguir y que requiere de esfuerzo y de ciertos sacrificios. Es alcanzar una meta que está relacionada con el desarrollo personal. Este método ayuda a alcanzar la meta solo si es ecológica. Esto quiere decir que es sana y aporta felicidad a la persona y no causa daño a terceros.

Por ello, el método EPEP es una educación del pensamiento enfocado en el propósito. Es neurociencia aplicada a la vida cotidiana, un contacto con el ser o con la espiritualidad de la persona. Es la construcción de la felicidad.

¿Qué son y cómo se forman los programas cerebrales?

Los programas cerebrales son la base de nuestros problemas o limitaciones, y también la base de la solución de cualquiera de nuestros conflictos.

Por ejemplo, analicemos este problema:

$$4 + X = 8$$

Para cualquier persona que esté leyendo este libro, el problema planteado es de muy fácil solución, no representa ninguna dificultad en su vida; sin embargo, para un analfabeto es un escollo irremediable.

Por lo tanto, siguiendo con este razonamiento, los programas cerebrales son información necesaria para la solución de dificultades y para la obtención de nuestro desarrollo, siendo el desarrollo más importante la obtención de felicidad en forma sustentable.

Si analizamos la vida en la Tierra, observamos que es una evolución de organismos menos complejos a organismos complejos. El ser humano no se aparta de esa evolución, ya que hace miles de millones de años solo fuimos una célula.

Algunos ejemplos de organismos unicelulares son las bacterias, las algas unicelulares, los protozoos y algunos hongos, los que constituyen la gran mayoría de los seres vivos que pueblan el planeta. Al estar formados por una sola célula, ella es la que debe encargarse de todas las funciones; por ejemplo, de la defensa, la alimentación, la excreción y la reparación, entre otras.

El ser humano es un organismo pluricelular. La construcción de un cuerpo humano se crea a partir de una célula, el cigoto, que es la unión del espermatozoide del hombre con el óvulo de la mujer. Los organismos pluricelulares están formados por muchas células, y estas van tomando funciones diferenciadas. Dichas funciones diferenciadas se van automatizando: la digestión, la respiración, la eliminación de los desechos, la circulación, la mantención de la temperatura, la defensa. Los millones de reacciones químicas que ocurren por día son todas funciones automáticas que no dependen de nuestra voluntad, y para que sean efectivas responden a un programa de acción biológico.

Como estamos viendo, a medida que los seres vivos se vuelven más complejos van automatizando las tareas más antiguas para dedicarse a tareas más modernas. Con esto se consigue un importante ahorro de energía.

Con el cerebro pasa exactamente lo mismo, tenemos una serie de programas para hacer frente a las dificultades de la realidad y una serie de programas que nos permiten desarrollarnos. Estos programas los hemos desarrollados nosotros con la ayuda de otros seres humanos, proceso que se conoce como humanización, a través de la socialización primaria y la secundaria.

La construcción de un ser humano es la construcción de los programas cerebrales. Cuando nosotros nacemos no somos un ser humano, somos un ser vivo. Como vemos, la palabra ser humano, que normalmente la tomamos como una sola palabra, está formada por dos: ser y humano. El ser nace, el humano se construye. Esto es muy importante, porque al comprenderlo entendemos el porqué de nuestras dificultades y la llave para la solución de cualquier problema.

El recién nacido es muy débil, no puede vivir sin la ayuda de los otros, y necesita amor de otros para subsistir. El ser, atento a esta situación, se transforma en el programador, el que va a diseñar con la ayuda de los otros seres humanos los programas necesarios para que le faciliten la vida.

La socialización es extremadamente importante en la construcción de la personalidad. Cuando hay ausencia de socialización no existe construcción de lo que denominamos humano. Un ejemplo de esto lo constituye el caso de Víctor de L'Aveyron. Este caso muy conocido, ocurrió en Saint Sernin en el invierno de 1799/1800. En el pueblo apareció un niño en busca de comida. Un niño distinto, desconocido, desnudo y sin educación. Era una criatura que había crecido entre animales, en ausencia de otros seres humanos. A pesar del esfuerzo realizado para integrarlo a la sociedad, esta socialización no pudo lograrse. No pudo instruirse a ese niño en la moral, la ética, el comportamiento social y el pensamiento humano.

Cuando no existe una socialización primaria en los primeros años de la vida, la persona no se transforma en un ser humano.

La construcción del ser humano comienza en la socialización primaria y continúa toda la vida con la socialización secundaria. En la socialización, el recién nacido y el niño pequeño se encuentra ávido por informarse, por aprender una información que le va a permitir desarrollarse en la sociedad. Por eso, va tomando de forma inconsciente información de sus padres y familiares más cercanos. Esa información está basada en cómo comportarse en los distintos roles humanos y los límites que pueden tener esos roles.

Los roles son, por ejemplo, el de hijo, padre, madre, hermano, amigo, trabajo, relación con el dinero, etc. Va acumulando información por rol, y con ella funciona de forma inconsciente y automática, buscando en la realidad los recursos necesarios para transformarla en experiencia a lo largo de su vida.

Por lo tanto, a alguien que tenga muchas limitaciones en la información sobre cómo construir felicidad en la pareja, le costará encontrar parejas que lo hagan feliz. De igual modo le ocurrirá en el trabajo, con el dinero o en cualquier otro rol. Por ejemplo, aquellas personas que cuentan con una información programada sobre lo fácil que es desarrollarse en la vida económica, conseguirán mayores éxitos económicos. Así, lo que aparece en la realidad de las personas en la edad adulta es la información que tienen con respecto a ese rol. Son programas que actúan de forma inconsciente para hacer realidad aquello que está programado, independientemente del deseo que tenga la persona por mejorar.

De esta forma se va construyendo el ser humano, la identidad, el ego. El ego es la suma de todos nuestros programas cerebrales para que actúen de forma automática e inconsciente, y que faciliten la vida o que la arruinen. Este ego es la causa de todos nuestros problemas, no porque el ego sea malo, sino porque no sabe, o no quiere volver a conectarse con el ser para encontrar la información nueva que le permita reprogramarse. Necesita reprogramarse cuando la formación de que dispone no le sirve para resolver las situaciones o conflictos que trae la realidad. Al no poseer información adecuada, las decisiones que toma solo traen mayor sufrimiento a la persona. Es el ejemplo de la fórmula matemática: $4 + X = 8$.

Un problema radica en la falta de información necesaria del ego para poder solucionarlo. El ego funciona de forma automática, es la suma de todos nuestros programas cerebrales. Por lo tanto, siempre va a ejecutarse de la misma forma y va a obtener los mismos resultados. Para resolver un problema se necesita una información nueva, esa información nueva es una modificación del programa, y el único que reprograma es el ser; así, el ego tiene que volver al ser para reprogramarse y con el método EPEP enseñamos cómo reconectar al ego con el ser.

¿Cómo funcionan los programas cerebrales?

La realidad se forma en el cerebro, y para que esa realidad sea formada necesita de estructuras que le envíen información; esas estructuras son los sentidos.

La información que el cerebro puede procesar por segundo es mucho menor que la información real. Del 100% de datos que puede procesar el cerebro solo somos conscientes de entre el 4 y 6% de los bits en ese segundo. Esto quiere decir que la realidad se crea en el cerebro momento a momento.

Los datos que tomamos de la realidad se interrelacionan con los datos guardados en la memoria. En esa memoria están los programas cerebrales almacenados en redes neuronales de funcionamiento constante que intentan por todos los medios convertir en realidad las creencias que tiene esa persona sobre cómo es la vida. Los programas cerebrales, a través de distintas estructuras cerebrales inconscientes, filtran la información de la realidad y acercan al consciente un 4% que considera útil.

Por ejemplo, una persona está deseosa de encontrar un amor en su vida, y sufre por no encontrar una pareja que le dé amor. Pero si el programa de esa persona en ese rol está formado por una información que dice que es muy difícil encontrar el amor, que la pareja es algo doloroso, que las relaciones son inestables, siempre se relacionará con parejas que solo le ocasionarán sufrimiento.

El cerebro, de forma inconsciente, tirará al basurero el 96% de información de personas que pueden hacerla o hacerlo feliz, y solo le mostrará a personas que la hagan sufrir. Por esa razón el deseo no modifica al programa.

Como vimos antes, en la biología todos los procesos se van automatizando. Como la información consciente es tan escasa, solo el 4% se hace consciente; entonces esto quiere decir que existe una estructura que selecciona ese 4%. Esas estructuras son los programas cerebrales diseñados por rol.

Pero si se prepara el cerebro para que considere información que hoy no procesa sino que descarta, se está creando una nueva red cerebral de información que compite con la que ya estaba establecida; esta nueva red saca a la luz bits que antes eran descartados. Esto trae una comprensión nueva de la realidad. En una realidad nueva empiezan a aparecer personas y situaciones en el consciente que de ninguna forma antes eran vistas. Esto trae una comprensión nueva de la realidad. Los datos de la realidad que se van a hacer presentes son aquellos que sirven a tu programa.

El método EPEP, a través de un trabajo que la persona va realizando según una técnica, le permite cambiar los aspectos de la realidad que se quieren percibir. Se le enseña a conectarse con el ser para que este reprograme. Al cambiar lo que se piensa, y cambiar lo que se siente sobre un rol, comienza a percibirse cosas diferentes de la realidad. Es encontrar un nuevo 4%. Por lo tanto, un mundo nuevo ecológico; es decir, que le aporte felicidad a la persona y que no traiga sufrimiento a terceros.

Cerebro inconsciente y cerebro consciente

Estamos hablando de los programas y de la atención. Del cerebro ascendente: antiguo, inconsciente o automático; y del cerebro descendente: moderno, consciente, dirigido por la atención.

Cuando hablamos del consciente, de estar consciente, para la mayoría de las personas queda claro. Se afirma que se trata del que está funcionando cuando estoy despierto. Por ejemplo, "yo estoy consciente de que estoy leyendo".

Esto en parte es cierto. Pero si se trata de una persona que está conduciendo el auto y piensa en otra cosa mientras lo hace, puede ser que en un momento se hace más consciente y se dice: "no recuerdo cuándo pasé el peaje". Esto ocurre porque conducía de forma automática, de forma inconsciente, y el consciente iba a tomar el mando si fuera necesario, solo si aparecía una eventualidad en el camino.

Esa forma automática es una actividad inconsciente, programada. En el ejemplo anterior actuaba el programa mientras solo estaba el cuerpo de la persona.

Para algunos, el inconsciente es como algo oculto y misterioso que aparece en algunos momentos o es el que habla en sueños. Pero el inconsciente no está oculto y no solo nos habla en sueños, sino que está presente en todo momento en nuestra vida de relación, y tiene tanta importancia para el logro de nuestros objetivos como el cerebro consciente. Comprender la importancia que tiene la actividad cerebral inconsciente o programada es entender cómo ocurren nuestros éxitos y nuestras feas experiencias.

Estos dos cerebros funcionan al mismo tiempo todo el día. Por ejemplo, cuando una persona está hablando con alguien y piensa en la idea que quiere transmitir, esa función es consciente. La persona sabe lo que quiere decir pero no se preocupa en buscar las palabras adecuadas para expresar esas ideas. No busca formar la oración con sujeto, verbo y predicado, sin embargo lo hace. Quien se encarga de estas tareas, el que busca las palabras adecuadas para transmitir el mensaje es su cerebro inconsciente.

El consciente pone las ideas, es el que comanda; el inconsciente busca los recursos. En este caso, los recursos son las palabras guardadas en la memoria; los dos cerebros, consciente e inconsciente, funcionan al mismo tiempo.

Además de comprender esta actividad cerebral de consciente e inconsciente, es muy importante entender que la conciencia de mí mismo, por ejemplo la que puede decir "Yo soy Eduardo Berteuris", ocurre en una parte de mi cerebro y no en todo mi cerebro. Únicamente en la corteza cerebral está la conciencia de mí mismo, la parte del cerebro que tiene idea de quién soy yo. Pero la corteza cerebral no es todo el cerebro, solo es una parte, la más moderna, pero solo una pequeña parte del cerebro.

Al cerebro reptiliano, por ejemplo, lo único que le interesa es mantener a la persona con vida, no importa la vida que tenga. Al cerebro emocional, que pueda huir, luchar o comprender el mundo desde el punto de vista de las emociones. Como vemos, el cerebro es la unión de muchas partes con funciones definidas y que evolucionaron en épocas muy distintas.

Hay muchas porciones de mi cerebro que no tienen ni idea de quién soy, y ellas son tan importantes para mi vida como la parte del cerebro que sí tiene idea de quién soy. Por lo tanto, tengo que estar asociado correctamente con estas partes del cerebro para que me ayuden a conseguir mis deseos, mis propósitos.

El cerebro inconsciente es automático, el más antiguo o ascendente. A medida que fragmentamos la atención, los programas van asumiendo el mando en nuestra vida. Estos programas fueron diseñados por nosotros mismos, a través de la socialización primaria, de la socialización secundaria y del conjunto de experiencias que hemos vivido.

Los programas tienen información que nos permiten vivir en el mundo. Esta información podemos decir que está dividida de acuerdo con nuestros roles sociales. El contenido del rol se almacena en forma de creencias, y esas creencias intentan desarrollarse en cada área de la vida de la persona de acuerdo con las expectativas que ya tiene.

Poseemos distintos roles sociales: de padre, de mujer, de madre, de trabajadora, de hija, etc. Y esta información muchas veces choca o no concuerda con los distintos roles sociales. Esto genera crisis.

Los programas toman el timón de nuestra vida, funcionan como un GPS para transformar nuestras expectativas en realidad. Y decimos GPS porque para hacer algo real se necesitan recursos, tanto físicos como humanos, y los que nos ayudan a conseguir esos recursos son los programas. Así que, como vimos antes en el ejemplo de la palabra hablada, es el inconsciente quien busca los recursos cuando hablamos, que son las palabras almacenadas en la memoria. En otro tipo de actividad, por ejemplo en el desarrollo profesional, el inconsciente buscará en la realidad los recursos que permitan mayor desarrollo profesional. Dichos recursos son personas o situaciones que hagan posible convertir en realidad aquello que está programado en el rol.

Los programas funcionan la mayor parte del tiempo, el cerebro automático se ocupa de todas las rutinas cotidianas. Por eso podemos hacer distintas actividades al mismo tiempo. El inconsciente recibe la realidad a través de los sentidos. Del 100% de realidad que recibe, solo nos muestra el 4%, que es lo que podemos asimilar de forma consciente. En ese 4% están los recursos adecuados para convertir en realidad lo que está programado en el rol. Los recursos son personas o situaciones.

Si lo programado son limitaciones, nos acercará recursos que confirmen esas limitaciones, por lo tanto sufriremos.

Entonces, al descartar un 96% de la realidad, lo que hace es eliminar de nuestra conciencia personas o situaciones que tenemos delante y a las que no les prestamos atención. Esto es algo que hacemos constantemente y de forma inconsciente.

La mente consciente está limitada al córtex cerebral, que es una delgada y arrugada capa que envuelve el cerebro por fuera. Está formado por 15.000 millones de neuronas que pueden conectarse entre sí formando redes, y por esas redes viajan los pensamientos que finalmente se van a transformar en comportamientos o acciones.

La actividad de las redes neuronales conscientes consume mucha energía, tanta como la que podrían consumir los músculos de un atleta cuando entrena. Para ahorrar energía y que la actividad cerebral sea posible es que se automatizan los procesos y aparecen los programas. Los programas cerebrales son información prediseñada para ponerse en marcha cuando sea necesario.

Cerebro inconsciente o automático

Las estructuras que forman el cerebro inconsciente son el tallo cerebral que regula las actividades vitales del organismo, como la respiración y el ritmo cardíaco. Luego, el cerebelo que regula y coordina las rutinas motoras como correr, caminar y agarrar objetos. Finalmente, el sistema límbico o cerebro emocional regula todo lo concerniente al mundo emocional, el temor y nuestras recompensas.

El tálamo, el sara, sistema reticular ascendente, funciona como un filtro inconsciente. Recibe toda aquella información que traen los sentidos sobre el mundo exterior, y selecciona decidiendo lo que es importante para nosotros; esa información importante se la muestra al consciente. Dicha información es el 4% de nuestra realidad. El cerebro sabe mucho más de la realidad de lo que sabemos nosotros. Por lo tanto, es muy importante entender la diferencia entre la conciencia de mí mismo y la totalidad del cerebro.

Por ejemplo, en los roles de pareja, trabajo, desarrollo profesional o cualquier otro rol, nosotros hemos diseñado programas para que actúen de forma automática. Para que seleccionen de la realidad aquello que necesitamos encontrar para transformar nuestros deseos en realidades.

Si en el rol de pareja existe un programa que dice que es fácil encontrar una persona amorosa para compartir la vida, la persona se relacionará de forma más sencilla con otras que permitan hacer realidad esa programación. Su programa borrará el 96% de los recursos humanos que no sean compatibles con estas creencias, y solo le mostrará, dentro del 4% que se haga consciente, a personas que faciliten ese propósito. Por lo tanto, es más fácil que concrete la posibilidad de tener una pareja estable.

Es así porque están programadas las características que va a tener la chica o el chico afortunada/o, y será su programa o cerebro inconsciente el que los buscará de acuerdo con las características diseñadas. El inconsciente leerá en los símbolos que las personas reflejan, por ejemplo la forma de moverse, el tipo de personalidad, la forma del cuerpo, etc., y lo traducirá en personas convenientes o inconvenientes según la programación que ya tiene informada.

El inconsciente evalúa todo lo que el cerebro percibe y lo compara con las expectativas que tiene; lo que intenta hacer es buscar los recursos necesarios para convertir los programas en realidad. Hay que pensar que el inconsciente trabaja con extrema rapidez; en una décima de segundo evalúa a una persona o una situación.

El inconsciente puede afirmar, aunque no sea una verdad, si puede confiar en alguien o no porque cataloga a toda persona y toda situación de acuerdo con las etiquetas que tiene. Puede gestionar todo lo que hacemos sin que nos enteremos, y esto lo hace tanto cuando estamos despiertos como cuando estamos dormidos.

Por eso, cuando se afirma que el método EPEP: es la educación del pensamiento enfocado en el propósito, es porque existe una forma de pensar que permite reprogramar cuando dejamos de estar de acuerdo con lo que una vez programamos.

EPEP es neurociencia aplicada a la vida cotidiana porque es entender cómo funciona nuestro cerebro, entender si cuando hablamos, estamos acercándonos o alejándonos de nuestros deseos. Permite que nos demos cuenta de aquello que hemos programado, explicarle con claridad a nuestro cerebro qué recursos debe buscar allí fuera, en la realidad, para que ellos puedan ayudarnos a convertir nuestros deseos en realidad.

Es un contacto con el ser, o con la espiritualidad de la persona, porque al recordar que el ser humano es el ego, la identidad, los programas, y que justamente los programas son la causa de nuestros sufrimientos, debemos reconectarnos con el ser, el programador, para dejar de sufrir. Para que ese ser, de forma activa y dinámica, reprograme nuestra vida de manera ecológica. Es la construcción de la felicidad.

Como síntesis, el método EPEP combina el cognitivismo, la psicología experiencial, el *mindfulness* y técnicas de coaching con PNL para facilitar la transformación en realidades de los deseos de las personas. Requiere de un sistema específico que debe emplearse a diario hasta que se conformen en la mente de las personas las herramientas necesarias para transformar aquello que desean en resultados concretos; es un entrenamiento del cerebro, la mente y las emociones.

6. Práctica de *mindfulness*

La atención consciente o atención plena, *mindfulness* o *sati*, como se la designa en el idioma índico pali, es una práctica en la que se toma conciencia de las distintas facetas de nuestra experiencia en el momento presente. Podemos aprender a ser conscientes de cómo nos movemos, cómo nos sentimos (tanto física como emocionalmente) y cómo respondemos o reaccionamos ante cada momento de la vida. Esta cualidad de la conciencia es la base de toda vida creativa, ya que nos permite vivir con un sentido profundo de iniciativa y no en el "modo piloto automático".

Al cultivar la atención consciente se puede ser más sensible para el proceso de reacción casi permanente que experimentamos en respuesta a todo lo que nos afecta en la vida. Podemos tomar conciencia de las tensiones opuestas que crean nuestros impulsos de evitar las cosas que no nos gustan y de prolongar las experiencias que nos proporcionan placer.

En general, el ser humano suele reaccionar con puntos de vista, opiniones y juicios ante cada uno de los hechos de la vida. Esto ocurre casi al mismo tiempo que los acontecimientos, lo que dificulta mucho encontrar algún sentido de espacio o de iniciativa mientras se está rebotando entre una reacción y otra. Con la atención consciente se puede aprender a desarrollar una conciencia exacta en cada momento de lo que es nuestra experiencia en realidad, en vez de encerrarnos en los hábitos reactivos de pensamiento distorsionado acerca de nuestra experiencia. Esto nos permite tener algo como un espacio en el que podemos tomar decisiones más ponderadas, lo que a su vez nos ayuda a darnos cuenta plenamente de las enormes posibilidades de elección que tenemos en la vida.

El *mindfulness*, como concepto psicológico, consiste en la concentración de la atención y la conciencia basado en el concepto de la conciencia plena de la meditación budista. Se ha popularizado en Occidente por Jon Kabat-Zinn, y a pesar de encontrar sus raíces en el budismo está desprovisto de cualquier componente o terminología oriental.

En síntesis, el *mindfulness* sostiene que somos más que nuestros pensamientos, y sirve para evitar la rumiación. Su máxima es aceptar pero sin resignarse, ya que no es posible cambiar el hecho, que es neutro en sí, pero puedo cambiar la mirada sobre el pensamiento sin perder energía.

Anclarme en el modo *mindfulness* facilita la escucha de los *inputs* sensoriales y percibir su presencia a nivel consciente. Su práctica permite romper los patrones emocionales ya enquistados al reconocerlos como malos hábitos.

Usar la tecnología para programar espacios de *mindfulness* es muy útil. Puedo disponer de mi celular o computadora para recrear los espacios durante uno o dos minutos a lo largo del día teniendo en cuenta las tres A:

- **A**dmitir: observo y no me resisto.
- **A**ceptar: no juzgo y no lo considero en mi programa.
- **A**ctuar: tomo una actitud proactiva centrada en el foco que me haya determinado.

7. Programación neurolingüística (PNL)

La programación neurolingüística (PNL) es una disciplina que se ocupa de la estructura de la experiencia subjetiva. Posee el carácter de modelo de comunicación humana. Richard Blander y John Grinder describieron el concepto en varias publicaciones, como: *Neuro Linguistic Programming* (1980) y *Magic in Action* (1985). La PNL no aspira a ser una teoría, sino que posee el carácter de modelo; esto es, consiste en una serie de procedimientos cuyo valor ha de medirse por su utilidad y no por su verdad.

El nombre PNL abarca los tres componentes que influyen en la experiencia humana: neurología, lenguaje y programación.

La programación se refiere, como hemos visto, a la creación de modelos mentales. Apunta al proceso de organización de los componentes del sistema con el afán de crear resultados preestablecidos.

"Neuro" implica que está relacionada con la forma en que se emplea la mente, el cuerpo y los sentidos para pensar y darle significado a esta experiencia. Cuanto mejor detectemos nuestras pautas de pensamiento y mayor flexibilidad podamos ejercer sobre él, más será la influencia que podremos tener sobre nuestro destino y mayores las posibilidades de cambio.

La lingüística incluye los patrones de lenguaje, las preguntas de puntualización y las metáforas. Richard Bandler y John Grinder estudiaron los modos de utilizar el lenguaje para facilitar el cambio, y por medio de la observación identificaron patrones verbales y no verbales que dieron origen a una técnica que llamaron *modelling*, mediante la cual puede identificarse el modelo de funcionamiento de determinadas habilidades de un ser humano para que sean mejor comprendidas, comunicadas y utilizadas por los demás.

Existen dos niveles lingüísticos diferentes:

1. la estructura superficial del lenguaje que comprende los enunciados que nos sirven para comunicarnos con los otros, esto es: la base del diálogo;
2. la estructura profunda del lenguaje que es la representación lingüística completa de la experiencia, donde tallan los valores y creencias de cada persona.

Es importante describir cuáles son los principios básicos de la PNL:

1. Siempre existe comunicación.
2. En la comunicación no hay fracasos sino resultados.
3. Todo comportamiento tiene una intención positiva.
4. Las personas actúan de la mejor manera posible de acuerdo con el momento y el contexto.
5. Toda persona tiene su propio modelo de la realidad a partir del cual organiza su comportamiento.
6. El mapa no es el territorio.
7. Los individuos procesan la información a través de los cinco sentidos.

En la PNL los índices de referencia son el conjunto formado por los propios criterios y los de otras personas involucradas en la interacción. Se utiliza como una eficaz herramienta de lectura del comportamiento de las partes para agilizar la comunicación entre ellas.

Cada persona tiene modelos mentales que son imágenes, supuestos, historias que determinan el modo de interpretar el mundo y su manera de actuar; estas pueden impedir los cambios y el aprendizaje o por el contrario pueden acelerarlos. Cada uno toma contacto con el contexto que lo rodea a través de los sentidos: visual, auditivo, olfativo, gustativo, kinestésico o cenestésico, y ello se debe a los denominados sistemas representativos.

Es oportuno entonces analizar cuáles son los sistemas representativos sensoriales:

La PNL define tres sistemas representativos sensoriales principales:

- visual;
- auditivo;
- kinestésico, y dentro de este el olfativo y el gustativo.

Una persona con dominio de sus facultades sensoriales utiliza los tres canales, pero tiene una modalidad preferida. Los sistemas representativos son:

Visuales

Las personas visuales piensan en varias cosas al mismo tiempo y en imágenes, estas últimas representan ideas.

Los visuales necesitan mirar a la persona con la que están hablando y ser mirados para hacerse entender; generalmente comienzan una frase y antes de terminarla pasan a otra, y así constantemente. Aprenden y recuerdan al mirar, tienen habilidad para percibir la comunicación no verbal.

Auditivos

Los auditivos piensan de manera lineal, una idea por vez y con detenimiento, para darle espacio a la siguiente. El proceso de pensamiento es más lento y completo.

Aprenden al escuchar, interpretan bien los textos, escriben con expresividad, necesitan una comprobación auditiva que les dé la pauta de que el otro les presta atención.

Kinestésicos

Los kinestésicos tienen mucha capacidad de concentración, son quienes más contacto físico necesitan con el otro. Son aquellos que confían en sus sentimientos, sensaciones e intuiciones. Conocen más a través de lo que sienten que a través de lo que piensan. Aprenden al experimentar, pueden concentrarse aun en medio de las distracciones.

Desde el punto de vista de la comunicación, les es fundamental el uso de los denominados predicados, que son las palabras utilizadas para describir el pensamiento.

Las personas que se valen del sistema *representacional visual* usan palabras como, por ejemplo: ver, luminoso, focalizar, imaginar, observar, evidente, claro, lúcido. Las que utilizan palabras como llamar la atención, oír, estridente, suena, preguntar son los que tienen *procesos de pensamiento auditivos.* Y finalmente los *kinestésicos* son aquellos que utilizan palabras relacionadas con los sentimientos y las sensaciones: sentir, liviano, experimentar, cálido, sostener, moverse, frialdad, entre otras.

Sin embargo, los sistemas representativos no se excluyen sino que se complementan entre sí. La habilidad de cambiar de un sistema a otro, depende de la necesidad de la tarea que se realiza en un momento determinado, y tiene como objetivo lograr una comunicación eficaz.

Asimismo, también los gestos y movimientos corporales son indicadores del tipo de sistema representacional de cada persona. Los visuales tienen una postura algo rígida, mueven notoriamente sus manos, realizan gesticulaciones marcadas y su respiración es superficial y rápida; en tanto que los auditivos mantienen una postura más distendida, su posición es de escucha telefónica, tienen respiración amplia y su cabeza siempre está inclinada hacia atrás. Por último, los kinestésicos tienen una postura distendida, con el cuello y los hombros relajados, la cabeza inclinada hacia abajo y sus movimientos arrastran las palabras, acompañados de una respiración baja, profunda y lenta.

Conocidos los distintos sistemas representacionales, se hace necesario saber el estado interno de la otra parte a fin de construir un vínculo armonioso y en sintonía con el otro. El sentimiento de unidad que crea la comunicación intra e interpersonal entre dos personas o más se denomina *rapport*. Puede construirse a partir de la observación de la postura corporal, los gestos, las frases que utiliza la persona con quien se quiere comunicar, su tono de voz, el volumen, espejando sutilmente a aquellas de modo de lograr su acompañamiento; es decir, acompasarlas para establecer una mejor sintonía, ingresando al círculo de la comunicación y adaptándose a la conducta personal del interlocutor.

La clave para establecer *rapport* es la flexibilidad, y el objetivo es "ganar-ganar", lo que equivale a supeditar los intereses individuales a los compartidos. Finalmente, cuando no se consigue que el mensaje llegue a la otra persona debe intentarse cambiar la forma mediante una flexibilización que permita adaptarnos a los estilos de elección de la persona con quien se trata de lograr la comunicación.

8. Síntesis del Capítulo II

Las prácticas que hemos desarrollado durante este capítulo, como meditación, yoga, respiración, EPEP, *mindfulness* y programación neurolingüística, ofrecen una metodología muy eficaz para descubrir cómo actuamos y cómo nos programamos para el cambio. Se trata de estrategias de comunicación, desarrollo personal y psicoterapia que se combinan para lograr objetivos específicos.

La tecnología es sin lugar a dudas una herramienta esencial para evaluar de forma eficaz y fiable un largo rango de habilidades cognitivas relacionadas con las funciones ejecutivas y otras funciones cerebrales, entre ellas, la planificación. En los estudios de diversas universidades, como la de Tel Aviv (Tel Aviv University, Sackler School of Medicine), se utilizan diferentes tests, entre ellos, el Test Cognitivo de Concentración VISMEN-PLAN que se ha inspirado en la prueba de dígitos directos e indirectos de Wechsler Memory Scale (WMS) y el Visual Memory Span (VMS), el test clásico Memory Malingering (TOMM) y el test clásico Torre de

Londres (TOL), los cuales miden diferentes habilidades cognitivas implicadas en las funciones ejecutivas.

El estudio de la plasticidad cerebral nos ha enseñado que cuanto más utilizamos un circuito neuronal, más fuerte se hace, lo cual es aplicable a las redes neuronales que intervienen en la capacidad de planificación mental.

Su entrenamiento tiene dos áreas principales de aplicación: cómo comunicarse con los demás y cómo comunicarse con uno mismo, lo cual nos lleva a la gestión, que es justamente nuestra tercera fase, y que desarrollaremos en el próximo capítulo.

CAPÍTULO III

GESTIÓN

1. Método de Gestión Neuro-TIC (GNT)

Se trata de sistematizar, de aplicar un método que facilite la programación del cerebro para el uso sustentable y no adictivo a las tecnologías de la información y la comunicación (TIC). Hablamos de organizar, de ordenar la mente para aplicar las TIC, en el ámbito sociolaboral, desde una perspectiva sustentable y sostenible.

Este método utiliza las diferentes técnicas que mencionamos en el capítulo anterior: meditación, yoga, EPEP, *mindfulness*, respiración y PNL. Ellas se combinan y recrean en un método que será de aplicación en forma individual y/o en la organización.

Se trata de ser consciente de los recursos humanos y tecnológicos, y utilizarlos para responder en un contexto dinámico preservando el bienestar personal. La característica de este método (GNT) es, sin lugar a dudas, la estrategia, concepto derivado del latín *strategia*, proveniente de dos términos griegos: *stratos* ("ejército") y *agein* ("conductor", "guía"), cuyo significado implica el arte de dirigir las operaciones militares.

Ser estratégico está relacionado con vivir en *el presente*, con monitorear continuamente el contexto, responder con certezas, tener bien claro el foco, y en el caso de una organización cumplir con la misión y visión de ella. Hablamos de "focalizar", es decir desear, crear y asegurar el cumplimiento de un objetivo. Seguramente en esta búsqueda tendré que "elevarme" por encima de alguna circunstancia que aparece como dificultad, para lo cual conjugaré las prácticas mencionadas. Esta elevación me permite cambiar la visión de los hechos, corriéndome del lugar trágico, de la dramatización, sin juzgar ni criticar, solo en estado de observación. Pero para cambiar necesito poner pausa, no actuar por reacción, no hacerlo en forma automática. Graficándolo:

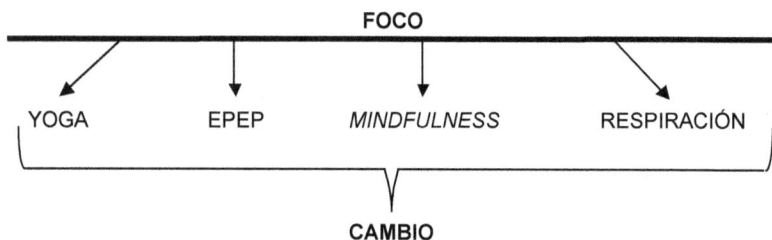

FOCO

| YOGA | EPEP | *MINDFULNESS* | RESPIRACIÓN |

CAMBIO

La repetición, la rutina, el hacer siempre lo mismo le asegura al cerebro poco esfuerzo, poco gasto de oxígeno, mucha supervivencia pero cero cambio. En tanto, los pensamientos nos aseguran un propósito a largo plazo, *el cambio comienza en la mente*.

Ahora bien, se trata de un método porque existe una planificación, y esta actividad facilita la no retención de un pensamiento. Priorizo y dejo de consumir energía al recordar el pasado o al imaginar el futuro. Planificar, como ya lo describimos en el capítulo anterior, es simplificar, y dado que el cerebro se distrae un promedio de dos horas diarias, se trata de reducir la distracción para aumentar la eficiencia.

Este último concepto está relacionado con la curva de desempeño, puesto que a mayor producción de dopamina (el neurotransmisor relacionado con la expresión de las emociones), mayor interés y productividad; en tanto que, a mayor producción de noradrenalina, mayor estrés, menor eficiencia y baja productividad. Los seres humanos utilizamos todo el cerebro pero solo el 2% al mismo tiempo, por eso, en el concepto de gestión, que es el título de este capítulo, compartiremos algunas ideas sobre cómo gestionar en forma creativa para luego describir el método; es decir, la forma sistemática de hacerlo.

2. Creatividad *versus* procrastinación

La palabra creatividad refiere a la capacidad o facilidad para inventar o crear, y es sin lugar a dudas el rol o la característica más buscada en el siglo XXI.

De la evolución histórica de la fuerza del trabajo resulta claro que en el siglo XVIII, en la era de la agricultura, el campesino y el trabajo de la tierra constituían el prototipo de trabajo deseado, en tanto que en el siglo XIX con la era industrial aparece el obrero de la fábrica, la máquina de vapor. Más adelante, en la era de la información, la sociedad del conocimiento del siglo XX, marcada por la combinación de profesiones y tecnologías, la búsqueda se focaliza en los profesionales universitarios. Sin embargo, el siglo XXI marca un nuevo paradigma, resalta la creatividad empática; las empresas buscan a quien mejor se adapte al contexto y a quien pueda adecuarse más rápido a los cambios, y ese es el innovador, el creativo, el *homus interneticus* más buscado.

La creatividad comprende novedad, valor agregado, diseño y un programa de entrenamiento. Es decir, nuestro cerebro, que es materia, es el hardware, y nuestra mente, que es inmaterial, es el software; la mente afecta el cerebro.

En este sentido, resulta muy interesante el trabajo de Carol Dweck, del cual deriva la teoría de Growth Mindset, o "la mentalidad de crecimiento". Según Dweck, la mentalidad no es fija sino que se moldea con esfuerzo, aprendizaje y formación incremental, y sin miedo al fracaso. Estos dos conceptos de mentalidades (fija y de crecimiento) juegan un papel importante en todos los aspectos de la vida de una persona.

Dweck argumenta que la mentalidad de crecimiento permitirá a una persona vivir una vida menos estresante y más exitosa. La definición de Dweck de mentalidades fijas y de crecimiento fue esbozada durante una entrevista en 2012, en la Universidad de Stanford.[20]

---

20 Carol Dweck (1846) es miembro electo de la Academia Norteamericana de Artes y Ciencias y de la Academia Nacional de Ciencias de Estados Unidos, y el 19 de septiembre de 2017 la Fundación Yidan, con sede en Hong Kong, la designó como una de los dos ganadores inaugurales al Premio Yidan de Investigación Educativa.

La científica asegura: "En una mentalidad fija los estudiantes creen que sus habilidades básicas, su inteligencia, sus talentos son solo rasgos fijos, tienen una cierta cantidad y eso es todo, y entonces su meta es mirar inteligentemente todo el tiempo. En tanto que los estudiantes con mentalidad de crecimiento entienden que sus talentos y habilidades pueden ser desarrollados a través del esfuerzo de la buena enseñanza y persistencia". No necesariamente todos los estudiantes son iguales pero Dweck cree que todos pueden ser más inteligentes si se esfuerzan. Este pensamiento provoca cambios en la forma de educar, puesto que los individuos formados con una teoría del "crecimiento" tienen más probabilidades de seguir focalizándose en el crecimiento a pesar de los reveses. Es decir, que cuando utilizamos un elogio como disparador de motivación, estamos alentando a persistir a pesar del fracaso.

Por ejemplo, los niños que reciben elogios como "buen trabajo, eres muy inteligente" son mucho más propensos a desarrollar una mentalidad fija, mientras que si se les hacen cumplidos como "buen trabajo, trabajaste muy duro" es probable que desarrollen una mentalidad de crecimiento.

Ahora bien, por oposición veamos qué significa "procrastinación": se trata de la tendencia a demorar, retardar o retrasar algo, aplazar el cumplimiento de una obligación o de una acción. Para su tratamiento, los especialistas recomiendan planificar, pero a corto plazo, a fin de establecer recompensas y motivación.

En esta planificación es interesante señalar algunas técnicas:

1. Establecer prioridades, tomando como criterio el tiempo. Ejemplo: contesto tres e-mails pero lo hago en no más de cinco minutos.
2. Focalizarse en el cumplimiento de una acción, sin temor a la equivocarse. Ejemplo: no sé calcular la liquidación final de un trabajador, comienzo por determinar su antigüedad y liquido parcialmente este rubro, focalizo.
3. Incorporar algunas tareas al inconsciente para que el cerebro no las tenga que procesar, y de esta forma estén

incluidas como parte automática de nuestro accionar. Por ejemplo, si siempre utilizo WhatsApp para contestar en el mismo momento del día estoy robotizando la tarea.

4. Registrar todas las actividades diarias para destacar aquellas que queden pendientes.

5. Utilizar el no positivo es justamente la posibilidad de decir que no cuando no se pueda o se quiera enfrentar algunos compromisos que no son del agrado personal. El temor a decir no y a quedar mal con otra persona suelen ser dos aliados de la procrastinación, por eso el no positivo es el que no tiene connotación adversa, sino que por el contrario es un rasgo positivo.

6. Aplicar *mindfulness* y respiración, que son las formas de evitar un gasto inútil de energía incorporando un cambio con plenitud.

Ejemplos de situaciones en las que procrastinamos:

TAREAS COTIDIANAS
Aplazamos actividades necesarias para funcionar en el día a día. Por ejemplo, ir al banco, hacer las compras, ir al médico, arreglarse la ropa, cortarse el pelo, etc. Esto provoca sensación de caos, de no poder llegar a todo, de frustración, debido a la acumulación de tareas pendientes.

COMPROMISO PERSONAL
Impedimos que nuestra vida mejore diversos ámbitos. No hacemos formación, no hacemos ejercicio, no aprovechamos las oportunidades de mejora profesional, no dejamos hábitos como fumar, no resolvemos problemas familiares, etc. Esto produce sentimientos de insatisfacción, inseguridad, inferioridad y estancamiento.

COMPROMISO CON LOS DEMÁS
Desatendemos nuestros compromisos adquiridos, incumplimos obligaciones laborales, no respetamos los plazos, desatendemos citas profesionales, no preparamos las reuniones, hacemos perder el tiempo a los demás, etc. Como consecuencia, perderemos la confianza y respeto de los otros.

A LO LARGO DE NUESTRAS VIDAS

Y más aún, nos ponemos trampas, algunas más habituales nos desvían de nuestra tarea y con ellas entramos en el bucle de la procrastinación.

Bucle de la procrastinación

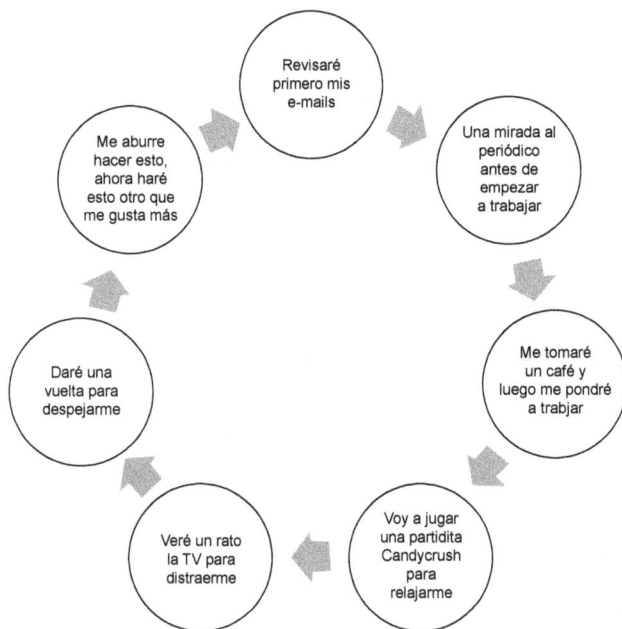

Una tendencia aguda hacia la procrastinación puede llevar a una dependencia de las TIC; desarrollándose una adicción que trataremos en el punto referido a las sombras de la tecnología. Es importante focalizarnos en el concepto de creatividad para luego analizar qué nos ayuda a motivarnos a ser más creativos. La creatividad, como antinomia de la procrastinación, requiere algunas estrategias que vamos a compartir.

3. Estrategias de creatividad o métodos creativos

Es más adecuado hablar de estrategias que de técnicas porque el concepto implica planificación, disponiendo el cerebro a la acción. Las estrategias de creatividad son métodos que permiten el entrenamiento creativo, estimulan el cerebro para lograr un objetivo deseado, y ayudan a desarmar los caminos del pensamiento vertical habitual. Su elección implica aceptación y cumplimiento de una serie de pasos que nos permitirán ordenarnos. Compartiremos algunas de ellas:

A. Pensamiento lateral

El pensamiento tradicional permite refinar los modelos de conceptos y comprobar su validez, pero para conseguir un uso óptimo de la información es conveniente crear nuevos modelos, esto solo se logra a través del pensamiento lateral.

Edward de Bono propone la adopción de seis sombreros (blanco, rojo, negro, amarillo, verde y azul) que representan las seis maneras de actuar a partir de la idea de que ponerse un sombrero es equivalente a adoptar un papel o un rol. Esta estrategia permite abordar un problema desde diferentes puntos de vista o enfoques. Ponerse el sombrero blanco significa actuar objetivamente, proporcionando datos objetivos, en tanto que ponerse el sombrero rojo significa actuar emocionalmente, dando paso a las intuiciones o sentimientos cuando se está trabajando en el planteamiento o la solución de un problema. El papel del sombrero negro es representar el enjuiciamiento crítico centrado en las desventajas, carencias o factores negativos. El sombrero amarillo significa adoptar la visión optimista, la centrada en las conveniencias y factores positivos. Adoptar el de color verde indica elegir el papel de la creatividad, de la generación de ideas. Finalmente, el sombrero azul corresponde al papel del director de orquesta, del coordinador, aquel líder que armoniza y monitorea el trabajo del equipo.

Edward de Bono introduce el concepto de pensamiento lateral señalando que su función es "la reestructuración de los modelos existentes y la creación de otros modelos nuevos". Ambos –pensamiento tradicional y lateral– son complementarios, lo cual hace imprescindible su sinergia dadas las limitaciones inherentes al comportamiento de la mente, y en particular la dificultad para reestructurar los modelos de ideas en respuesta a la nueva información que surge de la realidad.[21]

Resulta interesante poder describir las características del pensamiento lateral que fueron enunciadas en el libro *Acoso laboral. ¿Un flagelo negociable?* [22] El pensamiento lateral es *creador,* pues a través de él se innova, se obtienen nuevas miradas sobre el hecho de la realidad. Es *provocativo,* utiliza técnicas como el torbellino de ideas, o el cruce de listas para no desechar ninguna chance de innovación, de generar nuevas alternativas que son las posibilidades de acción que tienen las partes. Es un proceso *probabilístico,* donde no se garantiza una única solución sino que se acrecientan las probabilidades de una respuesta óptima mediante la reestructuración de los modelos de pensamiento.

El doctor Edward de Bono, considerado como uno de los "gurúes" de la creatividad, señaló alguna vez que lo más interesante de sus trabajos fue ver cómo se desarrollaba aquel tipo de pensamiento que las computadoras no podían hacer; es decir, el de la creatividad y la percepción. Este tipo de pensamiento hace referencia justamente al hecho de moverse del lugar en donde habitualmente nos encontramos al enfrentar un problema con el fin de hallar diferentes puntos de vistas, percepciones y conceptos para abordar el problema.

El término "pensamiento lateral" cubre en rigor una gran variedad de metodologías para concebir el desafío de pensar de una forma distinta de la usual, incluyendo ciertas provocaciones que podrían movernos de nuestros estándares de pensamiento. Así, es posible cruzar nocivas barreras muchas veces autoimpuestas y lograr el desarrollo de un sistema de autoorganización, en donde la propia percepción juega un papel clave.

El método promueve que las personas desarrollen más de una solución para un determinado problema (entendiendo "problema" no como algo negativo sino como un desafío). Para

---

21 De Bono, E.: *Seis sombreros para pensar.* Ediciones Juan Granica, Barcelona, 1988. Edward de Bono (1933) es un prolífico escritor, psicólogo en la Universidad de Oxford, entrenador e instructor en el tema del pensamiento.

22 Díaz, V. L.: *Acoso laboral. ¿Un flagelo negociable?* Quorum, Cádiz, 2007.

lograr esto, como bien sostiene De Bono, será necesario "separar el ego del desempeño", pues todos pueden ser capaces de realizar una buena exploración sin necesidad de herir los egos, aunque para ello primero se debe animar a pensar de manera diferente, modificando los patrones de pensamiento y atreviéndose a aceptar los patrones contrarios.

Los seis sombreros representan seis maneras de pensar y deben ser considerados como direcciones de pensamiento más que como etiquetas para el pensamiento; es decir, que los sombreros se utilizan proactivamente y no reactivamente. Los beneficios derivados del uso de esta técnica son tres:

- Fomenta el pensamiento paralelo.
- Incentiva el pensamiento en toda su amplitud.
- Separa el ego del desempeño.

B. Mapas mentales

Creada por Tony Buzan[23], investigador en el campo de la inteligencia emocional y presidente de Brain Foundation, su importancia radica en que los mapas mentales son una expresión de una forma de pensamiento, el denominado "pensamiento irradiante".

Su principal aplicación en el proceso creativo consiste en la exploración del problema y la generación de ideas, una técnica de usos múltiples. Para su elaboración se siguen los siguientes pasos:

1. Se escribe con una palabra, o se dibuja en el centro de una hoja de papel o pantalla, el problema a gestionar. Los mapas mentales se pueden mejorar y enriquecer con colores, imágenes, códigos y dimensiones para añadirles interés, belleza e individualidad.
2. Se irradian desde la imagen central, en forma ramificada, los temas relacionados con el problema.

---

23 Tony Buzan (1942) es un defensor y partidario de las técnicas de Mapeo Mental o *Mind Mapping* y de la alfabetización mental.

3. De esos temas parten imágenes o palabras clave que trazamos sobre líneas abiertas, sin pensar, de forma automática pero clara. Las ramificaciones forman una estructura nodal.

C. Lluvia de ideas o *brainstorming*

Es una de las técnicas de creatividad más conocidas y menos usadas eficientemente. Fue desarrollada por Alex Osborn, en los años de 1930, y publicada en 1963 en el libro *Applied Imagination*. Su uso, en sus inicios, estaba orientado a la búsqueda de ideas novedosas en áreas de la publicidad para generarlas dentro de un grupo.

El procedimiento generalmente consta de cuatro fases:

1. El grupo de trabajo aporta ideas sin considerar si son o no viables, buenas, pertinentes o novedosas, y se toma nota de ellas. Esta fase puede durar alrededor de 20 minutos.
2. El grupo se divide en equipos que clasifican y organizan las ideas.
3. Los equipos evalúan la organización y clasificación de las ideas, aportando sugerencias para la mejora.
4. En una sesión plenaria se consideran las ideas creativas y sus posibilidades de implementación.

Existen tres reglas fundamentales para aplicar en su procedimiento:

- Toda crítica está prohibida.
- Toda idea es bienvenida.
- El desarrollo y la asociación de ideas son deseables y se los promueve.

D. Asociación forzada

En la aplicación de esta técnica se entrega a cada participante 10 tarjetas en blanco para que en cinco de ellas anote una palabra que describa la situación o el problema. En cada una de las otras cinco escribirá la primera palabra que se le ocurra, sin relación alguna con el problema. Posteriormente se toma al azar una tarjeta de cada grupo, y se construye una frase u oración que incluya las dos palabras y que presente una solución al problema, sin evaluar por anticipado la viabilidad o posibilidad de dicha solución.

Este método creativo fue desarrollado por Charles S. Whiting en 1958. Nació de un principio: combinar lo conocido con lo desconocido para forzar una nueva situación. De allí pueden surgir ideas originales, y resulta muy útil para generar ideas que complementen el *brainstorming* cuando el proceso se estanca.

E. Scamper

Se trata de un método basado en una lista de preguntas que estimulan la generación de ideas. Su creador, Alex Osborn, estableció las primeras preguntas que más tarde fueron ordenadas por Bob Eberle en este nemotécnico denominado Scamper.

- S: Substitute? = Sustituir
- C: Combine? = Combinar
- A: Adapt? = Adaptar
- M: Modify? = Modificar
- P: Propose? = Proponer
- E: Eliminate? = Eliminar
- R: Reverse? = Invertir/ Reordenar

Durante este proceso se generan respuestas a las preguntas planteadas. Muchas de ellas serán ideas que deban ser evaluadas de común acuerdo según criterios elaborados por los miembros del grupo o establecidos con anterioridad.

F. Análisis morfológico

Es una de las técnicas más valiosas para generar gran cantidad de ideas en un corto período. Se desarrolló durante los trabajos tecnológicos de la astrofísica y las investigaciones espaciales llevadas a cabo en los años cuarenta como resultado de los trabajos del astrónomo Fritz Zwicky, inventor de la "morfología".

Es una técnica combinatoria de ideación creativa consistente en descomponer un concepto o problema en sus elementos esenciales o estructuras básicas.

Con sus rasgos o atributos se construye una matriz que permitirá multiplicar las relaciones entre las partes. Por lo tanto, el análisis morfológico no es más que la generación de ideas por medio de una matriz.

Existen cuatro pasos sugeridos para la aplicación de esta técnica:

- Especificar el problema.
- Seleccionar los parámetros de ese problema.
- Hacer una lista de las variaciones.
- Probar combinaciones diferentes.[24]

G. Creative Problem Solving (CPS)

Es un método para la solución creativa de problemas desarrollado inicialmente por Alex Osborn y complementado después por Sydney Parnes. Ellos fueron quienes crearon la Escuela de Buffalo (EE.UU.).

Este método ofrece "un esquema organizado para usar técnicas específicas de pensamiento crítico y creativo" con vistas al logro de resultados novedosos y útiles. Este proceso consta de seis etapas:

- Formular el objetivo.
- Recoger información necesaria para abordar el problema.
- Reformular el problema.

---

24 Fritz Zwicky (1898-1974) es considerado uno de los más brillantes astrofísicos, así como una de las personalidades más singulares del siglo XX. Nacido en Varna (Bulgaria), Zwicky fotografió cientos y cientos de galaxias, descubrió la tendencia que poseen de formar cúmulos, abriendo así nuevos capítulos en la historia de la astronomía.

- Generar ideas.
- Seleccionar y reforzar las ideas.
- Establecer un plan de acción.

Cuando el problema origen del conflicto se encuentra enunciado es el momento de empezar a producir ideas que conduzcan a su solución. Para llegar a las ideas hay dos fases: una primera, divergente, de pensamiento fluido con vistas a generar el mayor número de ideas; y otra, convergente, para seleccionar las que aparezcan como las mejores.

H. Do It (hazlo)

Esta técnica implica la necesidad de definir problemas, abrirse a muchas soluciones posibles, identificar la mejor solución y luego transformarla en acción con eficacia. Robert W. Olson desarrolló este método como modelo y publicó su libro en 1980 *El arte del pensamiento creativo,*[25] en inglés. *Do it,* traducido significa "hazlo" y se basa en los conceptos:

- Definir.
- Abrir.
- Identificar.
- Transformar.

I. TRIZ

Es la técnica para generar ideas ingeniosas especialmente ante problemas tecnológicos. Fue desarrollada por Genrich Altshuller[26] (científico, ingeniero y analista de patentes). TRIZ recoge una serie de principios que una persona debe aprender para poder analizar un problema, modelarlo, aplicarle soluciones estándar

---

25 Olson, Robert W.: *The Art of Creative Thinking.* Harper & Row, New York, 1986.
26 Genrich Altshuller (1926-1998) fue un innovador soviético a quien se le debe la metodología llamada TRIZ, acrónimo por su nombre en ruso (*Tieoriya Riesheniya Izobrietatielskij Zadach*), o Teoría para Resolver Problemas de Inventiva.

e identificar ideas inventivas. No obstante, la fase de análisis de problemas y la de síntesis de ideas inventivas se ven reforzadas si se realizan en grupo.

Como toda técnica de creatividad, el resultado de aplicar TRIZ para resolver problemas y generar soluciones ingeniosas requiere cierta evaluación. Así, pues, toda solución o idea debe observar los principios esenciales de TRIZ, por lo que solo unas pocas consiguen sobrevivir pero suelen ser de gran calidad. Aporta cinco principios fundamentales:

- Funcionalidad.
- Uso y recursos.
- Idealidad.
- Evolución de la tecnología.
- Contradicción.

J. Analogías

Consiste en resolver un problema mediante un rodeo. Es decir, en lugar de gestionarlo de frente se compara el problema o situación con otra cosa o circunstancia. William Gordon, creador de la sinéctica (método creativo basado en el uso de las analogías), insistía en que "se trata de poner en paralelo, mediante este mecanismo, hechos, conocimientos o disciplinas distintas". La sinéctica es una técnica en la que se utilizan algunos verbos como base para responder al problema. Las palabras operadoras más comunes son: sustraer, añadir, sustituir, fragmentar, contradecir, enfatizar, distorsionar, animar, entre otras. Estas palabras sirven de disparadores al relacionarlas con el problema.[27]

El procedimiento recrea los siguientes pasos:

1. Identificación del problema.

---

27 Gordon, W. J. J.: *Synectics: The Development or Creative Capacity*. MacMillan Publishing Company, Nueva York, 1961. *Sinéctica* es un neologismo de raíz griega que significa la unión de elementos distintos y aparentemente irrelevantes. Se presenta como una teoría y un método a la vez, y la invención es de William J. J. Gordon (1919-2003).

2. Generar ideas, alejándose del problema. Esta segunda fase es la de alejamiento del problema con la imaginación. Es la etapa imaginativa donde se producen analogías, circunstancias comparables.
3. Selección de las ideas: a partir de las analogías se tomarán las que se consideren más adecuadas para cruzarlas con el problema.

K. Método Delfos o Delphi

Este es un método original y práctico para el análisis y la resolución de problemas abiertos. Es utilizado en marketing para anticiparse a las tendencias del futuro. Una gran ventaja es que puede utilizarse a distancia. En el desarrollo del método, existen dos tipos de sujetos: el coordinador y los expertos. El primero, encargado de centralizar la labor de los expertos, se comunica con ellos, sintetiza las respuestas de cada uno, las agrupa por categorías y se las envía a los demás. Los expertos, son las personas encargadas de dar respuesta al problema planteado. Su participación es voluntaria y aceptan las normas de procedimiento. Debe tratarse de personas que conozcan bien el problema que se les propone y, si es posible, que provengan de diferentes campos, con el fin de obtener una visión más rica del problema.

El método Delphi se desarrolla en tres etapas:

Exponer el problema
Lo primero que se realiza es la exposición del problema a los expertos en el área, ellos lo conocen bien por lo que existen expectativas respecto a sus aportaciones.

Primeras soluciones
Las soluciones aportadas por cada experto se remiten al coordinador, quien las va pasando a los demás expertos en forma anónima.

Cierre
El coordinador se encarga de ir cerrando el problema tras las distintas respuestas cruzadas que ha ido obteniendo.

Fue desarrollado a mitad del siglo XX por la Corporación RAND. El método Delfos o Delphi no es apropiado para grupos creativos, pues los participantes no llegan a constituir un grupo de trabajo, pero sí es imprescindible la participación de varias personas.[28]

K. Provocación

La provocación implica eliminar del pensamiento los patrones preestablecidos utilizados habitualmente para solucionar problemas. Edward de Bono popularizó la provocación usando la palabra Po (por *Provocative Operation*, operación provocativa).

El ser humano reconoce patrones y reacciona frente a ellos, tales reacciones tienen su origen en experiencias previas y en las extensiones lógicas de dichas experiencias. La técnica requiere construir pensamientos deliberadamente absurdos (*provocations*) para luego examinar las consecuencias, las ventajas y los principios necesarios.

Podemos afirmar que los requisitos de una idea creativa pueden resumirse en tres: que sea práctica (que pueda tener un uso), que sea original y, fundamentalmente, que le agrade al innovador, que provoque su disfrute. Es decir, que la certeza, la experiencia y la cultura son necesariamente enemigas de la creatividad, y sin embargo nuestro cerebro responde en un 98% a esos tres elementos. Creativo es aquel que piensa diferente, pero de los 68.000 pensamientos de una persona el 95% son siempre los mismos, entonces ¿cómo hacer?

Un aporte fundamental es el de la teoría del *Conceptual Blending* o Integración Conceptual, que data de 1993, cuando los teóricos franceses Gilles Fauconnier y Mark Turner indicaron que los elementos y las relaciones vitales de diversos escenarios son "mezclados" en un proceso subconsciente que es omnipresente

---

28 La Corporación RAND es un laboratorio de ideas *(think tank)* estadounidense que forma a las Fuerzas Armadas de los Estados Unidos de América. Algunos consideran que el nombre de la corporación es un acrónimo de la frase Research And Development ("investigación y desarrollo")

en el pensamiento y el lenguaje cotidiano. Es decir, la Integración Conceptual es un proceso inherente a todos los seres humanos, donde el subconsciente genera creativamente asociaciones y conexiones entre distintos temas, mezclando diferentes cosas para dar origen y forma a una nueva.

Esta teoría, basada en la obra de Arthur Koestler[29], presenta una explicación de la creatividad humana, a través de la siguiente formulación: "Toda creación proviene de la mezcla de un esquema de tres partes: el descubrimiento científico, la creación artística y la invención humorística, nada nace de la nada". El cerebro recombina y mezcla ideas que ya existían previamente (incluso unas que no recordamos conscientemente). Según Koestler, el acto creativo consiste en combinar estructuras previamente no relacionadas, de manera tal que se obtenga un resultado más importante que las partes componentes en sí.

Durante la etapa infantil el cerebro humano divaga libremente asociando conceptos, mezclando ideas sin estructuras cerradas que limiten nuestra capacidad, los niños son naturalmente *conceptual blenders*.

Es decir, el *conceptual blending* apunta a introducir en mi mente dos conceptos que aparentemente no tienen ninguna relación (por ejemplo, una empresa y una escuela para obtener una empresa en que los empleados proveen entrenamiento). Lo importante es no etiquetar, no definir, porque esto paraliza nuestros pensamientos, los bastardea.

Desde los postulados de Eric Kandel, autor del proceso de revelación o *insight* y de importantes publicaciones, entre otros el voluminoso *Principios de neurociencia* y *En busca de la memoria. Una nueva ciencia de la mente*, se busca la atención despierta: la idea o *insight*. El concepto de *insight* es un término utilizado en psicología que proviene del inglés y puede traducirse al español como "visión interna" o más genéricamente "percepción" o "entendimiento". Mediante un *insight* la persona "capta", "internaliza" o comprende una "verdad" revelada. Estos *insights* aparecen como ondas alfa en el proceso creativo, cuando se está relajado,

---

29 Koestler, A.: *El acto de la creación*. Hutchinson, Londres, 1964.

se hace deporte, se está introspectivo, y se manifiesta a través de señales sonoras muy sutiles y silenciosas. Vivimos en un ambiente beta, donde no es posible la creatividad, donde "se escuchan" las propias ideas; el 99% de los entornos laborales son beta, por eso la propuesta para ser más innovador es el trabajo conectado remoto, porque fuera del ambiente laboral clásico se puede liberar más adrenalina y ocurrir la idea, ser creativo, mantenerse en alfa y percibir mi *insight*.[30]

En la actualidad pueden identificarse los mecanismos cerebrales subyacentes a esos momentos de claridad mental, lo que facilita el entrenamiento del cerebro para ser más creativo. Lo importante no es buscar "la idea genial", porque eso hace que se pierdan de vista acciones previas necesarias para obtener una idea innovadora como resultado, lo interesante es dejar fluir la creatividad sin ansiedad. Tenemos que partir de un buen diagnóstico inicial para luego poder hacer foco y adquirir herramientas apropiadas para generar nuevas soluciones, siempre intentando gestionar las barreras que atentan contra nuestra determinación y creando espacios fértiles para evitar la procrastinación. La multiplicidad de perspectivas facilita que nos pongamos en el lugar del otro, trabajemos en equipo y tengamos autoconocimiento. Esto último es esencial para conseguir sinergia entre disciplina e intención.

Resulta muy útil compartir neuro-TIP para mejorar la comunicación 4.0, recurriendo a aquello que desde lo biológico se impone en nuestras decisiones sin que nos resulte perceptible. Es importante apelar a las emociones y distinguirnos mediante la originalidad. Estas acciones son clave y nos facilitarán la realización de ejercicios de entrenamiento donde se imponga el humor, el ensayo-error, la no evaluación y la incubación. Las actitudes mentales, denominadas *brainsets* pueden ser deliberadas, como razonar, evaluar; o espontáneas, como absorber, transformar, visualizar, y las personas creativas las alternan como modo de prepararse para generar ideas innovadoras.

---

30 Eric Kandel (1929) nació en Viena, Austria. Sus trabajos sobre los mecanismos de la sinapsis y su relación con los procesos de aprendizaje y memoria le valieron el Premio Nobel de Medicina y Fisiología de 2000.

La autora del libro *Your Creative Brain,* la investigadora Shelley Carson, señala un modelo que resume con el acrónimo *creates,* donde cada letra refiere a uno de los siete estados cerebrales:

C de crear: se activan numerosas redes de asociación en el cerebro y una idea conduce a la otra.

R de razón: se resuelven problemas moviéndose secuencialmente, utilizando la lógica.

E significa imaginar: se recrean patrones en la mente.

A de absorber: es la zona de confort donde se receptan nuevas ideas y estímulos del medio ambiente.

T de transformar: se toma la energía negativa y se la convierte en un resultado positivo.

E de evaluar: se juzgan las ideas creativas.

S de fluir: es el estado de improvisación, la autora habla de conjunto de cerebros como despegue de la mente.[31]

4. Planificación y neurociencias

El aporte de las neurociencias al planeamiento se denomina *neuroplanning,* y se caracteriza por el desarrollo de las capacidades cerebrales que posibilitan una respuesta veloz, aplicando a su vez la inteligencia colectiva para la innovación. Tiene por objetivo preparar el cerebro de quienes tienen a su cargo las actividades relevantes de liderazgo y gestión para que puedan operar a una velocidad acorde con los cambios del mercado mediante el uso de las TIC.

El siglo XXI acercó las aplicaciones de la neurociencia a las áreas de gestión y liderazgo organizacional. Los aportes van desde el estudio de los procesos neurológicos vinculados a la toma de decisiones hasta el desarrollo de la inteligencia individual, grupal y organizacional. Esta disciplina profundiza sobre los mecanismos

---

31 Carson, S.: *Your Creative Brain.* Harvard Healt Publication, Boston, 2012. Shelley Carson enseña, investiga y escribe sobre creatividad, psicopatología y resiliencia en la Universidad de Harvard. Cadenas como Discovery Channel, CNN y NPR han presentado programas sobre sus trabajos.

intelectuales y emocionales, vinculándolos a la gestión de las organizaciones.

La neurociencia cognitiva suministra información sobre el funcionamiento del cerebro y los procesos de conducta y toma de decisiones. Como se ha expresado, las neurociencias revelan con claridad los increíbles misterios del cerebro y su funcionamiento, aportando al campo educativo conocimientos fundamentales acerca de las bases neurales del aprendizaje, de la memoria, de las emociones y de muchas otras funciones cerebrales que son, día a día, estimuladas y fortalecidas desde temprana edad.

La transformación de los sistemas educativos requiere información y entendimiento en las funciones del cerebro, en sus procesos de aprendizaje, en el control de las emociones, los sentimientos, los estados conductuales, los estímulos de la tecnología. En este sentido, la neuroeducación contribuye a disminuir la brecha entre las investigaciones neurocientíficas y la práctica pedagógica.

El método GNT (Gestión Neuro-TIC) promueve el pensamiento consciente y metaconsciente, analítico e intuitivo, que potencia ampliamente los resultados del trabajo en equipo al minimizar la dispersión de los esfuerzos individuales.

Se trata de un método superador del planeamiento estratégico tradicional, porque utiliza diferentes técnicas como la de escenarios no excluyentes, la de mapas de inteligencia dinámicos y la de micromundos, con el objetivo de desarrollar la neuroplasticidad para la acción estratégica de las TIC. Dichas técnicas pueden ser aplicadas en forma individual por el trabajador conectado remoto o en forma grupal en una organización, a través del sector o área de Recursos Humanos o Capital Humano.

Técnica de escenarios no excluyentes

La planificación por escenarios no excluyentes termina con la idea de un único plan de negocios, que reducía la creatividad de los equipos de trabajo, especialmente en contextos rupturistas. Lo más importante de esta técnica es el entrenamiento cerebral que genera en los miembros de la organización, los directivos y sus equipos de trabajo. El análisis de diferentes escenarios permite responder de manera instantánea a los cambios regulatorios o de mercado. Con este recurso se beneficia a la organización al permitir que se generen las capacidades para llevar a cabo determinado plan de acción ante diferentes situaciones que puedan presentarse. Es fundamental trabajar con total libertad y sin restricciones al construir el cerebro organizacional, que es un desmembramiento del cerebro global, capaz de generar soluciones correctas en forma instantánea.

La estructura de una organización no es un organigrama ni el flujo de los procesos, sino la configuración de interrelaciones en las redes neuronales de los cerebros individuales. Esta concepción origina una conciencia de pensamiento libre y en equipo que potencia el funcionamiento grupal. Esta técnica genera capacidades para decidir exitosamente dentro de una organización.

Técnica de mapas de inteligencia y realidades sistémicas subyacentes

Desde esta técnica pueden elaborarse los mapas de inteligencia y realidades sistémicas subyacentes, que son gráficos que emulan las conexiones neuronales del cerebro, dejando en evidencia su "cableado". Se van armando las redes mediante un conjunto de asociaciones espontáneas a partir de un concepto que suscita fluidez de ideas y que sirve como disparador.

Los mapas permiten percibir las estructuras subyacentes de las organizaciones que impulsan a los individuos a comportarse de la manera en que lo hacen. Además de la visión del entorno y de la organización, posibilitan tomar conciencia sobre la forma en que se construye esa visión, alejando a la organización de un simple comportamiento reactivo ante los acontecimientos. Ayudan a potenciar el funcionamiento organizacional al generar conciencia de pensamiento grupal e impulsar el espíritu de empresa. Esto último se relaciona con el concepto de conciencia estratégica.

Técnica de micromundos (*Management flight simulators*)

La técnica de micromundos se origina en los simuladores de vuelo de los pilotos aéreos. Está orientada a obtener flexibilidad mental en el momento de tomar decisiones estratégicas. Los micromundos representan posibles acciones de negocios del mundo real, en las que directivos y grupos de trabajo aprenden experimentando, mediante ficciones, antes de que los hechos puedan producirse efectivamente en el mundo real. Las simulaciones pueden dedicarse a problemas muy específicos o enfrentar a los involucrados en grandes transformaciones organizacionales (por ejemplo, reingeniería organizacional). Se trata de desarrollar neuroplasticidad para la acción estratégica.

Tanto la técnica de escenarios no excluyentes, como la de realidades sistémicas, como la de micromundos, se dan en el marco de la conciencia estratégica, que es la aptitud para conocer el modo en que se va a llevar a la realidad la misión de la organización. Se orienta al cuestionamiento y argumentación mediante el uso de analogías, el encuadre de la experiencia y el conocimiento obtenido, el monitoreo continuo del contexto, la rápida respuesta y la velocidad de la adaptación a las TIC.

Desde la escuela cognitiva de planeamiento, el cambio innovador y la solución aportada se concentran en la mente del planificador. Los líderes exitosos que trabajan en contextos complejos piensan más estratégicamente que los menos exitosos en esos mismos espacios. La diferencia entre unos y otros reside en la conciencia estratégica que poseen los primeros. Con esta perspectiva, ser estratégico está relacionado con monitorear continuamente el contexto, responder con la máxima velocidad y adaptarse rápidamente a él. Los líderes que poseen conciencia estratégica toman en cuenta la interdependencia de acciones y reacciones que se generan en la búsqueda de un objetivo en común.

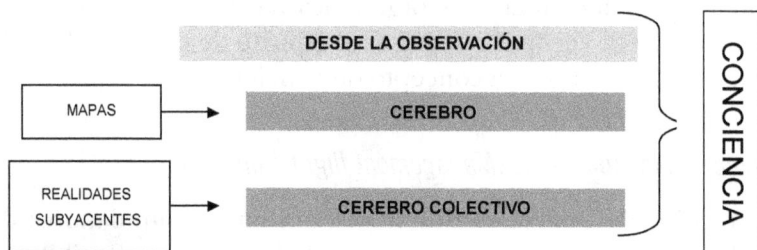

Ahora bien, hemos visto técnicas grupales, pero hemos mencionado que el método GNT aplica también a la persona, individualmente, a quien también le cabe el concepto de conciencia estratégica, como la relación entre los tres factores: pensamiento sistémico, reencuadre y reflexión. Veamos cada una de ellas:

Pensamiento sistémico

El pensamiento sistémico tiene su base principal en que "el todo es más que la suma de las partes". El biólogo alemán Karl Ludwig von Bertalanffy propuso en 1928 su *Teoría General de sistemas* como una herramienta amplia que podría ser compartida por muchas ciencias distintas. Esta teoría contribuyó a la aparición de un nuevo paradigma científico basado en la interrelación de los elementos que forman los sistemas. Previamente se consideraba que el sistema en su conjunto era igual a la suma de sus partes, y que podía ser estudiado a partir del análisis individual de sus componentes. Bertalanffy puso en duda tales creencias al sostener que todo sistema está insertado en un contexto, en un equilibrio dinámico. Por eso, un cambio en una de las partes afectará al todo. En las organizaciones inteligentes, cuando los gerentes comienzan a pensar en términos de arquetipos sistémicos, el pensamiento sistémico se transforma en un agente cotidiano activo que continuamente revela cómo se crea la realidad, asegurando la innovación.[32]

Reencuadre

Es la habilidad de cambiar el foco entre múltiples perspectivas, marcos, modelos mentales y paradigmas con el fin de generar nuevos puntos de vista y opciones de acción, sin formular juicios mientras se reúne la información. Se requiere identificar, entender y utilizar modelos mentales para enmarcar el problema o situación, y por último revisar y reformular los modelos mentales propios y ajenos. La capacidad de reencuadre choca directamente

---

32 Karl Ludwig von Bertalanffy (1901-1972) nació en Viena, Austria. Fue un biólogo reconocido por haber formulado la *Teoría General de Sistemas.*

con la información que ya está archivada en el cerebro y que limita la neuroplasticidad buscada.

Para modificar los neurocircuitos que contienen los hábitos de trabajo es preciso producir densidad de atención y momentos de entendimiento; es decir, deben generarse nuevos programas a partir de hacer foco en cada situación y concentrándose en la información recibida, para lo cual se utilizan los *brainsets* que mencionábamos antes.

Reflexión

Es la habilidad de evadir el razonamiento lógico y racional a través del uso de la percepción, experiencia e información. Debe evitarse hacer juicios acerca de lo sucedido, requiere focalizar en el objetivo y luego crear principios en forma intuitiva que funcionen como guía de futuras acciones. Reflexionar implica aplicar conocimientos en nuevas situaciones y hechos, evadiendo el razonamiento lógico y racional mediante el uso de la percepción, la experiencia y la información para evaluar lo sucedido. Podemos diferenciar cinco habilidades usadas en la reflexión, a saber:

a) Reconocimiento. Poder reconocer por qué algunas opciones funcionan y otras no.

b) Aprendizaje de doble bucle (*doublée loop learning*). Utilizar los principios de aprendizaje de doble circuito para cambiar los modelos mentales, las convicciones y las reglas a partir de las cuales tomamos decisiones.

c) Percepción. Usar la percepción, experiencia y conocimiento para entender las situaciones que se presentan y cómo pensar sobre ellas.

d) Decisión. Aplicar la percepción, experiencia, conocimiento y análisis paralelamente a la toma de decisiones.

e) Comprensión. Utilizar las percepciones, experiencias y conocimientos propios, para comprender el presente.

Una mente entrenada en la reflexión puede proveer los cambios de contexto, adelantarse a lo que está por ocurrir y superar las dificultades con mayor facilidad que los demás. Así, no solo se logra vencer los obstáculos, sino también sacar ventaja de las oportunidades que aparezcan.

En este sentido, el trabajo conectado remoto (TCR), por ejemplo, optimiza la concentración en el cumplimiento de las tareas por objetivos, y de este modo dispone de espacios de descanso mental para la obtención de mayor energía. Resulta fundamental entrenar nuestro cerebro para reducir la cantidad de pensamientos innecesarios que nos consumen energía, disminuir el estrés, aumentar la creatividad y el bienestar y equilibrar el sistema nervioso.

Cuando hablamos de gestión entendemos que se trata de liderar, administrar, conducir a través de un programa, que es el método GNT, la actividad neuronal para que el cerebro se beneficie con la aplicación de un buen uso de las TIC; es decir, un uso sustentable y sostenible.

El mundo ha cambiado en las últimas décadas de manera impactante, las nuevas tecnologías nos permiten la comunicación instantánea, un acceso inusitado a la información, la simplificación de muchas tareas que antes nos llevaban muchísimo esfuerzo, la posibilidad de vivir más y mejor. Sobre esta realidad y estos beneficios no existen discrepancias sino más bien sobre su aprovechamiento. Lo que debemos analizar entonces es cuáles son las consecuencias que puede generarnos en la vida cotidiana esta acción de las TIC. Cuál es el impacto que provoca en nuestro organismo la exigencia de realizar diversas tareas al mismo tiempo. Es habitual, hoy, trabajar en la computadora mientras miramos televisión o escuchamos música, y estamos pendientes de las redes sociales, los mensajes de texto, correos electrónicos o alertas de noticias en el celular. Ahora bien, ¿hasta qué punto nuestro cerebro está capacitado para sostener las tareas múltiples que las nuevas tecnologías promueven?

El cerebro es, como cualquier sistema de procesamiento de información, un dispositivo con capacidades limitadas, sobre todo en cuanto a la de procesar una cantidad de información por unidad de tiempo en el presente. Así, tenemos dos obstáculos: uno es la atención (cuando existen dos fuentes de información suficientemente complejas, la eficiencia de una decae como consecuencia de la otra); y el otro, la llamada "memoria de trabajo" (el espacio mental donde retenemos la información hasta hacer algo con ella). Esta memoria tiene una capacidad finita en los seres humanos y es extremadamente susceptible a las interferencias. Es decir que cuando se intenta llevar a cabo dos tareas demandantes al mismo tiempo, la información se cruza y se producen muchos errores, tanto por acción como por omisión. Muchas veces se plantea que la multitarea (*multitasking*) podría ser beneficiosa para entrenar nuestra capacidad para el paso rápido y eficiente entre actividades de diferentes clases. Sin embargo, existe evidencia científica de que las personas que funcionan con esa modalidad se dispersan más. Al contrario de lo que podría imaginarse, son más propensas a *quedarse pegadas* a estímulos irrelevantes y, por lo tanto, a distraerse fácilmente. Por otra parte, suelen sobrevalorar su capacidad para hacer *multitasking*, lo que impacta en una menor concentración en cada circunstancia.

Entre los participantes de una investigación que manifestaron hacer muchas cosas a la vez, ellos fueron los que, paradójicamente, peor rindieron en pruebas de multitarea. En un estudio realizado en la Universidad de California en Los Ángeles (UCLA), se les mostraron a estudiantes unas tarjetas con símbolos y se les pidió que hicieran predicciones basándose en patrones que habían reconocido previamente. La mitad debían hacerlo en un ambiente de multitarea, mientras escuchaban altos y bajos tonos y tenían que contar las señales acústicas elevadas. Sorprendentemente, ambos grupos fueron igual de competentes. Pero cuando se les hicieron preguntas más abstractas sobre esos patrones, se evidenció su falta de percepción de ellos; es decir, el costo cognitivo de las multitareas fue evidente. Cuando nos encontramos en una reunión, en una conferencia o viendo una película en casa y, al mismo tiempo, mandamos *e-mails* y mensajes de texto desde nuestro teléfono, creemos que podemos seguir en profundidad lo que se dice y sucede en el entorno, pero, la mayoría de las veces, esto es solo una ilusión; por el contrario, nos estamos perdiendo mucho.

Desde el punto de vista del funcionamiento cerebral, estamos capacitados para realizar muchas tareas, por supuesto, pero debemos focalizarnos en hacer cada una de ellas por vez. Tener muchas cosas para hacer y hacerlas una por vez (que es lo recomendable) no es lo mismo que intentar hacer varias cosas al mismo tiempo.

Sin lugar a dudas, la multitarea tiene un alto costo cognitivo. La mala administración de la atención no solo genera improductividad, ansiedad y estrés, sino que puede traer también riesgos letales. En un estudio de la Universidad de Utah, los psicólogos David Strayer y Jason Watson señalaron que la posibilidad de un accidente automovilístico puede ser tan alta para quienes hablan por teléfono o mandan mensajes de texto mientras conducen como para los conductores que hayan tomado más alcohol del permitido por la ley. La distracción también se produce cuando se habla con manos libres; los conductores que usan celular tienen reacciones más lentas, respetan menos su carril, mantienen menor distancia entre los vehículos y pasan más semáforos en rojo. Estas personas, en comparación con quienes no usan el teléfono cuando manejan, detectan menos de la mitad de los detalles y situaciones que se les presentan, lo que produce la denominada *ceguera atencional*. Se trata de una ceguera parcial a estímulos importantes; por ejemplo, los conductores que hablaban por teléfono solo detectaban la mitad de los estímulos que estaban justo delante de ellos y tenían un tiempo de reacción más lento a las luces de freno del auto de adelante.

Existe un consenso entre los especialistas en cuanto a que la eficacia del manejo del tiempo obedece a cierta organización y rutina. La clave está en poner un filtro entre las tareas importantes y las ociosas. Para descansar, es mejor salir a caminar, respirar profundo, cambiar de actividad o hacer una tarea menos demandante. Además de volvernos eficientes en lo inmediato, estas actividades alternativas pueden hacernos más creativos o traer ideas o aproximaciones novedosas que mejoren la memoria a largo plazo, que es la memoria creadora de conocimiento.

El estudio del impacto de las nuevas tecnologías, especialmente en niños y adolescentes, es un desafío que las neurociencias están abordando. Como sabemos, el cerebro sigue evolucionando hasta la segunda década de la vida. El lóbulo frontal, que contiene circuitos clave para habilidades cognitivas de alto orden, como el juicio, el control ejecutivo y la regulación emocional, es una de las últimas áreas en desarrollarse de forma completa, y durante ese desarrollo el cerebro es sumamente adaptativo e influenciable por el ambiente.

Decimos entonces que la tecnología suele ser buena para los procesos cognitivos de los niños si se usa con buen juicio, pero que el problema es que en ellos el buen juicio y el autocontrol se encuentran entre las habilidades en desarrollo, por lo cual son los adultos quienes deben ejercerlas cuando estos usos se transforman en excesivos. Como adultos, es necesario detenerse a pensar qué sucede con el estímulo de habilidades sociales, como la empatía, la compasión y la inteligencia emocional, en nuestros niños, cuando la mayor parte de las interacciones se dan de manera virtual, en detrimento de la comunicación cara a cara.

A diferencia de otras revoluciones tecnológicas, la de la "tecnología social" que es la revolución de los siglos XX y XXI, implica nunca estar solos ni aburridos. La socióloga Sherry Turkle, del Instituto Tecnológico de Massachusetts (MIT),[33] lo describe como "la intolerancia a la soledad", estar desatentos a las personas que tenemos alrededor para conectarnos con el mundo virtual. Turkle considera que esta concentración en las TIC reduce la oportunidad de aprender a mantener conversaciones, a poder tener momentos de introspección. Todo está ligado a un artefacto electrónico y su ausencia genera ansiedad. Según la socióloga, esta tecnología, que nos ofrece la posibilidad de *no aburrirnos nunca,* puede hacernos menos tolerantes a establecer relaciones duraderas.

5. Gestión *versus* resolución, igual a provención

La palabra gestión proviene del latín *gestio, -nis* y hace referencia a la acción y a la consecuencia de administrar o gestionar algo. Al respecto, gestionar es llevar a cabo diligencias que hacen posible la realización de un anhelo. Implica administrar, abarcando las ideas de gobernar, disponer a dirigir, ordenar u organizar una determinada cosa o situación. Se trata de poner en marcha una serie

---

33 Sherry Turkle (1948), nacida en Brooklyn, Nueva York, cursó estudios de Ciencia Política en París (1969) y de Sociología en Harvard, donde se doctoró en 1976 con una tesis sobre el psicoanálisis en Francia. Inició su actividad docente en el MIT en 1976, donde permanece como profesora de Sociología de la Ciencia.

de procesos que permiten abordar una situación de forma diferente proviniendo la virulencia de un posible conflicto mediante indicadores que actúan como filtros objetivos de la realidad. Podemos afirmar sin lugar a dudas que la vida implica situaciones de conflicto, y que este último es necesario y esperable porque es el reflejo de una sociedad que vive en democracia, que tiene diferentes miradas sobre un mismo hecho. Como cada uno de nosotros mira "su" realidad, necesitamos aprender cómo gestionar el conflicto surgido por diferentes miradas para evitar su manifestación más virulenta, la violencia. Por eso, en el concepto de gestión se encuentra implícito el de *provención*, relacionado con el desarrollo de habilidades y estrategias para abordar los conflictos como contradicciones e inicios de antagonismos.

Provenir significa proveer a las personas y a los grupos de las aptitudes necesarias para afrontar un conflicto. La provención se diferencia de la prevención en que su objetivo no es evitar el conflicto sino aprender cómo afrontarlo, como gestionarlo.

El autor John Burton en 1990 definió como provención del conflicto "a la manera de evitar la aparición de estos, sin gestionar su represión sino mediante la solución de las causas que los generan como son la injusticia social, la provisión de las necesidades básicas de las personas, el ejercicio de la democracia".[34]

La gestión o provención del conflicto plantea entonces bucear las causas que originan el conflicto a través de un método estratégico que permita conocer y explicitar los intereses de las partes en discordia. Tal como expresara Paco Cascón Soriano en su obra *Educar en y para el conflicto*,[35] de 2000: "los conflictos no se pueden prevenir ni es bueno prevenirlos, señalando que prevenir tiene el sentido de evitar; en tanto que provenir requiere desarrollar capacidades, habilidades y estrategias para abordar los conflictos en sus inicios".

Por ello, es fundamental utilizar técnicas de comunicación que amplíen y mejoren el conocimiento del otro, partiendo de

---

34 Burton, J.: *Conflict Resolution and Provention*. St. Martin Press, Nueva York, 1990.
35 Cascón Soriano, Francisco: *Educar en y para el conflicto*. Universidad Autónoma de Barcelona, Cátedra UNESCO sobre paz y derechos humanos, 2000.

la necesidad básica de todo ser humano de ser aceptado, integrado, respetado en cuanto a sus valores, identidad y diversidad. La gestión implica cambio creativo, posibilidad de crecimiento, comunicación efectiva.

En función del método GNT, necesitamos asumir el reto de generar cambios en los esquemas mentales, en nuestro cerebro. Sacudir nuestros programas creando la posibilidad de encontrar respuestas constructivas a las situaciones emanadas del contexto y presentadas durante las situaciones de crisis.

Desde esta perspectiva, y en la búsqueda de las transformaciones que este método genera, necesitamos crear un clima de intercambio y confrontación de ideas, distinto de lo que solo el trabajo cooperativo produce, mediante la utilización de técnicas grupales basadas en la confianza, la comunicación y un liderazgo horizontal.

Por eso, el método GNT (Gestión Neuro-TIC) propone un diagrama basado concretamente en las siguientes fases:

1. Preparación

Utilizar diferentes técnicas de neurociencias a fin de entrenar el cerebro en los gimnasios cerebrales. Efectivamente, luego de una exploración neuropsicológica se pauta una serie de ejercicios personalizados que pueden realizarse on-line. El programa va adaptando los niveles de dificultad en función de la evolución del usuario. La principal aportación de este método es que permite continuar con la mejoría de las habilidades mentales. Hemos visto en el Capítulo I cómo se conforma la realidad en el cerebro y cómo gestionar las emociones.

2. Programación

A través de las distintas estrategias para planificar y focalizarse en aquello que queremos lograr, en el Capítulo II hemos analizado las prácticas de meditación, yoga, respiración, EPEP, *mindfulness* y PNL. Todas ellas puestas a disposición de nuestra decisión de planificar qué queremos lograr para luego actuar en consecuencia.

3. Gestión

En la modalidad de trabajo conectado remoto se utilizan las TIC en forma sustentable y sostenible, tanto en el marco de la relación de dependencia como en la del emprendedor independiente. En la fase de gestión es importante descubrir el estilo de cada uno para liderar diferentes situaciones a través de la tecnología. Una de las herramientas es la autoevaluación basada en el método Thomas-Kilmann, desarrollado en la obra de Kenneth W. Thomas y Ralph H. Kilmann.[36]

Los autores describen, en el marco de "situaciones de conflicto", la conducta de un individuo a lo largo de dos dimensiones: la asertividad, en la medida en que la persona intenta satisfacer sus propias preocupaciones, y el cooperativismo, en la medida en que intenta satisfacer las preocupaciones de la otra persona. Estas dos dimensiones básicas del comportamiento humano definen dos modos diferentes para responder a situaciones complejas a través de las TIC.

1. **Estilo competitivo.** La persona es asertiva y poco cooperativa. Se trata de un individuo que persigue sus propios intereses a expensas de los de los otros. Tiene excelente capacidad de argumentación, con la premisa de ganar; defiende su posición a la que considera siempre correcta, utiliza las TIC de modo compulsivo generando adicciones.

2. **Estilo colaborativo.** La persona es asertiva y cooperativa, busca trabajar en equipo para encontrar una solución que satisfaga plenamente sus propias inquietudes y las de los otros. Su búsqueda está orientada hacia la solución creativa y la utilización de las TIC midiendo la distribución del tiempo y valorando los espacios de recreación sin uso de la tecnología, con pausas tecnológicas pautadas.

---

36 Thomas, K. W. y Kilmann, R. H.: *Thomas-Kilmann. Conflict Mode Instrument.* Xicom, Nueva York, 1974.

6. Negociación: la vía de la gestión

Hemos dicho que gestionar es administrar, es negociar, entonces ¿cuáles son los alcances de este concepto? ¿Qué implica negociar? Negociar es comerciar, es ponerse de acuerdo, etimológicamente hablando, el negocio es el comercio. Comerciar es extraer una determinada ganancia, por ambos lados, a partir del intercambio de bienes o servicios. Desde siempre las personas han hecho trueque con sus productos a partir de negociar la cantidad y calidad de sus ofertas. Incluso cuando no existe producto y lo intercambiable es la fuerza de trabajo, se establece una negociación a partir de la cual se valora dicha fuerza y se la convierte en productos (dinero en la sociedad moderna), que son aceptados como conversión del trabajo.

El problema fundamental de la negociación se halla en el equilibrio del intercambio. Cuando lo ofrecido y lo que se demanda están equilibrados, la negociación no debe ser conflictiva; cuando, por el contrario, la valoración de las dos partes no coincide se produce un proceso conflictivo que debe ser resuelto para proseguir, para que el intercambio se produzca.

En principio, diría que se negocia porque es la forma civilizada de llegar a un objetivo, pero sin embargo esta no ha sido, a lo largo de la historia, una fórmula frecuente, pues un gran número de momentos históricos se han caracterizado por la negativa a negociar; negociar es un signo de civilización.

Negociar es hablar: el ser humano habla, comunica ideas, sentimientos, conocimientos por los mecanismos naturales de transmisión de señales y signos. Cuando Noam Chomsky,[37] galardonado con el Premio de la Paz de Sidney en junio de 2011, utiliza el término hablar, al margen de las complejas atribuciones semánticas, se está refiriendo en esencia a lo que puede traducirse por dialogar de forma natural o, lo que es parecido, utilizar el len-

---

37 Avram Noam Chomsky, nacido en Filadelfia el 7 de diciembre de 1928, es lingüista, filósofo, politólogo y activista. Es profesor emérito de lingüística en el Instituto Tecnológico de Massachusetts (MIT) y una de las figuras más destacadas de la lingüística del siglo XX.

guaje de forma natural para transmitir mensajes de unos a otros. Cuando las personas hablan están transmitiéndose mensajes que repercuten, a esto se llama negociar. Es en un sentido muy inicial, muy primario, pero que representa el fundamento de todo proceso comunicativo, puede asegurarse que todo hablar es negociar.

Cuando hablamos esperamos que el receptor entre en nuestro mensaje, "repercuta", ahora bien:

- Un mensaje no repercutirá si no interesa al receptor.
- El interés está determinado por el tema y la forma.
- Si se desea una *recepción interesada*, el mensaje debe ser emitido de forma natural; en la estructura de lo que se denomina habla, repercutir no es convencer.

"El negocio es que la repercusión (deseo mío) interese (deseo del otro)."

No puede hablarse de negociar cuando he impuesto algo, tampoco es negociar cuando se ha presionado. Precisamente en esta capacidad para asumir permanentemente y sin contradicciones los resultados de una negociación estriba la eficacia de ella.

Negociar es acordar desde la credibilidad. Una negociación que no incida de forma clara en los términos de repercusión e interés que se han definido, puede generar dificultades tales como falta de confianza, olvido y tensiones. Esta falta de confianza lleva a concluir que una negociación eficaz está basada en la credibilidad de los negociadores.

El concepto de credibilidad es, en cuanto a temas relacionados con la comunicación, uno de los aspectos más complejos de definir. La credibilidad de un comunicador es una categoría subjetiva que le otorga el otro comunicador; es decir, aquel con quien se está "hablando". Credibilidad quiere decir que para él (receptor) la fuente de emisión de datos es fiable, se confía en ella, no se la considera como una posibilidad de engaño o confusión; la fuente de emisión tiene, en sí misma o por lo que representa, la garantía de sinceridad. Entonces, con la base de la *sinceridad* aceptada por las partes, la *credibilidad* es directamente proporcional a los conocimientos o capacidades que los comunicantes manifiesten sobre el tema tratado.

Negociar es transmitir un mensaje, por ello es importante destacar algunas ideas que determinan la construcción de un mensaje:

- Los mensajes deben estar construidos de forma gramaticalmente correcta.
- Los mensajes deben ser breves.
- La selección de las palabras utilizadas, a las que se denomina signos y que constituyen el mensaje, deben corresponder a la capacidad decodificadora de los receptores.
- Las frases deben manifestar claramente lo que se transmite. Esto quiere decir que no deben ser utilizadas frases que contengan mensajes contradictorios, incompletos o confusos.
- Los mensajes deben poder ser sintetizados en lo que podría designarse como ideas claras que deben poder escribirse.
- El mensaje debe seguir un esquema lógico. La lógica de un mensaje (el mensaje *total* de la negociación) exige que en él no haya argumentos contradictorios ni incompletos.
- Todos los mensajes emitidos en un contexto negociador deben ser públicos para las partes, y en algún caso se suscribe convenio de confidencialidad para asegurar que dichos mensajes no sean divulgados fuera del contexto negociador.

Negociar es escuchar eficazmente, por ello es importante conocer que la curva de fatiga de la recepción de una persona suele disminuir a partir de los 30 minutos de haberse iniciado la sesión. Evidentemente, esta temporalización de las reuniones depende del interés y de la habilidad de los participantes; no obstante, sería bueno respetar la regla "lo bueno, si breve, dos veces bueno".

Escuchar activa o eficazmente es el mejor mecanismo para hacerse entender. Esto puede parecer contradictorio pero no lo es en absoluto. El acto deliberado de escuchar une a emisor y receptor y hace ganar espacios en la credibilidad. El emisor que se siente escuchado con interés establece un lazo afectivo con el interlocutor, válido para intercambiar ideas.

Escuchar y hablar son manifestaciones sucesivas de la comunicación lingüística. No debe interrumpirse una exposición y la respuesta debe tener coherencia con lo dicho. Suele ser frecuente el mecanismo de *pensar la respuesta antes de terminar de escuchar lo que se está exponiendo*. Este mecanismo da por supuesto, en quien lo realiza, que importa poco oír lo que nos cuentan porque ya se sabe qué nos dirán.

"En las negociaciones complejas, cada cual considera al otro como una persona difícil. No importa quién es el difícil; el reto es transformar un enfrentamiento en un ejercicio de solución conjunta de problemas", dice William Ury, autor de varios *best sellers*, entre ellos *Supere el no*.[38]

Algunos de los más frecuentes obstáculos en la gestión son:

- La **reacción**, que es el primer obstáculo proveniente de la misma persona, la que gestiona.
- Las **emociones negativas**, para lo cual es necesario prepararse para manejarlas
- Las **posiciones basadas en el poder**, que son las posturas que adoptamos para evitar transparentar los intereses, es decir, son las necesidades subyacentes

Ahora bien, desde la gestión, es interesante compartir la estrategia de la penetración, descripta por William Ury como una técnica de negociación, que maneja la resistencia a la gestión y que se articula en una serie de pasos:

Primer paso: subir al balcón. Hemos dicho que el primer obstáculo es nuestra propia reacción, por lo tanto el primer paso comprende trabajar en esa reacción.

Debemos recuperar el equilibrio mental y concentrarnos

---

38 Ury, W.: *Supere el no*. Ediciones Gestión 2000, Barcelona, 2007. William Ury (1953) fue cofundador y director asociado del Harvard Negotiation Project. Durante más de tres décadas ha ejercido como asesor y mediador en conflictos bélicos, políticos y empresariales en Oriente Medio, los Balcanes, la Unión Soviética y Venezuela.

en nuestro objetivo. Obtener una perspectiva de la situación, imaginando que estamos en un balcón mirando la realidad a gestionar.

Si no nos tomamos el tiempo para reflexionar y mirar la situación desde otra perspectiva, corremos el riesgo de reaccionar actuando sin pensar. Los tres tipos de reacciones más comunes son: contraatacar, ceder y romper relaciones.

Segundo paso: ponerse del otro lado. Para crear un clima apropiado de gestión deben desactivarse las emociones negativas de los otros, que pueden generar, por ejemplo, ira y temor, obstaculizando nuestra capacidad de gestión. Es necesario reconocer el punto de vista de la otra persona y comunicárselo a través de frases como: "en eso tiene razón", "sé exactamente a qué se refiere", "yo comprendo lo que usted dice", "si yo estuviera en su situación, vería las cosas así". Si queremos que nos escuchen, comencemos por escuchar. Si queremos que el otro reconozca nuestro punto de vista, reconozcamos primero el de él, invirtiendo la dinámica.

Tercer paso: no atacar, usar el poder para educar. El peor error que podemos cometer cuando nos sentimos frustrados por no poder gestionar una situación es embarcarnos en el juego del poder. En lugar de usar el poder para lograr el objetivo, utilizarlo para reprogramar, para replantear otro mecanismo o técnica de gestión. "Ojo por ojo, y el mundo se quedará ciego", dijo con sabiduría Mahatma Gandhi, a lo que Ury adhiere plenamente y sostiene que "hay que estar dispuesto a hablar con todos, ya que un buen negociador más que hablar, escucha". De esta manera puede lograrse un cierto grado de empatía, una palabra muy importante a la hora de gestionar.

7. Gestión electrónica de disputas.
Su aplicación en el Trabajo Conectado Remoto (TCR)

Tal como afirma Eduardo Couture Etcheverry, prestigioso abogado y profesor uruguayo destacado por ser el autor del "Decálogo del abogado" y el Proyecto del Código de Procedimiento Civil de su país, "el primer impulso del alma rudimentaria es la justicia por mano propia". Es decir, solo a expensas de grandes esfuerzos históricos ha sido posible asumir la idea de justicia a cargo de la autoridad. Sabemos que el conflicto no se resuelve, que el proceso judicial solo le pone fin al litigio, pero el conflicto continúa. Hablamos de gestión y de tecnología, por eso es importante que este método GNT pueda utilizar como herramienta el *Online Dispute Resolution* (ODR) o sus variadas denominaciones como *Internet Dispute Resolution* (IDR), Resolución electrónica de disputas (ED), Resolución alternativa de disputas (AD) electrónica y ADR on-line, pero finalmente ODR ha emergido como el término más usado en los últimos años y así se ha popularizado.

La gestión electrónica de disputas (GED), cuyo marco es la gestión adecuada de conflictos, utiliza la tecnología para facilitar la administración del conflicto. Se ha considerado a los sistemas GED como una nueva *disciplina* de los RAD (Resolución adecuada de conflictos) o más propiamente GAC (Gestión adecuada de conflictos), puesto que al ser el conflicto un concepto infinito no puede resolverse sino administrarse, gestionarse. Las partes son las protagonistas, son las "dueñas" del proceso y quienes deciden someterse a la negociación, a través de un tercero imparcial desde una plataforma web, ya sea este último una persona física o un software.

Son muchas las ventajas cuantitativas y cualitativas que acompañan las modalidades electrónicas de gestión de controversias. La tecnología y sus aplicaciones han logrado superar las barreras de tiempo, distancia y lenguajes, factores que hasta ahora se habían convertido en obstáculos insalvables para la universalización de la justicia en los ámbitos de las controversias transnacionales y con consumidores.

Tras muchísimo tiempo de experimentación, implementación y expansión de los métodos ODR, estos se hallan en un momento de inflexión debido a ciertos aspectos que impiden su inclusión en el conjunto del sistema. La falta de interoperabilidad técnica y jurídica, así como la incertidumbre acerca del valor de los resultados a través de estos métodos, unido a la proliferación de prácticas, reglamentos y normativa muy heterogéneas –en ocasiones hasta contradictorias– y su fragmentación no han contribuido a su consolidación.

Por ello, en algunos ámbitos empieza a apreciarse la necesidad de sistematizar ciertos estándares y principios reconocidos en la práctica de los ODR/GED, identificando modelos que propicien la armonización de procesos, en particular cuando sirvan para la resolución de controversias transnacionales. El reconocimiento de sus resultados y la interoperabilidad legal son objetivos que se añaden, porque estos métodos y la administración de justicia no son contrapuestos sino complementarios, y precisan poder interaccionar.

Las distintas modalidades de gestión electrónica de conflictos han desarrollado aplicaciones que superan en alcance y extensión a los procesos *off-line*. Como por ejemplo:

a) Plataformas ODR, que tienen por finalidad alojar servicios de ODR gestionados por terceros proveedores; tan solo prestan asistencia técnica y logística para el buen funcionamiento tecnológico de la aplicación.

b) Proveedores de servicios ODR, esto es, expertos profesionales que llevan a cabo la actividad de ODR a requerimiento de particulares en conflicto. Dentro de esta categoría deberíamos distinguir, a su vez:

• Proveedores cuya actividad consiste en proporcionar información o poner al servicio de las partes medios automatizados de resolución de conflictos (negociación automática, por ejemplo). En estos supuestos, los requerimientos éticos, estándares y responsabilidad se limitan a la información y al modo en que esta es suministrada a los terceros, así como a las labores de custodia del servicio. No podría hablarse en estas modalidades de una exigencia de imparcialidad, que es atributo predicable de las personas, no de los mecanismos, pero sí, en su caso, de independencia, entendida como evitar todo conflicto de intereses y exigir neutralidad; es la obligación de no imponer criterios.

- Proveedores cuyos servicios consisten en la prestación de la actividad de negociación asistida/mediación/ conciliación. En tal caso, el proveedor debería estar en condiciones de acreditar que su estructura es independiente –transparencia en este punto– y que los expertos que llevan a cabo las labores facilitadoras o asesoras son profesionales que se han comprometido a actuar con imparcialidad. En estos casos, la responsabilidad por incumplimiento de los profesionales debiera ser principal para ellos y solo subsidiaria para el proveedor de servicios, aunque bien podría articularse un sistema de cobertura de responsabilidad civil, de modo que el afectado pudiera verse favorecido con una acción directa contra cualquiera de los dos agentes, con lo que se incrementaría significativamente el grado de confianza.

La ayuda de las TIC ha sido conceptualizada como el "cuarto partido" y su "etiquetado" es una clara afirmación de cómo las TIC transforman el modelo tradicional del tercero neutral y que sus protagonistas son las partes (requirente y requerido).

Ethan Katsh y Janet Rifkin, responsables de la expresión "cuarto partido", son profesores de Derecho de la Universidad de Massachusetts y codirectores del Center for Information Technology and Dispute Resolution; asimismo son coautores de las obras *Law in a Digital World* (1995), *The Electronic Media and the Transformation of Law* (1989) y *Online Dispute Resolution: Resolving Conflicts in Cyberspace* (2001). Los investigadores han destacado las múltiples funciones del "cuarto partido", encontrándose entre ellas la de organizar la información, enviar respuestas automáticas, supervisar el procedimiento, programar reuniones y aclarar los intereses y prioridades de las partes.[39]

---

39 Katsh, E.: *Law in the Digital World.* Oxford University Press, Oxford, 1989. El profesor Katsh se graduó en la Facultad de Derecho de Yale y fue uno de los primeros expertos en Derecho en reconocer el impacto que las nuevas tecnologías de la información tendrían en la ley, en los medios electrónicos y en la transformación del Derecho.

Los procesos de ODR están aumentando en eficiencia y proporcionan a las partes mayores ventajas en términos de ahorro de tiempo y reducción de costos. Entre ellos podemos diferenciar:

a) Negociación automatizada o de autorregulación

Las partes acuerdan una cifra, un rango o un porcentaje base sobre el cual empezarán a negociar. Luego cada parte hace una oferta; si el porcentaje promedio de ellas está dentro del rango acordado previamente, la computadora calcula el valor medio y la disputa queda solucionada de ese modo. De lo contrario, se invita a las partes a seguir negociando.

Para ejemplificarlo: la requirente A introduce en un formulario web sus pretensiones económicas (de esto se da traslado electrónico a la parte requerida que es B). Además la parte A deberá detallar hasta qué monto estaría dispuesto a aceptar para cerrar un acuerdo (esta información queda en el sistema informático en forma reservada), es decir su pretensión de mínima.

La requerida B recibe la reclamación de la requirente A y contesta con una propuesta de arreglo (de la que se dará traslado electrónico a la otra parte). Además deberá detallar hasta qué monto estaría dispuesto a pagar para cerrar el caso; es decir, su propuesta de máxima.

El sistema informático se programa con una determinada cantidad de intentos, por ejemplo con tres; es decir que las propuestas de A y de B se "cruzan" hasta tres veces en busca de llegar a un acuerdo. Realizados los tres intentos sin que las partes hayan alcanzado un acuerdo, el sistema "verificará" en función de la "información reservada" si las posturas de A y B están lo suficientemente próximas o no como para hacer otra oferta; es decir, si A había dicho que aceptaría a la baja, por ejemplo, 80 pesos, y por su parte B había dicho que como máximo pagaría hasta 70 pesos, como última oportunidad el sistema les propondría un acuerdo por 75 pesos.

Esta negociación aplica los métodos con los que la tecnología asume el control del proceso de negociar. La mayoría de los servicios ODR en esta área son llamados *blind-bidding*, procesos de negociación diseñados para determinar cuantificación económica en conflictos donde la responsabilidad de las partes no está cuestionada.

Dentro de este sistema, existen dos formas:

* *Double Blind-Bidding*

Es un método para gestionar cuestiones monetarias entre dos partes, y tanto la petición como las propuestas se mantienen ocultas durante la negociación. Comienza cuando una parte invita al otro a negociar la cantidad de dinero en disputa. Si la otra parte está de acuerdo comienzan un proceso ciego donde ambos hacen ofrecimientos o pujas secretas que luego solo serán divulgadas si ambas ofertas coinciden con ciertos estándares. Por lo general pueden presentarse hasta tres ofertas, y si las de ambas partes se encuentran dentro de un rango predeterminado (generalmente en el rango del 30 al 35% o una determinada cantidad de dinero (por ejemplo 20.000 pesos), entonces la tecnología coloca automáticamente la disputa en el punto medio de las dos ofertas. Aunque es un método sencillo, efectivamente alienta a las partes a ofertar, y divide la diferencia cuando los importes están cercanos.

* *Visual Blind-Bidding*

El visual ciego puede aplicarse a negociaciones con múltiples partes y temas. El proceso comienza cuando todas las partes acordaron negociar entre sí mediante el intercambio de propuestas visibles, que serán las que definan los rangos de negociación. El sistema genera sugerencias que caen dentro de las gamas de negociación. La diferencia con respecto al método anterior es que se mantiene oculto lo que cada parte desea aceptar. Permite la negociación multipartes y con varios objetos de reclamo. Las partes pueden hacer sus propias sugerencias o propuestas, que se mantienen ocultas. El acuerdo estará determinado por los algoritmos que se acerquen más a la denominada "zona de posible acuerdo"(ZOPA) elaborada por el software.

La negociación automatizada ha demostrado ser particularmente útil en los conflictos por indemnizaciones de seguros y actividades comerciales. Permite continuar la instancia judicial, sin renunciar a esta alternativa, una vez superada la instancia.

b) Negociación asistida

En la negociación asistida la tecnología tiene un papel similar al del negociador; es decir que puede gestionar el proceso o bien brindar asesoramiento específico a las partes. Es un sistema más sofisticado que no se encuentra restringido solo a cuestiones de pago. Las principales ventajas de estos procesos son su informalidad, simplicidad, bajo costo y facilidad de uso. Permite la negociación de diferentes conflictos no estrictamente referidos a la cuantificación económica. El centro más activo que existe es el SquareTrade, que ha administrado millones de conflictos a lo largo de 120 países en cinco idiomas diferentes, desde un rango de un dólar hasta más de cinco millones de dólares. La asistencia está dada por la computadora, a la que muchos autores consideran como "tercero", con el ofrecimiento de dos niveles de gestión de disputas: el primero por negociación y el segundo por mediación. El servidor provee una plataforma web para comunicarse, guiar y aconsejar a las partes acerca del proceso y las condiciones de negociación.

El proceso de SquareTrade comienza cuando un comprador o un vendedor presentan una denuncia. Para ello, el requirente completa en la web un formulario de reclamación estándar donde identifica el tipo de conflicto y presenta una lista de posibles soluciones. La requerida es contactada por correo electrónico y se le comunica acerca del proceso de SquareTrade y la voluntad de participar con una lista de posibles soluciones.

Si ambas partes convinieron en la misma solución, el conflicto se gestiona y el trámite finaliza. En tanto que si no se pudo llegar a un acuerdo, las partes acuerdan pasar a un ambiente de negociación en una interfaz web que permite dar forma a las comunicaciones en un estilo constructivo de negociación basado en intereses. A este punto se llega con una herramienta de software que establece un espacio de texto libre, que alienta la propuesta de acuerdos y determina los plazos.

Este proceso también es denominado como "negociación mediada", según Orna Rabinovich-Einy, una investigadora de la Facultad de Derecho de la Universidad de Haifa (Israel) especialista en resolución adecuada de disputas. En su artículo "El impacto de la tecnología: la búsqueda de un nuevo paradigma para la rendición de cuentas en mediación", propone una nueva manera para resolver el dilema que genera la rendición de cuentas en la mediación. El dilema surge porque muchas veces los mismos mecanismos que son atractivos y exitosos en la rendición formal fallan en los mecanismos de tipo informal.[40].

En general, más del 80% de las disputas se resuelven durante las dos primeras etapas con acuerdos confidenciales. La experiencia de SquareTrade ha demostrado que los procesos como la negociación on-line pueden ser herramientas eficaces para gestionar disputas de comercio electrónico, tales como retrasos en las entregas, malas descripciones de los productos que han originado la compra o productos defectuosos, incluidas las disputas de consumidor a consumidor o hasta problemas de separación conyugal. El éxito de los procesos automatizados depende de la naturaleza de la disputa, la exactitud de la información proporcionada y la capacidad del software o del tercero imparcial en la valoración y evaluación de los hechos y pruebas. Es un campo amplio que todavía requiere mayor exploración.

El éxito de los métodos ODR se debe a sus características:

- **Transparencia**, todo es transparente en la web, lo cual limita el rango de fraude, temido por quienes aceptan negociar de buena fe.
- **Accesibilidad**. Simplemente con un click puedo negociar aun cuando me encuentre a gran distancia de la otra parte.
- **Independencia**, que se asegura a través de la explicitación de las reglas claras que enmarcan la negociación.
- **Celeridad**, una de las ventajas de la tecnología es sin lugar a dudas la aceleración de los tiempos en comparación

---

40 Orna Rabinovich-Einy es profesora asociada en la Facultad de Derecho de la Universidad de Haifa. Sus áreas de especialización son resolución alternativa de disputas (AD), *Online Dispute Resolution* (ODR) y procedimiento civil, con investigación centrada en la relación entre sistemas de justicia formales e informales, diseño de sistemas de resolución de disputas y el impacto de la tecnología en dicha resolución.

con los métodos presenciales; es una nota esencial que representa reducción de tiempo y de costos.

- **Legitimidad**, en el sentido de ecuanimidad, requisito que junto con la independencia constituyen las garantías del proceso.
- **Deslocalización**, pueden realizarse en cualquier territorio, nacional o internacional.

Sin embargo, nos encontramos frente a tres obstáculos que aun frenan la evolución de estos métodos. Ellos son:

- **Necesidad de capacitación y cambio cultural.** Sin lugar a dudas, se trata de un nuevo paradigma que la sociedad en su conjunto debe afrontar y aceptar. Las TIC deben ser incorporadas a la cotidianidad de cada persona, específicamente al mercado laboral. Para ello se requiere de capacitación, formación e información; solo con la luz del conocimiento puede combatirse las sombras de la ignorancia, y como consecuencia la manipulación de quienes detentan los espacios de poder.
- **Asegurar la confidencialidad.** En general se perciben las TIC como una amenaza. Sin embargo, los mecanismos GED son seguros y confiables; la diferencia con los métodos presenciales radica en que todo es transparente en la web y su confidencialidad es la clave y el secreto del éxito de su aplicación.
- **Superar la brecha digital.** La absorción de las TIC en la sociedad solo es posible si se asegura el acceso libre a Internet a todos. La brecha digital separa a los pueblos e impide el crecimiento como grupo, como nación, como región. Al asegurar la conectividad la línea del tiempo une los espacios y distancias. Es fundamental crear y asegurar redes y nodos que unan y no dividan a la población.

Aplicación de los métodos GED al TCR

Resulta interesante analizar cómo se aplican estos métodos a la modalidad del TCR. En una relación laboral mediada por las TIC es absolutamente conveniente aplicar métodos de negociación y de composición del conflicto a través de las TIC. Para ello es necesario identificar cuáles son los requerimientos y si es posible o conveniente su aplicación.

Podemos identificar entre los requerimientos:

1. **La existencia de un tercero imparcial**, que se encuentre capacitado para actuar en el contexto virtual. No resulta suficiente que sea un buen negociador, un experto en métodos de gestión adecuada de conflictos; se requiere algo más: la capacitación en el manejo de las TIC.

2. **La existencia de una plataforma tecnológica.** Se debe contar con una plataforma que pueda albergar diferentes mecanismos GED u ODR; es decir, que contengan procesos diseñados a medida del requerimiento de la organización. En algunos casos, la facilitación será el mejor método aplicable, pero en otros, podrá ser una negociación automatizada, cuando por ejemplo se trata de una consulta sencilla, que pueda ser resuelta automáticamente a través de un método de cuantificación.

3. **Un servicio especializado.** Se requiere de un servicio GED u ODR especializado en gestionar electrónicamente disputas con buenas prácticas en trabajo conectado remoto. El servicio deberá garantizar la confidencialidad, la profesionalidad, la transparencia, y finalmente el registro de los acuerdos que las partes consignan.

4. **Compromiso de las empresas.** Las empresas deberán comprometerse a aceptar los métodos GED como vía de reclamación y gestión de controversias.

Los GED son métodos voluntarios, gratuitos para el trabajador conectado remoto, quien no ve agotada su instancia de reclamación a través de otros métodos tradicionales. Básicamente podemos diferenciar el automatizado, que se utiliza para gestionar disputas muy básicas sin contenido económico y que responden a cuestionamientos frecuentes que el propio software pueda discurrir con una fórmula sencilla. Por ejemplo, el trabajador conectado reclama por el pago del plus de compensación por trabajar con la modalidad TCR, el empleador le responde que se lo están pagando, el soft identifica en el recibo de sueldo de ese trabajador conectado que no se le paga, e intima al requerido, que es la empresa, a que cumpla con ese pago. No existen fórmulas de negociación a aplicar. Por otro lado, el de facilitación virtual, que requiere de la presencia de un negociador experto en negociación y TIC, que ayude en la negociación entre el reclamante y la requerida.

Fases del proceso

Fase 1. El trabajador conectado inicia un reclamo a través de un formulario alojado en la página del servicio ODR.

El sistema le pide información precisa sobre el reclamo: datos, y cualquier otra información para su mejor conocimiento. Informáticamente se notifica a la empresa el reclamo a fin de que aporte datos o cualquier consideración que sirva para la gestión.

El sistema compara el caso con los procedimientos habituales de la empresa, para ver si se encuadra en alguno de ellos, tratando primero de encontrar una respuesta automatizada para devolver a las partes.

Fase 2. Si se encuadra en la tipología de reclamos, el sistema le informa al trabajador conectado remoto y al empleador las alternativas de solución. Si no se encuadra, el sistema abre un proceso de negociación asistida entre el trabajador conectado y la organización, ofreciéndosela al trabajador para su aceptación. Recordemos que el empleador al inicio debe suscribir un compromiso de utilización del método GED. El sistema sortea y asigna un facilitador on-line a cargo de la negociación.

Fase 3. Por medio de técnicas de negociación por intereses, el facilitador comunica a las partes los contenidos de una fórmula de acuerdo para que ellos la acepten, modifiquen o rechacen. Logrado un acuerdo, las partes deben cumplirlo y ejecutarlo. El sistema monitorea el desarrollo y efectivo cumplimiento en el tiempo por parte de requirente y requerido.

Efectivamente, los métodos GED/ODR resultan absolutamente eficaces para gestionar conflictos laborales que tengan como protagonista al trabajador conectado, por lo que es recomendable su implementación.

8. Síntesis del Capítulo III

En las habilidades para negociar está la clave del éxito o del fracaso en cuestiones laborales, políticas, raciales y también personales. Sin darnos cuenta, siempre negociamos con la familia, en el trabajo, con los amigos usando la tecnología. Para ello es importante elaborar lo que se denomina la agenda Neuro-TIC, constituida por seis pasos.

1. Establecer prioridades. La información es poder, por ello es sumamente importante determinar cuáles son las acciones pendientes para el día y ordenarlas por prioridades.
2. Organizar el espacio físico desde donde se va a trabajar remotamente para establecer un orden que facilite la realización de las tareas.
3. Entrenar el cerebro y el cuerpo con técnicas de respiración, *mindfulness*, EPEP y/o yoga para disponer de las energías positivas y necesarias para el cumplimiento de los objetivos. Implica también una buena alimentación y práctica deportiva.
4. Establecer reglas de buenas prácticas con uso de espacios de desconexión en el trabajo de forma remota y evitar las adicciones a la tecnología.
5. Utilizar diferentes herramientas tecnológicas, Skype, cámaras, videollamadas, etc., para tener contacto visual con el resto de los compañeros de trabajo, clientes, usuarios y jefes.
6. Establecer indicadores para poder trabajar por objetivos y medir la productividad. Es necesario valorar los resultados, en lo que se refiere al logro de la meta propuesta

durante el tiempo disponible. Dentro de este concepto, una herramienta de sumo valor es el feedback, que sirve para evitar la verticalización de las relaciones en una organización y redefinir su modelo de crecimiento. Claro que es necesario definir nuevas formas para trabajar e interactuar, sobre todo en entornos colaborativos, por eso resulta una práctica ideal para acelerar la confianza entre los miembros de un equipo, su conocimiento mutuo y su efectividad. El feedback, como técnica, mejora el clima laboral y el diseño de organizaciones basadas en una cultura de confianza y libertad. Sin embargo, estamos acostumbrados a asociarlo con críticas negativas o con evaluaciones de desempeño, lo que suele ocurrir, en la mayoría de las organizaciones, como mucho una vez al año. Generalmente es utilizado en organizaciones excesivamente competitivas o inmaduras.

La propuesta del método GNT es adaptar la teoría de los psicólogos Joseph Luft y Harry Ingham, quienes en 1955 desarrollaron la denominada "Ventana de Johari", esta última palabra compuesta con las primeras letras de sus nombres.

Consiste en un modelo cognitivo que ilustra la interacción de dos puntos de vista: la exposición y la realimentación. Se trata de establecer un puente entre dos fuentes: el yo y los otros, mediante la definición de cuatro cuadrantes relacionados entre sí a través de un flujo de información:

Primer cuadrante: es lo escondido, aquello que sabemos de nosotros mismos pero que ignoran los demás.

Segundo cuadrante: es lo ciego, aquello que nosotros no sabemos pero que los demás sí ven o conocen.

Tercer cuadrante: es lo conocido, aquello que tanto nosotros como los otros conocen.

Cuarto cuadrante: es lo desconocido, lo que ni ellos ni nosotros sabemos y que está en el subconsciente colectivo.

Una cultura basada en el feedback es una cultura donde existe más confianza, se evitan las conversaciones de pasillo, la toxicidad y las actitudes pasivo-agresivas. Los cuadrantes están permanentemente interactuando entre sí, por lo que cualquier cambio en uno de ellos afectará a todos los demás.

La mente es un sótano lleno de viejas historias, algunas de resentimientos, enojos y lamentos; luchar contra ellas solamente logrará mantenerlas vivas y más intensas, pero observarlas sin juzgar permitirá que pierdan su carga emocional, y entonces se estará más proclive a transformarse con una nueva programación.

Asimismo, es importante señalar las ventajas que los métodos ODR aportan al TCR, a saber:

- Sin costos para el trabajador conectado, por el principio de la gratuidad del trabajador, y con costo muy bajo para el empleador al utilizar los medios informáticos de la organización.
- Permiten acudir a otras vías de reclamación por parte del trabajador conectado pues constituyen métodos optativos.
- Cuentan con la posibilidad de diseñar diversos mecanismos, adaptados a las necesidades de la organización.
- Son de extrema confidencialidad, pues no se revela el contenido del reclamo interpuesto por el requirente.
- Permite el fomento de las buenas prácticas en el trabajo conectado remoto.
- Cuando se aplica el método automatizado, se pueden estandarizar las soluciones.
- Se logra una reparación en el mismo contexto en el que las partes están vinculadas.
- Pueden elaborarse estadísticas confiables.
- Superan las barreras de distancia, cualquiera sea el lugar donde se encuentren las partes, pues pueden aplicarse en el trabajo conectado remoto transfronterizo.
- Consiguen un genuino ahorro de tiempo y dinero, lo que repercute en eficiencia.

Asimismo, es especialmente importante identificar las ventajas para cada una de las partes implicadas.

Para el trabajador conectado remoto:

- Recibe una respuesta inmediata a su preocupación (es online).
- Impide que el reclamo se considere infamante, evitando la virulencia del conflicto.
- Proporciona mayor conciencia del reclamo al consolidar sus derechos.
- Mejora la empleabilidad.

Para la empresa:

- Reduce los costos.
- Disminuye la rotación de personal.
- Mejora el clima laboral.
- Evita ausentismos.
- Aumenta la productividad.

CAPÍTULO IV

¿ES INDUSTRIA INTELIGENTE LA REVOLUCIÓN INDUSTRIAL 4.0?

1. Las TIC. Definición y el desafío de la nube

Las tecnologías de la información y la comunicación, también conocidas como TIC, son el conjunto de tecnologías desarrolladas para almacenar, gestionar, recuperar, recibir y enviar información de un sitio a otro, o procesarla para poder calcular resultados y elaborar informes. Comprenden las tradicionales tecnologías de la comunicación (TC), constituidas principalmente por la radio, la televisión y la telefonía convencional, y las tecnologías de la información (TI), caracterizadas por la digitalización de los registros de contenidos (informática, de las comunicaciones, telemática y de las interfaces). En un comienzo se las abreviaba como "TICS", pero gramaticalmente se consensuó la utilización de la abreviatura TIC.

Después de la invención de la escritura, los primeros pasos hacia la sociedad de la información estuvieron marcados por el telégrafo eléctrico, el teléfono, la radiotelefonía, la televisión e Internet. La telefonía y el GPS han asociado la imagen al texto y a la palabra. Internet y televisión son accesibles por el teléfono móvil, que también es cámara fotográfica.

Como vemos, las TIC responden a un concepto dinámico, cuyos orígenes se remontan a finales del siglo XIX cuando aparece el teléfono, considerado como una nueva tecnología, y luego la televisión, popularizada en la década de los años 50 del siglo pasado.

En un concepto amplio, puede considerarse que el teléfono, la televisión y la computadora se denominan TIC en tanto que favorecen la comunicación y el intercambio de información en el mundo actual. El uso de las TIC representa un cambio de paradigma cultural y social que ha impactado en la educación, en las relaciones interpersonales y en la forma de difundir y generar conocimientos. En el marco de la globalización ellas contribuyen a la emergencia de nuevos valores y a conocimientos efímeros, lo cual provoca modificaciones en las estructuras económicas, sociales y culturales de la sociedad al potenciar nuestras capacidades mentales y permitir el desarrollo de nuevas maneras de pensar.

De todos los elementos que integran las TIC, sin duda el más poderoso y revolucionario es Internet, la era Internet, en la que se ubica la sociedad de la información. Ahora bien, la comunicación como información es insuficiente ya que no incluye las preocupaciones o propósitos que les otorgan significado a los datos, tampoco abarca los compromisos que fundan toda conversación, ni revela la capacidad del lenguaje para inventar espacios nuevos de realidad. Toda información contiene afirmaciones verdaderas, de las que se puede proveer evidencias para sustentar su veracidad, administrarlas o almacenarlas. Pero lo relevante de las afirmaciones (información) son sus consecuencias, las diferentes posibilidades de acción y las evaluaciones de sus resultados con el propósito de producir alguna implicancia futura. La información complementa la comunicación ya que lo que se comunica es información en los mensajes, pero además el proceso involucra afectos, valoraciones, esperanzas y expectativas. La comunicación conlleva todo aquello que, desde el punto de vista de la teoría de Shannon, se considera causal de "ruido", ambigüedad o equivocidad.

Existe gran cantidad de información proveniente de Internet, por lo que la comunicación ha perdido su funcionalidad original, se ha perdido el factor de la expresión emocional. Cuando navegamos por Internet encontramos información sobre un mismo tema, tanta que a veces no sabemos de dónde proviene ni adónde va, y, de la misma forma, cualquier información que nosotros aportemos a la red no tendrá ningún medio de control que limite su propagación. Todo esto ha contribuido a dar más énfasis a la función de fuente de información de la comunicación, lo que provoca una disminución de las relaciones interpersonales. En inglés se habla de "*the web*" como si fuera "la red", pero en realidad se trata de centenares de redes interconectadas en todo el mundo que funcionan porque utilizan los mismos protocolos de comunicación. Por este tipo de interconexión a escala mundial es que se puede hablar de Internet como un medio de comunicación social, ya que es un medio masivo que llega a centenares de personas en un mismo momento y constantemente.

Según la teoría de la comunicación humana de Watzlawick, el intercambio de comunicación interpersonal que se produce en Internet se da de una forma simétrica y complementaria. Es simétrica en tanto que los sujetos conectados a la red que se transmiten información en forma mutua se encuentran en un mismo nivel de comunicación, lo que implica un mismo tipo de conducta (dar y recibir información). Es complementaria en el sentido de que hay dos posiciones distintas: individuo e Internet; es decir, el sujeto, como participante de esta dupla, utiliza la red para obtener información, y a su vez el mismo sujeto aporta más información a la red de modo que la relación individuo-Internet es mutuamente complementaria.

La teoría de Watzlawick alude también al carácter de las relaciones interpersonales en Internet, en el sentido de que los participantes pueden estar de acuerdo con el nivel del contenido de la información, pero no en lo que respecta al ámbito relacional. Es decir, que dos individuos participantes en un chat por Internet podrían estar de acuerdo con el contenido de su conversación (información), pero no con la forma de esta, ya que es fría e impersonal. Podrían preferir hablar por teléfono o acordar una cita con el fin de transmitir información que no puede lograrse por Internet (lenguaje no verbal) y, de esta forma, conseguir una comunicación completa.[41]

---

41 Paul Watzlawick (1921-2007), teórico y psicólogo austríaco nacionalizado estadounidense, aborda el estudio de la comunicación humana partir del paradigma sistémico cibernético, que sostiene que toda comunicación es una interacción que se da dentro de un sistema donde la relación entre los sujetos interactuantes implica una causalidad circular.

En poco más de diez años la fibra óptica se ha convertido en una de las tecnologías más avanzadas utilizadas como medio de transmisión de información. Este novedoso material vino a revolucionar los procesos de las telecomunicaciones en todos los sentidos, desde lograr una mayor velocidad en la transmisión y disminuir casi en su totalidad los ruidos y las interferencias, hasta multiplicar las formas de envío en comunicaciones y recepción por vía telefónica. Originariamente la fibra óptica fue propuesta como medio de transmisión debido a su enorme ancho de banda; sin embargo, con el tiempo se ha planteado para un amplio rango de aplicaciones que incluye, entre otros, la telefonía, la automatización industrial, la computación, los sistemas de televisión por cable y la transmisión de información de imágenes astronómicas de alta resolución. Estas nuevas formas de interrelación humana, amplificadas por el avance de la tecnología, tienen un patrón de adscripción que no es el territorio, ni la lengua compartida, sino un nuevo modelo visionario de la sociedad que encuentra en la comunicación no presencial un elemento de unión entre individuos.

Una de las consecuencias más importantes de dicho avance tecnológico consiste en la promoción de una *nueva ecología del conocimiento* caracterizada por la primacía del conocimiento científico, el poder de universalización de la técnica y la extensión a prácticamente todos los ámbitos de la actividad humana de una forma de pensamiento llamada racionalidad tecnológica. Este tipo de racionalidad ya fue anticipado por los autores de la escuela de Frankfurt, quienes destacaron la primacía de la racionalidad instrumental, que consistía en una transposición de fines y medios.

La racionalidad tecnológica supone un nuevo paso en la evolución de dicha racionalidad instrumental, y se caracteriza por el hecho de que la funcionalidad impone valor a hechos y acciones. Dichos autores señalaron que la dominación de unos hombres por otros no termina con la lucha de clases, sino que puede cobrar formas más sutiles y oscuras a partir de la ciencia y la tecnología. La más importante de dichas dominaciones tendría que ver con esta racionalidad científico-tecnológica, y uno de los ejemplos es la llegada de la sociedad de información, donde el positivismo científico se convierte en ideología. Los fines aparecen definidos por los medios (competencia, optimización, controlabilidad) y el instrumento se convierte en un fin en sí mismo. Herbert Marcuse afirmaba que la tecnología podría haber sido un poderoso instrumento de cambio histórico, ya que la acción humana podría haber liberado a la naturaleza de su insuficiencia. "La Historia es la negación de la naturaleza", solía repetir Marcuse. Sin embargo, ese proceso de cambio y liberación se ha distorsionado por la tecnología que ha transformado la naturaleza.

2. Tipologías. Aplicaciones y características de las TIC

Las TIC pueden clasificarse en diferentes tipologías, como ser:

1. Redes: la telefonía fija, la banda ancha, la telefonía móvil, las redes de televisión o las redes en el hogar.
2. Terminales: la computadora, el navegador de Internet, los sistemas operativos para computadoras, los aparatos de teléfonos móviles, los televisores, los reproductores portátiles de audio y video o las consolas de juego.
3. Servicios en las TIC: los más importantes son el correo electrónico, la búsqueda de información, la banca online, el audio y música, la televisión, el cine, el comercio electrónico, e-administración y e-gobierno, la e-sanidad, la educación, los videojuegos y los servicios móviles. En los últimos años han aparecido más servicios como los *Peer to Peer* (P2P), los blogs o las comunidades virtuales.

El uso de las TIC crece y se extiende desde la agricultura de precisión y la gestión del bosque a la monitorización global del medio ambiente planetario, o desde la biodiversidad a la democracia participativa pasando por el comercio, la telemedicina, la información, la gestión de múltiples bases de datos, la bolsa, la robótica, el trabajo conectado remoto y el uso militar. En la esfera laboral, representan una herramienta invalorable para los grupos vulnerables, personas con discapacidad, adultos en situación de desempleo, jóvenes desempleados que no han finalizado su educación formal, jefas de hogar, ex presidiarios, víctimas de trata, entre otros, que son considerados como el nuevo paradigma de la civilización.

Desde el punto de vista de su aplicabilidad, la digitalización nos permite disponer de información inmaterial, almacenada en pequeños soportes, o acceder a ella a pesar de su ubicación en dispositivos lejanos. Se puede conseguir información y comunicarnos instantáneamente a pesar de encontrarnos a gran distancia de la fuente original. Facilita la comunicación bidireccional, lo que se denomina interactividad, entre personas o grupos a través de páginas web, correo electrónico, foros, mensajería instantánea, videoconferencias, blogs o wikis. Las TIC han facilitado muchos aspectos de la vida de las personas, al permitir la programación, por ejemplo, del lavado de ropa, la temperatura de ambientes, la cerradura de puertas con total seguridad y efectividad automatizando las tareas en todo aquello que no requiera formato presencial.

Las tecnologías de información y comunicación tienen como principales características las siguientes:

- Son innovadoras y creativas, pues dan acceso a nuevas formas de comunicación.
- Tienen más influencia y benefician en mayor proporción al área educativa, haciéndola más accesible y dinámica.
- Afectan a numerosos ámbitos de las ciencias humanas, como la sociología, la teoría de las organizaciones, y también a la medicina y la biología.
- Descongestionan los costos económicos de una organización, a largo plazo.
- Constituyen medios de comunicación y adquisición de información variada, inclusive científica, a las cuales las personas pueden acceder por sus propios medios; es decir, potencian la educación a distancia.
- Facilitan la creación de nuevos puestos de trabajo, además de reconvertir los ya existentes, y a partir de ellas nace la modalidad del TCR.

Son utilizadas por los principales países de América Latina como: Argentina, Colombia, México, Brasil, Chile, Perú, Venezuela, y la élite de países más poderosos del mundo: el G7, compuesto por Estados Unidos, Japón, Alemania, Francia, Italia, Canadá y Reino Unido. Internet es global por naturaleza y difícilmente podría cobrar un carácter localista sin perder sus propias características definitorias.

Las redes sociales trascienden las fronteras nacionales de una manera única, abriendo una nueva vía para el debilitamiento de las barreras a la libertad de expresión y a la libre circulación de ideas. De una manera distinta de la de cualquier medio precedente, Internet permite que cualquier persona con una computadora y una conexión a la red se comunique de forma instantánea con otras personas que estén en cualquier parte del mundo.

Finalmente, resulta imposible separar la condición tecnológica de la condición humana, y esta concepción tecnorrealista tiene su referente en el pensamiento de Javier Echeverría. Puntualmente, en su obra *Cosmopolitas domésticos*, en la que manifiesta que "desde el punto de vista del fomento de las libertades individuales y de la creación de una ciudad igualitaria, el cambio más profundo y más esperanzador que se está produciendo en las casas proviene de las redes telemáticas".[42]

A los conceptos enunciados se adiciona el de la "nube", que empezó a acuñarse con la aparición de proveedores del servicio de Internet a gran escala, como Google, Amazon AWS, Microsoft y otros que construyeron sus propias infraestructuras. De esta forma se creó un sistema de recursos distribuidos horizontalmente, introducidos como servicios virtuales y manejados de manera continua. Este modelo de arquitectura que incorpora el software como servicio fue inmortalizado por George Gilder en 2006 cuando publicó su artículo "Las fábricas de la información" en la revista *Wired*. En él expuso un modelo de nube virtual, similar en estructura a la computación en Grid (la Grid Computing es un conjunto de computadoras conectadas entre sí que comparten recursos), pero enfocado a ser utilizado en la web.

---

42 Echeverría, J.: *Los señores del aire: Telépolis y el tercer entorno*. Destino, Barcelona, 1999. Echeverría (1948) se considera a sí mismo un pionero en el estudio de las nuevas tecnologías de la información y la comunicación. Su libro era una suerte de apuesta para el nuevo siglo que comenzaba.

Se trata de un intermediario virtual entre el proveedor del servicio y el usuario o cliente, y puede accederse a esta nube desde cualquier dispositivo con acceso a Internet. El proveedor maneja desde sus propias oficinas los recursos que presta a sus clientes, y dichos recursos se "virtualizan" y pasan a ser parte de una "nube virtual".

Es un sistema compuesto de subsistemas que mantienen una interrelación continua entre ellos. Los usuarios pueden acceder a los servicios disponibles "en la nube de Internet" sin necesidad de conocimientos (o, al menos, sin ser expertos). Su terminología en inglés, *cloud computing*, indica un nuevo modelo de prestación de servicios de negocio y tecnología que permite al usuario acceder a un catálogo de servicios estandarizados que responden a las necesidades de su negocio de forma flexible y adaptable, pagando únicamente por el consumo efectuado.

3. Diferencias generacionales

Cada una de las generaciones de trabajadores y colaboradores de una organización, han tenido diferentes vivencias marcadas por el lugar donde nacieron, crecieron y se educaron. La tecnología ha impactado en cada una de estas personas de modo diferente según hayan sido o no nativos digitales.

El desafío, dicen los expertos, es lograr que generaciones tan diferentes no solo convivan en una misma organización o empresa sino que además se entiendan. Y para ello el primer paso es conocerse, saber cuáles son sus claves y también sus expectativas vitales y profesionales. Por ello, los estilos generacionales son:

La Generación Z (*centennials*)

Nacidos con posterioridad al año 1992, se los denomina "nativos digitales" porque para ellos es desconocido un mundo sin Internet y sin las tecnologías de la información. Pueden manejar las herramientas TIC sin esfuerzo, siempre preocupados por la preservación del medio ambiente, con cierto autismo que los hace muy poco proclives al diálogo presencial y con una elevada inclinación hacia la competencia.

Características de la Generación Z:

- Corren tras el éxito.
- Son creativos y colaborativos.
- Respetan la diversidad.
- Se interesan por el cuidado del planeta y la ecología.
- Utilizan muy poco la comunicación verbal.
- Sostienen una fluida comunicación virtual con desconocidos.
- Utilizan constantemente la tecnología.
- Buscan resultados inmediatos.

Es interesante conocer cómo vive el TCR la Generación Z. Cuando mi ahijado Gabriel, nacido en 1995, empezó a trabajar, acababa de cumplir 18 años. Como era conocedor de las TIC, imaginé que sería muy bueno para él poder teletrabajar; sin embargo, al preguntarle acerca de esta posibilidad, para mi sorpresa me contestó: "¡No, madrina, yo ni loco me quedo en casa a teletrabajar! Yo voy al trabajo a conocer chicas, en casa me aburro".

La Generación Y (*millennials*)

La expresión se utiliza para definir a las personas nacidas entre 1982 y 1992. Durante ese tiempo, la economía, la tecnología, la atención de la salud, los avances e incluso las condiciones económicas en todo el mundo estaban creciendo rápidamente. Los niños que nacieron en ese período (en Estados Unidos o en Europa) vivían con el confort propio de esos años. Se caracteriza por ser una generación optimista, pragmática, informal, de mentalidad abierta e impaciente, hombres y mujeres que han sido educados en la diversidad sexual, y por eso la valoran y respetan. Son sumamente seguros de sí mismos, lo que los convierte en un tanto intolerantes.

Los apasiona el aprendizaje constante, y buscan asumir desafíos y vivenciar nuevas experiencias. Les gusta interactuar con otras culturas y piensan en forma globalizada y en red, siempre integrando su trabajo a la vida personal. La concepción del trabajo es sumamente diferente de la idea tradicional, entendiendo que es un medio para realizar actividades extralaborales placenteras. Les tocó vivir el auge de Internet, la transición a Windows, jugaron desde el Atari hasta la Playstation 2 y vieron cómo la televisión engendraba los *reality shows*.

Características de la Generación Y

- Trabajan para vivir, no viven para trabajar.
- Tienen una nueva percepción acerca del valor del esfuerzo.
- Buscan trabajos "con sentido" y ambientes propicios para la colaboración.
- Trabajan por proyectos y en equipo, buscando siempre el sentido de su trabajo.
- Detestan perder tiempo y las reuniones largas y sin un objetivo claro.
- Mantienen fuertes lazos con sus comunidades y son leales a las compañías que coinciden con sus valores laborales y sociales.
- Tienen capacidad para múltiples tareas, prefieren los horarios flexibles y los espacios físicos dinámicos.

La Generación Y tiene una gran apertura al TCR y al teletrabajo. Traigo aquí el ejemplo de mi hija, nacida en 1988, quien festejó con inmensa alegría cuando la empresa para la que trabajaba le otorgó este beneficio. Inmediatamente, una de sus primeras acciones fue coordinar sus clases de boxeo, aprovechando el tiempo que antes usaba en trasladarse hasta el lugar de trabajo; no dudó en optimizar el "tiempo muerto" que le llevaba el viaje.

La Generación X

Aunque no existe un rango universal con fechas exactas, el concepto suele incluir a las personas nacidas desde principios de los años 1960 hasta 1982. También se la ha denominado Generación perdida o Generación de la apatía o Generación Peter Pan, e incluso Generación H. Durante su juventud fue testigo de grandes cambios, como la caída del Muro de Berlín, la implosión del comunismo, la explosión del *Challenger*, los despidos masivos de los 80, entre otros nuevos paradigmas. Es la generación que vio la aparición y la difusión del sida, con las consecuencias del cambio de comportamiento que ello trajo aparejado. Tienen preferencia por un estilo personal, sin reglas, lo que los convierte en individualistas, escépticos, pragmáticos, sensatos, independientes y adaptables. Se considera que fue Douglas Coupland, escritor canadiense, quien popularizó este término con la publicación de su obra *Generación X*, que trataba sobre los jóvenes adultos y sus estilos de vida a finales de la década de 1980. También se utilizó como forma de designar a quienes eran adolescentes en ese momento, asociándolos generalmente con el canal de televisión MTV.

Esta generación utiliza el TCR como un plus para valorar a su empleador, y lo considera una política de retención de talentos. Frente a varias alternativas laborales, Federico, de 40 años, que asistía a mis clases de "Negociación y TIC" en el posgrado de la universidad UNTREF, hacía valer su condición de ingeniero informático para optar solo por aquella empresa que le permitiera teletrabajar. Así logró mudarse a una casa alejada de la ciudad, pero seguir manteniendo el mismo empleo.

Características de la Generación X

- Buscan opciones y flexibilidad.
- Prefieren libertades y autonomía.
- Concilian vida y trabajo.
- Se sienten dueños de su propia carrera.
- Están más comprometidos con su empleabilidad que con sus empleadores, lo cual los lleva a cambiar de trabajo con mayor frecuencia.
- Los motivan la autonomía y la distensión, a partir de una agenda flexible y la posibilidad de trabajar en el exterior.

- Generan iniciativas y cambios apostando a la capacitación permanente. Cuentan con un desarrollo profesional claro y preciso, lo que los lleva a valorar el espíritu emprendedor.

Los *baby boomers*

Esta denominación se utiliza para identificar a las personas nacidas durante el período posterior a la Segunda Guerra Mundial, entre 1946 y principios del decenio de 1960. Tras la contienda, varios países anglosajones (Estados Unidos, Canadá, Australia y Nueva Zelanda) experimentaron un inusual repunte en las tasas de natalidad, fenómeno comúnmente denominado *baby boom.*

Se caracterizan por tener una valoración de la persona como clave del éxito de la empresa, son decididamente optimistas, idealistas y ambiciosos, y creen en el crecimiento personal y en el desarrollo profesional. Un *baby boomer* siente que es profesionalmente exitoso cuando tiene una posición de poder que le permite adquirir privilegios y símbolos de estatus, cuando tiene mucho trabajo, es muy requerido y está muy ocupado.

Ahora bien, ¿qué les pasa a los *baby boomers* con el TCR? Como inmigrantes de la tecnología han tenido que actualizarse, aprender y también saber cómo lidiar con ella sin terminar dominados por la desazón de lo desconocido. Por lo general, primero buscan sentirse seguros de tener los conocimientos básicos de informática para poder luego capacitarse en la modalidad de trabajo a distancia, del cual disfrutan de manera extraordinaria. Al contrario del imaginario popular, la modalidad de TCR es ideal para esta generación que sabe autogestionarse, que a lo largo de su vida ha tenido algún jefe, que puede manejarse sin la presencia física de su superior y que valora la oportunidad de conciliar la vida familiar con la laboral, disfrutando y optimizando su tiempo para estar con los seres queridos.

Características de los *baby boomers*

- Respetan las jerarquías y valoran la pirámide organizacional.

- Buscan competir y generar cambios.
- Buscan construir una carrera brillante para sentirse admirados.
- Valoran la seguridad laboral y el trabajo para toda la vida.
- Los motivan el desafío, el prestigio, el estatus y la exposición.
- Disfrutan de ser el centro de atención y de las reuniones en las que puedan mostrarse.
- Buscan crecer verticalmente en la organización y disfrutan de tener mucho trabajo.

La generación tradicionalista

Son los nacidos a comienzos del siglo XX, entre los años 1926 a 1946, y poseen un absoluto respeto por la experiencia. Los motivan la seguridad y la estabilidad, no son adeptos a los cambios y buscan sumar antigüedad. Son respetuosos, estructurados y prefieren las reglas con sumisión a la autoridad. Un tradicionalista siente que es profesionalmente exitoso cuando, sobre la base de su lealtad, su sacrificio y sus años de antigüedad, logra una posición de prestigio, respeto y admiración.

Características de la generación tradicionalista

- Prefieren dirigir y ejercer control,
- Ponen énfasis en la cultura del trabajo y del sacrificio.
- Son más conservadores que el resto de las generaciones.
- Buscan respeto por el orden y la jerarquía.
- Respaldan la pirámide organizacional. Cultivan el respeto y la lealtad de los colaboradores. Son cumplidores y disciplinados.
- No tienen relación con las TIC.

Efectivamente, una empresa necesita de todas las generaciones, puesto que la suma de estas conforma el todo, y uno de los mayores desafíos, pero con mejores resultados, que puede tener una organización es la convivencia laboral intergeneracional. Sin embargo, para analizar cuáles son los aportes que los empleados hacen más allá del trabajo en sí mismo, resulta interesante observar algunas conclusiones del informe desarrollado por la Global Novations Group y publicado en el diario *La Nación* el 28 de agosto de 2011, donde se describen cuatro etapas de esa contribución:

1. Contribución dependiente: el empleado acepta la supervisión mientras aprende.
2. Contribución independiente: el empleado asume responsabilidad sin necesidad de supervisión.
3. Contribución a través de otro: el empleado asume un liderazgo para estimular a otros mediante ideas y conocimientos.
4. Contribución estratégica: el empleado proporciona dirección a la organización.

El informe concluye expresando que "las organizaciones que se concentran en atraer y retener a empleados de una generación corren el riesgo de dejar de lado a otras generaciones que también son fundamentales para alcanzar el éxito". Entendemos así el concepto de interacción de todas las generaciones en la formación del universo de trabajadores de una organización como parte necesaria del camino al éxito.

4. Sustentabilidad o sostenibilidad de las TIC

El paradigma del desarrollo sostenible es hoy considerado como la alternativa que permitirá reorientar las búsquedas laborales, reordenar las tecnologías y redirigir los modelos económicos y sociales hacia un mundo más igualitario. La sostenibilidad está muy ligada al concepto de desarrollo, y el desarrollo humano en sí supone una visión de desarrollo sostenible. Ahora bien, ¿cuál es la diferencia entre sostenible y sustentable? El desarrollo sustentable solo se ocupa de la preservación de los recursos naturales para garantizar que las futuras generaciones también puedan contar con este tipo de recursos para la satisfacción de sus necesidades. El desarrollo sostenible tiene en cuenta además las condiciones sociales, políticas y económicas del conjunto social, por lo cual incorpora la visión humana sobre desarrollo y satisfacción además de las necesidades humanas.

Para dar un ejemplo, el desarrollo sustentable englobaría todas las acciones de una empresa que desenvuelve sistemas de producción más eficientes que utilicen o gasten menos un determinado recurso natural. En tanto, el desarrollo sostenible consistiría en mejorar la calidad de vida emprendiendo un taller de fabricación textil que utilice telas ya usadas antes por medio de técnicas de reciclaje.

Al hablar de sustentabilidad nos referimos al equilibrio que debe existir entre el hombre y su entorno, sea con la naturaleza, con los demás, con él mismo y con las TIC, de forma que sea un todo armónico. La expresión "sustentabilidad" se usa en el sector del desarrollo internacional, por ejemplo, para referirse a la capacidad para mantener el funcionamiento de las iniciativas más allá del período de intervención. Se mide sobre todo en base a la capacidad de seguir siendo viables económicamente y al mismo tiempo brindar un beneficio social.

Las TIC son sustentables porque tienen como objetivo contribuir a la mejora del medio ambiente, a preservar los recursos no naturales, pero también deben implicar un desarrollo sostenible que tome como eje al ser humano y su vinculación con el ámbito sociolaboral.

"La tecnología es un significante inútil que organiza falsamente el mundo entre lo natural y lo artificial", sostiene Nathan Jurgenson, asesor de Snapchat y fundador de la revista *Real Life*. "Hay en nuestra percepción de lo tecnológico un impulso moralizante que parte de un instinto conservador, tal vez defensivo. Trazamos la línea entre pasado y futuro; un futuro de cambios frenéticos a los que apenas da tiempo a adaptarse, y lo observamos, por lo tanto, como lugar desconocido y como una amenaza." Continuando con su mirada rebelde, Jugerson afirma: "Tiendo hacia un entendimiento amplio de la tecnología: un teléfono es tecnología y también una carretera, una ciudad, un edificio; la ropa, el lenguaje e incluso las normas sociales son todas tecnológicas en cierto sentido".

Para Jurgenson la sociedad crea un falso dualismo entre realidad y tecnología con el fin de "preservar la ficción de lo puro, de lo objetivo".

"Soñamos –argumenta– con que somos más reales si escondemos el teléfono, si nos encontramos en carne y hueso, más allá de una pantalla. Creemos que los políticos son más reales si los vemos en las calles. Pero la naturaleza no es natural, todo está tocado por las herramientas de las políticas, los deseos y la dominación humana." Este autor encuentra una división sin sentido, entre atención y distracción. "La atención en sí misma es una forma de estar distraído de todo lo demás; el tipo de concentración ideal antes podría relacionarse con leer un texto largo, pero podría ser que eso que llamamos distracción sea, en sí mismo, otro tipo de concentración."[43]

En las antípodas de Jurgenson, Nicholas George Carr, en su libro *Superficiales*,[44] resalta el impacto negativo de la tecnología en los seres humanos. Con el interrogante: "¿Qué está haciendo Internet con nuestras mentes?", Carr hace un análisis que demuestra que los seres humanos automatizamos procesos que modifican nuestra capacidad de concentración y nos convierten en seres más dispersos.

Los estudios expuestos por Carr señalan que "cada vez más, nuestra mente trabaja a corto plazo, activando la parte de nuestro procesamiento que se limita a tomar decisiones (como cliquear un enlace)", mientras que se margina la focalización sosegada (por ejemplo, la lectura) que es la que permite que el conocimiento se profundice. Cobra sentido la imagen momentánea, la que se envía y desaparece en un lapso corto. Las fotografías constituyen una forma de hablar y no tanto una forma de fijar un recuerdo o de lograr una expresión artística, prevalece lo efímero. Sacamos una foto con el celular e inmediatamente lo compartimos con los otros con un WhatsApp, a veces ni siquiera

---

43 Nathan Jurgenson es un sociólogo de las redes sociales, editor colaborador de *The New Inquiry*, investigador de Snapchat. Sostiene que existe una deformación en la manera en que pensamos sobre las redes y lo virtual.
44 Carr, N. G.: *Superficiales*. Taurus, Madrid, 2011.

podemos recordar más tarde dónde o en qué oportunidad fue capturada esa imagen. Necesitamos que todo ocurra en el ahora, en el presente, sin espacio para el análisis ni la meditación.[45]

5. La industria inteligente

El concepto de Revolución Industrial 4.0, también denominado Industria 4.0, industria inteligente o ciberindustria del futuro, fue acuñado por primera vez en la Hannover Messe (la Feria Tecnológica para la Industria de Hannover, en Alemania) en abril de 2011, y en esa misma feria, dos años más tarde, fue presentado y defendido con un importante trabajo de investigación aplicable a las denominadas "fábricas inteligentes" (*"Smart Factories"*).

El recorrido es conocido: hacia fines del siglo XVII fue la máquina de vapor y en el siglo XXI son los robots integrados en sistemas ciberfísicos los responsables de una transformación radical. "Estamos al borde de una Revolución Tecnológica que modificará fundamentalmente la forma en que vivimos, trabajamos y nos relacionamos. En su escala, alcance y complejidad, la transformación será distinta a cualquier cosa que el género humano haya experimentado antes", enfatiza el autor, que es director ejecutivo del Foro Económico Mundial (WEF). "La cuarta Revolución Industrial no se define por un conjunto de tecnologías emergentes en sí mismas, sino por la transición hacia nuevos sistemas que están construidos sobre la infraestructura de la Revolución Digital."

---

45 Nicholas G. Carr (1959) se hizo famoso con su artículo "No importa", *Harvard Business Review*, 81, págs. 41-49, 2003, y con el libro *Las tecnologías de la información ¿son realmente una ventaja competitiva?*, publicado en inglés por Harvard Business School Press, Nueva York, 2004, y en español por Empresa Activa, Barcelona, 2005. En estos trabajos el autor argumenta que la importancia estratégica de las TIC en los negocios ha disminuido conforme las TI se han ido convirtiendo en tecnologías familiares, estandarizadas y más baratas. Sus ideas irritaron a la industria de las tecnologías de la información, produciendo acaloradas polémicas con Microsoft, Intel, Hewlett-Packard y otras empresas líderes.

Se trata de cuatro procesos históricos transformadores. El primero, evidenció marcadamente el paso de la producción manual a la mecanizada, entre 1760 y 1830. El segundo, alrededor de 1850, introdujo la electricidad y permitió la manufactura en masa. El tercero, a mediados del siglo XX, protagonizó la llegada de la electrónica y las tecnologías de la información y las telecomunicaciones (TIC). Y el cuarto trae consigo una tendencia a la automatización total de la manufactura con sistemas ciberfísicos, Internet de las cosas y el *cloud computing* o nube. Los sistemas ciberfísicos, que combinan maquinaria física y tangible con procesos digitales, son capaces de tomar decisiones descentralizadas y de cooperar –entre ellos y con los seres humanos– mediante la Internet de las cosas, la cultura *maker* (hágalo usted mismo) y la fábrica 4.0. Es decir que se acentúa la coordinación cooperativa entre sistemas, máquinas y personas.

Las "fábricas inteligentes" facilitan la adaptabilidad a las necesidades y a los procesos de producción, así como a una asignación más eficiente de los recursos. No se trata de una realidad ya consolidada y experimentada, sino de un nuevo hito en el desarrollo industrial que sin duda marcará importantes cambios sociales en los próximos años, haciendo un uso intensivo de Internet y de las tecnologías de punta con el fin primordial de desarrollar plantas industriales y generadores de energía más inteligentes y más respetuosos del medio ambiente, y con cadenas de producción mejor comunicadas entre sí y con mercados laborales más flexibles a las demandas de los consumidores.

Ahora bien, durante el Foro Económico Mundial de Davos de 2016, que tuvo lugar en el mes de enero en Suiza y que llevó por nombre "Dominando la Cuarta Revolución Industrial", líderes de todo el mundo discutieron sobre el avance, las consecuencias y los nuevos horizontes empresariales que traerá este cambio. Casi por unanimidad, concluyeron que en la era digital los CEO deben ser los encargados de liderar el reciclaje profesional de sus empleados para que estén listos para adaptarse a los cambios y sean relevantes en el futuro. De esta forma, el estudio *Harnessing Revolution: Creating the Future Workforce*, elaborado por Accenture Strategy y presentado en Davos en enero de 2017, destaca que "las posiciones ejecutivas deben ser conscientes de la importancia de situar a las personas en primer lugar como elemento fundamental del cambio, para crear así la fuerza laboral del futuro".[46]

El desarrollo de habilidades humanas, como el liderazgo, el pensamiento crítico y la inteligencia emocional (que es la posibilidad de una persona de contactarse profundamente con los diferentes niveles de sensibilidad, con las sensaciones y emociones del otro), reduciría considerablemente la posible pérdida de puestos de trabajo derivada de la automatización. El informe, que incluye una encuesta realizada a más de 10.500 empleados en 10 países, muestra que si se duplicase la tasa de los profesionales que desarrollan este tipo de habilidades, el porcentaje de los trabajos con riesgo de ser totalmente automatizados en los EE.UU. para el año 2025 se reduciría del 10 al 4%. El mismo proceso en el Reino Unido y Alemania daría como resultado reducciones del 9 al 6% y del 15 al 10%, respectivamente. En la presentación se marcaba claramente el desequilibrio que produce en los puestos laborales el avance de esta Revolución Industrial y la necesidad urgente de capacitar y formar a los trabajadores en nuevos puestos, atravesados por otras modalidades, como el TCR.

La temática del futuro laboral ha estado candente tras el informe del Foro Económico Mundial, donde se calcula que "en los próximos diez años, la tecnología va a destruir unos cinco a siete millones de puestos de trabajo". Una cifra tan descomunal que ha generado la reacción automática de muchos sectores de la sociedad. Asimismo, ha provocado la respuesta de aquellos que han levantado su voz para defender y explicar que la denominada Cuarta Revolución Industrial *no va a traer la destrucción directa de empleo* sino que cambiará y evolucionará los puestos de trabajo, que serán diferentes de como los conocemos en la actualidad. De hecho, los estudios indican que el 65% de los actuales

---

46   El evento representativo del Foro es la Asamblea Anual que se lleva a cabo a fines de enero en Davos. La asamblea celebrada en el complejo turístico de los Alpes Suizos reúne a los directores ejecutivos de las mil empresas miembro del Foro, además de políticos selectos.

estudiantes de primaria (Generación Z) trabajarán en puestos y perfiles laborales que no existen en el presente.

El fenómeno de la llegada de la máquina como un elemento potencial de destrucción de puestos de trabajo no es nuevo, podríamos remontarnos a hace más de cien años, cuando se introdujo la máquina de vapor, o a los años de 1960 o principios de los de 1970, cuando la sociedad se enfrentó a una primera llegada de los robots en las líneas de montaje. Consecuentemente, de la misma forma en que el vapor no reemplazó al grueso de la fuerza de trabajo humana, tampoco lo hicieron los primeros robots, dado que su capacidad de aplicación era reducida y se requería personas que pudieran enseñarles nuevas funcionalidades.

Es evidente que la microinformática ha permitido que las máquinas sean más precisas y que cometan menos errores que el ser humano, pero por cada puesto de trabajo que desaparece, se crean otros complementarios o que precisan de un nuevo nivel de conocimiento al que la tecnología no tiene todavía capacidad de adaptación. Tal es el caso de los llamados empleos del futuro, aunque algunos ya son del presente, por ejemplo: procesamiento de *Big Data*, análisis de información, protección del medio ambiente, biotecnología, energías renovables, robótica, investigación aeroespacial, seguridad en las comunicaciones, entre otros; es decir, aquellos donde la experiencia del usuario marca la diferencia entre el hombre y la máquina.

De este modo, algunos trabajos administrativos, otros relacionados con las tareas administrativas y manufactureras o algunos relativos a la construcción y la extracción se verán sustituidos por máquinas pero, a su vez, se generarán nuevos empleos de valor de los que actualmente existe una gran demanda y que seguirá en aumento en los próximos años. Las compañías dedicadas a la biotecnología podrán crear una nueva generación de medicamentos para tratar una gran variedad de problemas, incluida la prolongación de la edad promedio de vida de una persona. Bill Gates dedicó una serie de mensajes en su cuenta de Twitter el 15 de mayo de 2017, y lo hizo para recomendar tres carreras que él estudiaría si fuera joven, ellas son: inteligencia artificial, energía o alguna de las biociencias. Para Gates estas tres áreas suponen "campos

prometedores en donde se puede generar un profundo impacto".
El fundador de Microsoft considera que en los próximos 15 años
la humanidad vivirá un "milagro energético" gracias a un mejor
aprovechamiento de las fuentes de energía renovables.[47]

La nueva terminología marca una transformación en los
procesos informáticos, tal como sucede con el *Big Data*. Este
concepto se aplica a toda aquella información que no puede
ser procesada o analizada utilizando procesos o herramientas
tradicionales. Los seres humanos estamos creando y almacenan-
do información constantemente y cada vez más en cantidades
siderales, las compañías mantienen ingentes cantidades de datos transaccionales, reuniendo información acerca de sus clientes, proveedores, operaciones, y lo mismo ocurre con el sector
público. En muchos países se administran enormes bases de
datos que contienen informaciones sobre censo de población,
registros médicos, impuestos, etc., y si a todo esto le añadimos
transacciones financieras realizadas en línea o por dispositivos
móviles, análisis de redes sociales y todas aquellas actividades
que la mayoría de nosotros realizamos varias veces al día con
nuestros smartphones, estamos hablando de que en el mundo
se generan alrededor de 2,5 quintillones de bytes diariamente.
Los líderes del siglo XXI tienen por delante un gran desafío, una
reconversión de puestos laborales que necesitará atraer nuevos
talentos, con alta rotación de personal, bajo compromiso y convivencia intergeneracional. Indudablemente, en 5 a 10 años los
millennials, serán mayoría en la fuerza laboral, sumados a la Generación Z y los *centennials*.

Los directivos tendrán que manejar el cambio de valor cultural que trae aparejado la nueva generación creando diferentes métodos de reconocimiento y beneficios para los trabajadores. En concreto, y según los estudios realizados por Accenture
Strategy y Gallup, alguno de estos factores no son justamente

---

47 Bill Gates (su nombre real es William Henry Gates) nació el 28 de octubre
    de 1955; de nacionalidad estadounidense, es presidente de Microsoft y co-
    presidente de la Fundación Bill y Melinda Gates. También es director de
    Berkshire Hathaway.

financieros –como por ejemplo, el bienestar, el compromiso, la calidad de vida y el estatus–, por el contrario, se equiparan, o incluso son más importantes, que la remuneración y los beneficios sociales, y estos constituyen sin duda un aporte esencial de la modalidad de TCR.

El management deberá gestionar en forma horizontal, en organizaciones líquidas, con menos estructuras y mayor delegación, con la necesidad de contar con un nuevo paradigma sindical más permeable a los nuevos modelos laborales. Según el Ministerio de Educación de los Estados Unidos "el 60% de los nuevos empleos que surgirán en el siglo XXI exigirán habilidades que tiene tan solo el 20% de la fuerza de trabajo actual".[48]

Por lo tanto, el desarrollo de nuevas tecnologías deberá ir acompañado de un proceso de adecuación y capacitación de los profesionales que trabajan en los sectores industriales. El proceso de producción tendrá que verse como un todo para que la interacción de personas, sistemas y máquinas ocurra de forma beneficiosa para la sociedad.

"El futuro del empleo estará hecho de trabajos que no existen, en industrias que usan tecnologías nuevas, en condiciones planetarias que ningún ser humano jamás ha experimentado", resume David Ritter, CEO de Greenpeace Australia/Pacífico en una columna sobre la Cuarta Revolución para el diario británico *The Guardian*, de agosto de 2012.

En la publicación del Barómetro Global de Innovación 2016, General Electric presentó los resultados de su estudio que sintetiza las opiniones de más de 4.000 líderes y especialistas de 23 países. Un sondeo revela que el 70% de los empresarios tienen expectativas positivas sobre la Cuarta Revolución Industrial. El 85% de los encuestados sostiene que las innovaciones de los sistemas ciberfísicos serán beneficiosas, el 64% está dispuesto a asumir los riesgos de innovar y el 17% restante siente temor por el impacto negativo en los trabajadores. "En el juego del desarrollo tecnológico, siempre hay perdedores, y una de las formas

---

48 Extraído de http://cio.com.br/opiniao/2015/03/24/industria-4-0-voce-esta-preparado-para-viver-esta-revolucao.

de inequidad que más preocupa es la de los valores. Hay un real riesgo de que la élite tecnocrática vea todos los cambios que vienen como una justificación de sus valores", le dice a BBC Mundo Elizabeth Garbee, investigadora de la Escuela para el Futuro de la Innovación en la Sociedad de la Universidad Estatal de Arizona (ASU) (2016).

La Industria 4.0 también pretende responder a las problemáticas actuales tanto en lo referente al ahorro de energía como en cuanto a la gestión de recursos naturales y humanos. El objetivo de crear redes inteligentes a lo largo de la cadena de valor permite la interoperabilidad, así como controlar, analizar y predecir contingencias en un mercado fragmentado. Los trabajadores del conocimiento necesitan sindicatos que los contemplen, que puedan entender y describir los nuevos puestos laborales, que exijan la incorporación del TCR como modalidad en los convenios colectivos y/o acuerdos individuales que reclamen capacitación y formación para enfrentar el avance de la robótica, con el menor impacto negativo posible. Por eso entendemos necesario describir en profundidad cómo será el sindicalismo del futuro.

En la sociedad industrial, el consumo era una consecuencia de la producción, hoy el paradigma ha cambiado, es diferente; cada vez se necesitan menos personas para producir. La innovación tecnológica en la empresa trae sus consecuencias, muchas de ellas positivas (mejora en la productividad, celeridad, precisión), otras negativas, como la decisión de reducir voluntariamente el tamaño de la empresa con el consecuente despido del personal.

A diferencia del sistema tradicional capitalista, donde el dueño, el "patrón industrial", necesitaba obreros disciplinados y obedientes, en un esquema verticalista con verdadera sumisión; el nuevo empresario, en cambio, el de la sociedad del conocimiento, el de la Revolución Industrial 4.0 requiere consumidores rebeldes y necesitados de cambios, y personal con flexibilidad, con el acento puesto en la conciliación de la vida privada y la laboral, en el cuidado del medio ambiente y en la optimización del tiempo y de los recursos, tal como propone el trabajo conectado.

6. Vida, pasión y futuro de la fuerza laboral atravesada por las TIC

La fuerza de trabajo o fuerza laboral es un término acuñado por Karl Marx y desarrollado en su obra *El Capital*, cuya primera edición data de 1867. En ella hace referencia a la capacidad física y mental, inherente a todo ser humano, para realizar un trabajo. Según la teoría marxista, los conceptos de "fuerza de trabajo" y "trabajo" no son sinónimos. Este último es la materialización, la concreción del potencial representado por la primera; el trabajo, entonces, es el resultado de emplear la fuerza de trabajo.[49]

La palabra fuerza, proviene del vocablo latino *fortia,* que es sinónimo de esfuerzo, en tanto que la palabra trabajo, tiene su origen etimológico también en el latín *tripaliare,* concepto utilizado para definir un yugo con tres palos empleado para amarrar a los esclavos donde se los castigaba con azotes. La noción de fuerza de trabajo o fuerza laboral, por lo tanto, está asociada a la habilidad tanto física como mental, propia de cada individuo, para desarrollar una cierta labor. Al introducir la distinción entre trabajo y fuerza de trabajo, los autores Marx y Engels vislumbraban que la solución de las contradicciones consistía en determinar el valor de la fuerza de trabajo y de aquello que los economistas denominaban costo del trabajo o costo de la producción del trabajo.

La fuerza de trabajo se convierte en mercancía pero solo en determinadas condiciones sociales, por ejemplo: el esclavo no podía vender su fuerza de trabajo porque le pertenecía al esclavista; tampoco el campesino dependiente pues se hallaba en dependencia personal del señor feudal. Para vender su capacidad de trabajo el hombre debe ser formal y jurídicamente libre. "Lo que caracteriza, por lo tanto, la época capitalista –expresó Marx– es que la fuerza de trabajo asume, para el propio obrero,

---

49 Karl Marx (1818-1883) fue un prusiano de origen judío, filósofo, economista, sociólogo, periodista, intelectual y uno de los creadores de los principios teóricos del comunismo. En su vasta e influyente obra abarca diferentes campos del pensamiento en la filosofía, la historia y la ciencia.

la forma de una mercancía que le pertenece, y su trabajo, por consiguiente, es la forma de trabajo asalariado. Con ello se generaliza, al mismo tiempo, la forma mercantil de los productos del trabajo."

La fuerza de trabajo presupone la habilidad del trabajador para ejecutar determinada tarea y se manifiesta como una labor que finaliza con determinado resultado, que es el producto. El concepto de trabajo concreto crea valores de uso, mientras que como trabajo abstracto crea valor; por consiguiente, la fuerza de trabajo empleada en la producción de mercancías representa la capacidad del trabajador de crear tanto valor de uso como valor en sí mismo.

El capitalismo es la forma superior y más compleja de la producción mercantil que se convierte en el modelo universal de producción basado en la división social del trabajo, en la propiedad privada y en la producción de mercancías para el mercado, para así satisfacer las disímiles necesidades del ser humano, sean de carácter material o espiritual. Todas las mercancías son producto del trabajo, por consiguiente, la base del valor de cambio de las mercancías es el valor determinado por la cantidad de trabajo invertido en la producción de las mercancías. En el incremento de la productividad del trabajo se expresa el desarrollo de las fuerzas productivas, el empleo de la técnica moderna, la aplicación de la ciencia a la producción, el mejoramiento de la organización del trabajo, la elevación de la *expertiz* de los trabajadores y el incremento de la intensidad social media del trabajo. El propio sistema de relaciones de producción en la economía mercantil estimula el crecimiento de la productividad del trabajo.

Los tipos concretos de trabajo no solo se caracterizan por la diversidad de los procedimientos, instrumentos y resultados del trabajo, sino generalmente por la diferencia en la preparación necesaria de los trabajadores. Los no calificados, pueden ser realizados por todos los miembros de la sociedad aptos para el trabajo que tengan la instrucción y el nivel cultural adecuado; otros tipos de trabajo, denominados calificados, necesitan de una preparación especial previa.

Es interesante el análisis de Claude Meillassoux[50] sobre la producción y reproducción en las sociedades autosubsistentes, para lo que propone el concepto de *modo de producción doméstico*, critica el estructuralismo y estudia las relaciones, contradicciones y perspectivas de la persistencia de las relaciones domésticas en el imperialismo. El autor analiza tres componentes del "valor" de la fuerza de trabajo, ellos son:

a) El sustento del/la trabajador /a durante su empleo.
b) El mantenimiento del/la trabajador/a en los períodos de desempleo (por ejemplo, desocupación, enfermedad).
c) El reemplazo de la trabajadora en caso de licencia por maternidad.

Según Meillassoux, solo el primer componente contribuye a la reconstitución de la fuerza de trabajo en "tanto mercancía disponible inmediatamente en el mercado". Mientras que la fuerza de trabajo de los reemplazantes, como la que ocurre en períodos de desempleo, no son realizables como mercancía sino en un futuro indeterminado, lo cual para los capitalistas podría ser como comprar una fuerza de trabajo futura, algo que obviamente no les interesa. Como consecuencia, establece una diferencia entre "salario directo" y "salario indirecto". El primero, únicamente se paga al/la obrero/a por la fuerza de trabajo brindada durante la jornada de trabajo. El segundo no se paga dentro del marco de la relación contractual empleador-asalariado, sino que se distribuye por un organismo socializado, generalmente el Estado.

El futuro de la fuerza laboral mediada por las TIC

De los estudios realizados cada año por las empresas Dell e Intel es importante destacar el llevado a cabo en el Dell Global Evolving Workforce, 2014, que aborda distintos interrogantes sobre la relación e importancia de las TIC en el mundo laboral, identifi-

---

50 Claude Meillassoux (1925-2005) se destacó por su ensayo en los *Cahiers d'Études africaines* (4, págs. 38-67) sobre la interpretación del fenómeno económico en las sociedades de autosubsistencia.

cando y analizando las tendencias presentes y futuras. Ellas resultan clave para los profesionales de capital humano, tomadores de decisiones de negocios y administradores de TI (tecnologías de la información) para motivar y atraer a su fuerza de trabajo.

Las claves que surgieron de la investigación se centraron en dónde y cómo los empleados trabajan, el impacto que la tecnología tiene en la vida profesional y personal, y las predicciones de la automatización de la tecnología en el futuro.

1. Un modelo no replicable para todos

Los trabajadores están utilizando múltiples dispositivos de acuerdo con dónde y cuándo estén trabajando, algunos utilizan computadoras de escritorio, otros tabletas 2-en-1, una portátil o smartphones. El rendimiento es la máxima prioridad en las aspiraciones de los empleados y el 81% menciona también que es el primer o segundo atributo de mayor importancia. El lugar de trabajo también tiene un impacto en los dispositivos utilizados: el 62% considera a la PC de escritorio como su dispositivo de negocio principal, con su mayor uso en los servicios financieros, salud pública y gobierno, pero al hacer el trabajo en el hogar, teletrabajando, las computadoras portátiles se utilizan con tanta frecuencia como la PC. Para los propósitos personales están cambiando por formas móviles de tecnología, donde las computadoras portátiles y el uso de tabletas 2-en-1 es mayor que cuando se trabaja en la oficina.

2. Lugar de trabajo

Los empleados realizan trabajos en diferentes lugares, pero el 97% lo hace, al menos algún tiempo, en la oficina. En promedio, en los mercados desarrollados están empleando 32 horas por semana en la oficina, mientras que lo hacen 26 horas los trabajadores en los mercados emergentes.

En todo el mundo, el 35% de los empleados indican que trabajan en promedio cuatro horas a la semana en un lugar externo, otras cinco horas por semana desde la casa, y 29 horas semanales en la oficina. Las distracciones en la oficina, sin embargo, constituyen una preocupación; el 48% de las personas que hacen trabajo presencial indican que se los interrumpe con frecuencia, lo que provoca una baja en la productividad. En este sentido, la oficina no parece ayudar a aumentar la comunicación interpersonal, ya que el 51% de los empleados todavía utiliza con frecuencia los mensajes instantáneos o correo electrónico con los colegas que se encuentran físicamente cerca, en lugar de hablar con ellos directamente.

3. Trabajadores presenciales y remotos

El estudio revela que el 52% de las personas encuestadas considera que el trabajo en la casa es tan o más productivo que el realizado en la oficina. Sin embargo, esta percepción en Europa es diferente de la del resto del mundo, donde cuatro de cada 10 empleados en China, India, Turquía y los Emiratos Árabes Unidos creen que si se trabaja desde la casa es menos productivo. De los que no trabajan en la casa y quieren hacerlo, destacan claros beneficios si lo hicieran, como dormir más para un 30% de ellos, conducir menos para un 40% y sentir menos estrés para un 30%. Señalan que en el hogar existen algunas distracciones, por la pareja, los hijos, padres y mascotas, y advierten que se realiza menos ejercicio físico.

4. Vida dual = profesional + personal

Como las innovaciones en la tecnología continúan avanzando, las personas pueden elegir cuándo y dónde cumplir con sus obligaciones profesionales. El 64% de los empleados en todo el mundo realizan al menos alguna acción de trabajo en la casa. El 83% de los trabajadores de los países emergentes que trabajan desde el hogar indican que consultan el correo electrónico del trabajo después de la jornada laboral, mientras que solo lo hacen el 42% de los trabajadores de los mercados desarrollados. Los ejecutivos tienen más desdibujadas las líneas entre "trabajo" y "vida personal" que otros empleados. Aquellos utilizan sus dispositivos personales para el trabajo con mayor frecuencia (64% contra 37%), llevan a sus casas la tecnología del trabajo para fines personales (45% contra 20%) y acceden a sitios web personales, aplicaciones, software en el trabajo (67% contra 49%). Más de la mitad de los empleados en todo el mundo utilizan actualmente dispositivos personales por motivos de trabajo o esperan hacerlo en el futuro, mientras que el 43% los usan en secreto sin que la compañía lo sepa; los teléfonos inteligentes y las computadoras portátiles son los más usados.

5. ¿El secreto de los empleados felices?

Quienes están en puestos de dirección y los de los mercados emergentes, en particular, esperan tener mejor tecnología con el fin de permanecer con su empleador actual, de lo contrario consideran cambiarlo por otro. El 75% mencionó que en el último año la tecnología ha tenido influencia en su forma de trabajo, y el 50% de ellos aumentó su productividad y les permitió comunicarse más rápido.

Pero hay quienes consideran que la tecnología de la que disponen detiene su productividad e impide su crecimiento profesional, sentimiento más pronunciado en la India, por ejemplo. Ciertamente, el nuevo estilo de liderazgo, neuroliderazgo y las adicciones a la tecnología señalan diferentes desafíos a tener en cuenta para lograr mayor grado de felicidad en el trabajo.

6. El futuro no será totalmente automatizado

En general los empleados son optimistas con respecto al futuro de la tecnología, consideran que podrá seguir evolucionando y ofrecerá diferentes beneficios y capacidades a la fuerza de trabajo, sin que por ello cambie fundamentalmente la manera en que las personas trabajan; creen que en el futuro el reconocimiento de voz se utilizará en lugar del teclado (92%), las tabletas reemplazarán por completo a los equipos portátiles (87%), todos utilizarán los gestos de mano (87%), el teclado y el mouse quedarán obsoletos (88%). Pero creen que esos avances en la tecnología no reemplazarán la necesidad de los seres humanos de estar presentes en el lugar de trabajo, ya que solo el 34% de los encuestados piensa que su trabajo va a ser totalmente automatizado. Los trabajadores ubicados en los países emergentes, especialmente los Emiratos Árabes, India y Turquía, se muestran más dispuestos a confiar en la tecnología, mientras que los del Reino Unido, Estados Unidos y Japón buscan condiciones de más contacto presencial en su vida laboral.

La investigación encuestó a casi 5.000 empleados de organizaciones pequeñas, medianas y grandes de 12 países y descubrió una serie de ideas clave a considerar por parte de los líderes de negocios, gerentes de TI y profesionales de recursos humanos en el momento de contratar, apoyar o retener a su fuerza de trabajo. La investigación muestra que la "oficina" no está definida por un escritorio encerrado entre las paredes del empleador. La conectividad constante borra los límites entre la vida profesional y personal, por eso es esencial que los trabajadores tengan un acceso transparente a la información cuando están en la oficina, en la casa y en el camino para mantener su productividad, seguridad de TI, manejo de datos y accesos de usuario.

7. La sociedad de la información y su implicancia en el mundo laboral

En este punto vamos a adentrarnos en lo que se denomina sociedad de la información, concepto utilizado en los programas de desarrollo de los países industrializados con una connotación más política que teórica y estrechamente vinculada a un cambio de mentalidad. La sociedad de la información es la sucesora de la sociedad industrial y el concepto surge de la obra de Yoneji Masuda, sociólogo japonés, titulada *La sociedad informatizada como sociedad post-industrial.*[51]

De acuerdo con la declaración de principios de la Cumbre de la Sociedad de Información, llevada a cabo en Ginebra, Suiza, en 2003, la sociedad de la información "debe estar centrada en la persona, es la sociedad integradora y orientada al desarrollo, en

---

51 Masuda, Y.: *La sociedad informatizada como sociedad post-industrial.* Tecnos, Madrid, 1984.

la que todos puedan crear, consultar, utilizar y compartir la información y el conocimiento, para que las personas, las comunidades y los pueblos puedan emplear plenamente sus posibilidades en la promoción de su desarrollo sostenible y en la mejora de su calidad de vida, sobre la base de los propósitos y principios de la Carta de las Naciones Unidas".

Una de las primeras personas en desarrollar formalmente un concepto de la sociedad de la información fue el economista Fritz Machlup[52] en 1962, en su obra *The Production and Distribution of Knowledge in the United States* (*La producción y distribución del conocimiento en los Estados Unidos*), en donde concluía que la cantidad de empleos basados en la manipulación y el manejo de información es mayor que los relacionados con algún tipo de esfuerzo físico.

Es importante destacar que la Cumbre Mundial de la Sociedad de la Información (CMSI) fue un evento internacional organizado por la Unión Internacional de Telecomunicaciones (UIT) a partir de los aspectos sociales de la sociedad de la información; es decir, con el objetivo de eliminar la brecha digital en el mundo y preparar planes de acción y políticas para reducir la desigualdad. Participaron gobiernos de diferentes países, el sector privado, organizaciones representantes de la sociedad civil, Naciones Unidas y sus organismos especializados. El origen se remonta a la Resolución 73 de la Conferencia de Plenipotenciarios de la UIT (Minneápolis, 1998) que resolvió encargar al secretario general de la UIT la inclusión en el orden del día del Comité Administrativo de Coordinación (CAC) la cuestión de la celebración de una Cumbre Mundial sobre la Sociedad de la Información (CMSI). El secretario general indicó, en su informe a la sesión del Consejo de 1999, que el CAC tuvo una reacción positiva y que la mayoría de las otras organizaciones y organismos especializados de Naciones Unidas expresaron interés en asociarse para la preparación y la celebración de la Cumbre. Como respuesta, los países de América

---

52 Fritz Machlup (1902-1983) fue un economista austro-estadounidense, notable por ser uno de los primeros economistas en examinar el conocimiento como un recurso económico.

Latina y el Caribe, convocados por el gobierno de Brasil y la CEPAL, aprobaron en julio de 2000 la Declaración de Florianópolis, que apuntaba al uso de las tecnologías de la información y de las comunicaciones (TIC) para el desarrollo de los pueblos.

Se decidió que la Cumbre sería celebrada bajo los auspicios de la Secretaría General de la ONU, y que la UIT asumiría la intervención principal en los preparativos. La CMSI tuvo dos fases, una en 2003 y otra en 2005. En reuniones celebradas entre 2001 y 2003, a cargo de la red regional del grupo de tareas sobre las TIC de las Naciones Unidas, se destacó la importancia de la colaboración entre las partes interesadas para hacer frente a este desafío. Asimismo, en la Agenda de Conectividad para las Américas y Plan de Acción de Quito (agosto de 2002) se insistió en la necesidad de formular programas de acción y estrategias nacionales realistas. La Declaración de Bávaro de 2003 fue un paso importante para establecer los principios fundamentales de América Latina y el Caribe para la transición hacia sociedades de la información, dado que ayudó a identificar las principales características de este fenómeno en la región. A partir de su aprobación, se incorporaron por primera vez oficialmente el análisis sobre la gobernanza de Internet y el software de código abierto en el proceso de la CMSI, temas que cobraron gran importancia durante esa reunión y en eventos posteriores

En la primera fase, realizada del 10 al 12 de diciembre de 2003, se adoptó una Declaración de Principios y un Plan de Acción; la sede elegida fue Ginebra, Suiza. En 2005, en representación del Estado argentino, tuve oportunidad de participar en las reuniones preparatorias para la segunda fase de la CMSI, y durante la Conferencia Ministerial Regional de América Latina y el Caribe celebrada en 2013 en la ciudad de Rio de Janeiro, Brasil, logramos firmar el Compromiso de Rio, que instituye el Plan de Acción de la Sociedad de la Información en América Latina y el Caribe, conocido como eLAC2003.

Se trataba de un plan de acción regional cuyo propósito era cumplir una función de intermediación de las metas de la comunidad global y las necesidades de los países de la región, conforme a las situaciones existentes en cada uno de ellos. Dicho plan contaba con ocho grupos y varios subgrupos de trabajo dedicados a una meta específica, las que permanecen vigentes en la actualidad y son:

1. Grupo de trabajo sobre teletrabajo (Meta 5)

Liderado por Argentina, con la presidencia en mi persona, y en representación del Ministerio de Trabajo, Empleo y Seguridad Social de la Nación, significó un importante avance al posicionar al país a la vanguardia de los nuevos modelos laborales. El grupo fijó como propósito promover la construcción de capacidades en TIC para el desarrollo de nuevas formas de trabajo y teletrabajo, e impulsar su aplicación, en particular para la generación de trabajo local. La intención de los países integrantes del grupo (Argentina, Colombia, Costa Rica, Brasil, Ecuador, Cuba y Perú) era la de facilitar la creación de una red de actores sociales que favorecieran el intercambio de experiencias y elaboraran propuestas destinadas a generar empleo en la región.

2. Grupo de trabajo sobre tecnologías alternativas (Meta 7)

Responsable de elaborar propuestas sobre alternativas y estrategias para el desarrollo de la televisión digital y otras tecnologías alámbricas e inalámbricas en América Latina y el Caribe, y examinar estándares, interactividad y aplicaciones para la universalización del acceso.

3. Grupo de trabajo sobre software (Meta 8)

La tarea de este grupo consistía en aprender en torno al intercambio de experiencias y criterios utilizados para el desarrollo y uso del software de código de fuente abierta y software libre, lo que incluía la realización de estudios sobre los desafíos técnicos, económicos, organizacionales, de capacitación y de seguridad. Además, incentivar el desarrollo de la industria del software, contenidos, aplicaciones y servicios informáticos, abarcando diversos instrumentos tales como un marco jurídico adecuado, el fortalecimiento de la relación universidad-empresa, el estímulo de alianzas empresariales complementarias y cooperativas, la formación de recursos humanos y la expansión del acceso a mercados, en especial por parte de los emergentes.

4. Grupo de trabajo sobre redes de investigación y educación (Meta 10)

Se consolidó, con el objetivo de desarrollar y expandir a nivel nacional y subregional, especialmente el Caribe, redes de TIC avanzadas para la investigación y educación. Se pretendía también fortalecer las redes ya existentes, como la Cooperación Latinoamericana de Redes Avanzadas (red CLARA).

5. Grupo de trabajo sobre industrias creativas y de contenidos (Meta 13)

La meta era investigar el desarrollo y los desafíos de las industrias creativas y las de desarrollo de contenidos, constituir mecanismos de cooperación regionales en busca de soluciones para sus problemas comunes, tales como el financiamiento de una economía de bienes intangibles, la distribución de bienes y servicios culturales y de comunicación de la región, así como el perfeccionamiento de la capacidad de producción de contenidos local con respeto por la diversidad y la identidad cultural de todos y cada uno.

6. Grupo de trabajo sobre gobierno electrónico (Meta 15)

Creado para elaborar una agenda de prioridades para implementar estándares de interoperabilidad de servicios electrónicos gubernamentales, con el fin de promover la integración electrónica de los sistemas de administración pública a través de ventanillas únicas para mejorar la gestión de los trámites y procesos intragubernamentales. Coadyuvar al uso de la firma electrónica/firma digital en las gestiones oficiales, tanto por parte de los funcionarios y servidores públicos como por los ciudadanos, y promover la adopción de modelos de seguridad y preservación de la información en todas las instancias de gobierno con el objetivo de generar confianza en la información digital administrada o brindada por el Estado.

7. Grupo de trabajo sobre financiamiento (Meta 23)

Fue establecido con la participación de miembros de organismos públicos, privados, subregionales, regionales e internacionales. Su objetivo era evaluar las necesidades nacionales y regionales de financiamiento para el desarrollo de las TIC, con la visión de sugerir iniciativas para optimizar el uso de los recursos e instrumentos financieros y, en caso necesario, proponer nuevos con el propósito de movilizar mayores recursos, teniendo en cuenta las agencias de financiamiento y cooperación subregionales, regionales e internacionales, así como las particularidades de cada país.

8. Grupo de trabajo sobre marcos legislativos (Meta 25)

Diseñado para promover y fomentar políticas de armonización de normas y estándares, con el fin de crear marcos legislativos que brindaran confianza y seguridad, tanto a nivel nacional como a nivel regional. Debía prestar especial atención a la legislación sobre la protección de la privacidad y datos personales, delitos informáticos y delitos por medio de las TIC, spam, firma electrónica o digital y contratos electrónicos, como marco para un desarrollo inclusivo.[53]

En la segunda fase, realizada del 16 al 18 de noviembre de 2005 en Túnez, donde tuve el honor de participar personalmente y en representación del Ministerio de Trabajo, Empleo y Seguridad Social de la República Argentina, se trató el posicionamiento de la temática del teletrabajo en la región, y a partir de allí, dentro del eLAC en el marco de la CEPAL, el grupo de teletrabajo comenzó su desarrollo hasta 2016 siempre bajo mi coordinación y presidencia.

En 2008, en El Salvador, se aprobó el segundo Plan de Acción, eLAC2010, luego se hizo la implementación del Plan eLAC2015, aprobado en Lima en 2010. Para dar continuidad a ese proceso, en abril de 2013 se llevó a cabo en Montevideo, Uruguay, la Cuarta

---

53 Extraído de http://www.cepal.org/socinfo/elac/

Conferencia Ministerial sobre la Sociedad de la Información en América Latina y el Caribe, en la que se aprobó la Declaración de Montevideo y el Plan de trabajo 2013-2015, donde nuevamente el grupo de teletrabajo fue destacado por su desempeño tripartito dada su composición: gobierno, sector privado (empresas y sindicatos) y ONG y sector académico

Las TIC han transformado el mundo laboral, tanto para la búsqueda de empleo como para la contratación o la forma de trabajar, en más del 80%, de los casos; por ejemplo, Internet se ha convertido en el medio más usado a la hora de buscar empleo. Páginas web y portales de empleo crecen día a día para mostrar las ofertas de trabajo disponible de las empresas, donde los usuarios pueden inscribirse y recibir esas ofertas por correo electrónico, contactarse y enviar su currículum. Por otro lado, gracias a las TIC los departamentos de RRHH de las empresas pueden buscar información sobre sus candidatos por Internet. Los blogs, páginas personales y redes sociales actúan como hoja de vida de las personas. Contienen gran cantidad de información de su propietario, incluso de sus ideas y opiniones, con los beneficios y dificultades que esto encierra. En los blogs, por ejemplo, los usuarios escriben sobre sus intereses y aficiones o su trabajo, y en el caso de los profesionales de la fotografía existen varias herramientas como Flickr que les permiten colgar en la red su trabajo. Las redes sociales Facebook y MySpace u otras como Neurona, eConozco, Viadeo o Linkedin también están enfocadas al mundo profesional. Por otro lado, el uso de redes sociales u otras webs dan visibilidad a una empresa y le ayudan a difundir su imagen corporativa. Esta es una manera muy eficaz de promocionar el producto, diferenciarse de los competidores y tener más presencia en la sociedad.

Las TIC facilitan la comunicación entre los trabajadores y agilizan gestiones y tareas administrativas que se pueden automatizar sin tener que desplazarse. Aportan nuevas formas de trabajo, como el trabajo conectado remoto (TCR), y suponen una reducción de costos gracias a la digitalización de todos los contenidos, archivos y acciones. Además, son una herramienta ideal para la formación continua de los trabajadores, que pueden compaginar su trabajo con cursos on-line. Todo ello favorece a un mejor ambiente de trabajo y una mayor productividad, y por lo tanto aporta beneficios a las empresas. Las acciones personales replican a través de las TIC en forma exponencial, multiplicando sus consecuencias y su alcance.

Dentro del ámbito laboral, las derivaciones son varias:

a) Buenas prácticas. Siempre mi cerebro puede programarse para cualquier aplicación. Como hemos visto, el método GNT facilita el buen uso de la tecnología, para lo cual es necesario desarrollar lo que es el perfil del buen trabajador conectado remoto, como lo veremos en el próximo capítulo.

b) Comunicación 3.0 y 4.0. Se cambia el estilo de comunicación, el cara a cara ha sido reemplazado y ahora es más importante comunicarse con el otro en forma breve, sintética. Ante la ausencia de lectura del lenguaje corporal, debemos manejarnos sin usar frases irónicas o con doble sentido, que al no estar vinculados con la expresión podrían provocar malentendidos.

c) Trabajo por objetivos. La valoración de los resultados solo es posible en el trabajo por objetivos, donde el foco es alcanzar la meta propuesta y en el tiempo del que cada uno dispone. Para ello es importante el uso del feedback, una herramienta que sirve para hacer que las relaciones en una organización sean horizontales y redefinan su modelo de crecimiento. Más allá de su estructura, procesos o herramientas de trabajo, es necesario definir nuevas formas de trabajar e interactuar, sobre todo en entornos colaborativos. Es una práctica ideal para acelerar la confianza entre los miembros de un equipo, su conocimiento mutuo y su efectividad. Suele ocurrir que en organizaciones excesivamente competitivas o inmaduras el dar o recibir feedback se convierte en un momento incómodo.

8. Síntesis del Capítulo IV

El TCR convierte la movilidad en una prioridad, cambiando las acciones que se realizan en la casa, en espacios públicos como cafeterías e incluso en el transporte público o privado. Las tecnologías móviles e interfaces alternativas están desempeñando un papel cada vez mayor, como las laptops, tabletas, teléfonos móviles, 2-en-1 y virtualización de las TIC.

El nuevo paradigma consiste en flexibilidad, liquidez, cambios disruptivos y constantes. En definitiva, los grandes progresos de nuestra sociedad no son fruto de un solo individuo, sino del trabajo colectivo de muchos cerebros que, utilizando las capacidades de la tecnología para aumentar el alcance de su inteligencia, desarrollan nuevas ideas y nuevos conceptos que hasta el momento parecían imposibles. De la misma forma, la robótica y la tecnología del siglo XXI deben ser consideradas como un elemento potenciador de la capacidad humana para superarse y buscar nuevos límites, más que como una amenaza.

Vivimos enmarcados en la creciente búsqueda del desarrollo de nuestro potencial humano, el cual está directamente relacionado con el complejo proceso de desarrollo y maduración del sistema nervioso central y del cerebro en unión con las influencias del medio ambiente. Los mercados globales altamente competitivos exigen hoy una herramienta que no asegura la creación de valor pero que resulta imprescindible: la planificación estratégica.

Los líderes de negocios, gerentes de TI y profesionales de recursos humanos deberían centrarse en algunas recomendaciones para entender mejor las diversas necesidades de sus empleados, así como proporcionar los medios y la tecnología adecuada para que puedan ser más productivos.

Algunas de las recomendaciones para el nuevo modelo de TCR son:

- Trabajo basado en actividades: proporcionar la tecnología adecuada para el trabajo, lo que puede significar múltiples dispositivos.

- Acceso integrado: ofrecer acceso transparente a los datos y aplicaciones desde cualquier dispositivo, en cualquier lugar y en cualquier momento.
- Seguridad: no solo garantizar que todos los dispositivos BYOD (*bring your own dispositive*, en español: trae tu propia tecnología) sean conocidos y asegurados sino también que el acceso a la información y su gestión sean seguros para el usuario.
- Entornos diversos: las innovaciones en la tecnología continúan avanzando, cada vez más la gente elige cuándo y dónde cumplir con sus obligaciones profesionales, por lo que los empleadores deben proporcionar las herramientas para que los trabajadores sean eficaces en el entorno preferido. Para aquellos que no cuentan con flexibilidad, proporcionarles una variedad de espacios de trabajo para que cumplan con la tarea en cuestión, como las denominadas *ofiteles* u oficinas de trabajo conectado remoto.

CAPÍTULO V

TRABAJO CONECTADO REMOTO (TCR)

1. Mitos y realidades del TCR. Diferencias con el teletrabajo

Con motivo de la salida de mi libro *La oficina en casa. Mitos y realidades del teletrabajo*,[54] en un reportaje publicado en el diario *Clarín*, el 16 de noviembre de 2013, se me preguntaba sobre qué había pasado con esos mitos, visualizados con el primer proyecto de ley de teletrabajo, desde el año 2003. Entonces, explicaba que la posibilidad de tener la oficina en casa ha recorrido un largo camino, que por aquellos años era una realidad para dos millones de personas en la Argentina, algo así como el 12,5% de la fuerza laboral. Pero trabajar desde el hogar, manejando el tiempo propio sin cumplir horarios fijos, sigue siendo un desafío, tanto en el sector privado como en el sector público de nuestro país. Todos somos conscientes de que su aplicación implica una mejora en la vida, que facilita la conciliación de lo laboral con lo personal, que permite ahorrar en gastos y en los "tiempos muertos" que significan los traslados. Desde el punto de vista de las empresas, asegura que puede disminuir costos, mejorar la productividad y el clima laboral a partir de un programa puntal de teletrabajo o de TCR. Sin lugar a dudas, constituye un cambio cultural, un

---

54 Díaz, Viviana L.: *La oficina en casa. Mitos y realidades del teletrabajo.* Kapelusz, Norma, Buenos Aires, 2013.

nuevo paradigma que requiere adaptarse a la tecnología desde su lado más humano.

Desde 2011 el teletrabajo logró instalarse, por ejemplo, en la Sindicatura General de la Nación (SIGEN), en el Instituto Nacional de Tecnología Industrial (INTI) y en el Ministerio de Trabajo, Empleo y Seguridad Social de la Republica Argentina, así como en diferentes organismos públicos provinciales y nacionales. En el sector privado, puntualmente en empresas de tecnología, en las áreas informáticas, administrativas, y cada vez más expandido a otras posiciones en diferentes sectores de la industria. Por ejemplo, caso paradigmático es el del sector petrolero: todos los trabajadores encargados de medir la densidad del petróleo en los pozos, para quienes antes constituía un trabajo insalubre, hoy lo pueden hacer mediante su dispositivo móvil, ya sea desde su casa o desde cualquier otro lugar.

"¿Teletrabajas? ¿Y eso qué es? ¿Puedes pasar todo el día en pijama? ¡Qué idea tan genial! ¿Puedes organizarte como quieras y compaginarlo con tu vida familiar?". Las respuestas asoman en una variedad de posibilidades que por cierto tienen una cuota necesaria de orden y autogestión. Pero lo importante es que hoy el teletrabajo es una opción que busca una mejor conciliación entre la vida laboral y la familiar, y que fomenta que el trabajador cumpla los objetivos dispuestos. ¿Pero cómo es la realidad del trabajo desde la casa? Resulta interesante compartir el informe de la Fundación Universia, publicado el 21 de marzo de 2017 en la página web Xataka, donde se destacan los múltiples beneficios que aporta el teletrabajo:

Para los trabajadores:

- Mejora la calidad de vida y la empleabilidad.
- Posibilita el ahorro de dinero y del tiempo de traslado.
- Facilita la inserción de grupos vulnerables.
- Permite mayor tiempo para actividades extralaborales.
- Disminuye el estrés y mejora el clima laboral de los equipos de trabajo.
- Concilia la vida familiar con la laboral.
- Facilita la continuidad en el trabajo a la mujer luego de su licencia por embarazo.

- Permite que las mujeres en período de lactancia puedan amamantar.

Para los empleadores y la sociedad en general:

- Sirve como alternativa ante situaciones de catástrofes naturales o pandemias para evitar la interrupción de la cadena de producción.
- Aumenta la productividad de la organización.
- Contribuye a la mejora del medio ambiente, por la reducción de la emanación de gases de efecto invernadero causantes de la contaminación ambiental.
- Incide en la reducción de los accidentes vehiculares cuyos valores pandémicos lo convierten en una de las principales causas de muerte a nivel mundial.
- Reduce los accidentes *in itinere*.
- Disminuye los gastos de infraestructura edilicia, y con ello el costo financiero y económico que implica el alquiler de inmuebles en las ciudades.
- Evita el desarraigo, al facilitar el trabajo en las zonas rurales y no tener que emigrar a la ciudad.

Pero ante todas estas ventajas debemos también considerar algunos riesgos encubiertos, como por ejemplo el trabajar más que en un horario fijo por la absurda culpabilidad de sentir que siempre "podrías ir adelantando" algo del trabajo pendiente. A esta "culpa" podríamos agregarle cierta sensación de aislamiento del resto de los trabajadores por la falta de contacto personal, o la ausencia de la denominada "radio pasillo" que forma parte de cada puesto laboral, aunque por supuesto las reuniones se realicen de manera telemática.

Los mitos más comunes sobre el teletrabajo provienen en general de quienes desconocen este tipo de modalidad, y son expresiones tales como "qué suerte, puedes aprovechar para hacer otro emprendimiento" o "si no te ve el jefe seguro que trabajas menos", así como "vas a quedar sin empleo si no te ven en la empresa", o "el sindicato no te va a poder defender si estás en tu casa". Todas estas advertencias podrían haber tenido algún viso de realidad hace veinte años, pero en la sociedad del cono-cimiento donde vivimos, con una tecnología que atraviesa todas las relaciones laborales y una imperiosa necesidad de mejorar la empleabilidad, y al mismo tiempo reducir los costos laborales superfluos, deviene como sin fundamento. El teletrabajo implica gestionar y administrar el propio tiempo destinado a trabajar de forma conectada desde la casa y, particularmente en Argentina, manteniendo la misma jornada laboral.

Ahora bien, ¿cuál es la diferencia entre el teletrabajo y el TCR?, pregunta reiterada por todos los que consultan al no existir una normativa particular. Ciertamente, como ya se dijo en esta obra, el género es el trabajo conectado remoto, el tele-mático, por lo que resulta imprescindible desentrañar cuál es su concepto.

La palabra telemática, acuñada en Francia (*télématique*), pro-viene de la fusión de los términos telecomunicación e informática, y es la disciplina científica y tecnológica que analiza e implemen-ta servicios y aplicaciones que usan tanto los sistemas informáti-cos como las telecomunicaciones: por ejemplo, cualquier tipo de comunicación a través de Internet.

La telemática cubre un campo científico y tecnológico de una considerable amplitud, que abarca el estudio, diseño, ges-tión y aplicación de las redes y servicios de comunicaciones para el transporte, almacenamiento y procesamiento de cualquier tipo de información, inclusive el análisis y diseño de tecnologías y sistemas de conmutación. Su origen se remonta al año 1976, particularmente al informe encargado por el presidente francés y elaborado por Simon Nora y Alain Minc, y distribuido con el título *Informatización de la sociedad*, en el que se daba una visión increíblemente precisa de la evolución tecnológica futura. El In-forme Nora-Minc, publicado en diciembre de 1977 por ambos autores, trata sobre la informatización de la sociedad, y allí se utilizaba el concepto de telemática y describía la puesta en mar-cha de la red Minitel. La edición de este informe fue un éxito en Francia.

En los países anglosajones también existe la disciplina telemá-tica, que es denominada como *Computer and Communications* (en español: Computadora y Comunicaciones) o *Compunication* (concepto acuñado por Wen Gao[55] en su artículo "Compunication: From Concept to Practice"). Pero mientras Francia ponía claro énfasis en las telecomunicaciones como motor de su transformación social en los años 70, Estados Unidos vivía la gran Revolución de la Informática, por eso el concepto *Compunication* (computadora + comunicación) apunta a un modelo con mayor relevancia de los sistemas informáticos; en tanto que telemática (*télématique*), por su parte, da un mayor énfasis a la telecomunicación en sí. En la actualidad, esta diferencia de origen se ha perdido, ya que esta disciplina científica y tecnológica ha convergido por completo a nivel mundial, para formar un único cuerpo de conocimiento bien establecido, naciendo de esta forma el actual significado de la telemática.

El trabajo telemático o TCR se circunscribe al conjunto de actividades realizadas con el objetivo de alcanzar una meta, solucionar un problema o producir bienes y servicios para atender las necesidades humanas realizado a través de las TIC. Es decir, que sin la intermediación de la telecomunicación y la informática no se da esta modalidad laboral, y sin el concepto de distancia, tampoco cabe su aplicación. Con lo cual resulta que el teletrabajo es una especie dentro del TCR, que comparte sus mismas características generales y que son:

a) Se trata de una modalidad laboral.
b) Se realiza en forma autónoma o asalariada.
c) Requiere siempre la intermediación de las TIC.
d) Se ejecuta a distancia, esto es: en un lugar diferente del lugar de prestación de la tarea.

Ahora bien, cuando ese lugar diferente de prestación es el domicilio del trabajador, será teletrabajo; cuando ese lugar diferente de prestación es un domicilio ajeno al empleador (conforme el proyecto de ley de teletrabajo en relación de dependencia y el PROPET –Programa de Teletrabajo para el Sector Privado en

---

55 Gao, W.: "Compunication: From Concept to Practice", publicado en COMPSAC '97 Proceedings of the 21st International Computer Software and Applications Conference, August 11-15, 1997, pág. 224.

la Argentina)–, es también teletrabajo. Sin embargo, en este último punto cabe aclarar que podría trabajar conectadamente y en forma remota desde una sucursal del mismo empleador, en este caso sería TCR pero no teletrabajo. La diferencia para la terminología utilizada en Argentina, en el marco del trabajo asalariado en relación de dependencia, reside en el concepto de ajenidad; si el lugar desde donde trabaja es ajeno al empleador (sea el domicilio del trabajador, el de un familiar, amigo, oficina de un tercero, siempre que no sea propietario el empleador) se trata de teletrabajo, de lo contrario es TCR.

Para el resto del mundo, la diferencia de la ajenidad no existe, en cuanto que el teletrabajo engloba en forma genérica a cualquier modalidad que implique trabajar a distancia a través de las TIC. En España, por ejemplo, en 2012 solo un 16,2% de las empresas tenían empleados que al menos realizaban media jornada semanal en forma remota. Ese mismo año, en la Unión Europea, un 56% de compañías con 10 o más empleados daban esa opción. En 2012, el proyecto Teledislab de la Fundación ONCE y la Fundación Universia buscaba fomentar la integración laboral de personas con discapacidad a través de las tecnologías de la información y la comunicación. A partir de aquel momento, y en vistas al 2022, se elaboró el Libro Blanco de Teletrabajo, que se aloja en la plataforma de Teledislab, destinado a enmarcar legalmente el ejercicio del teletrabajo en España (Real Decreto Ley 3/2012, que modifica el artículo 13 del Estatuto de los Trabajadores).

La gran base del teletrabajo en Europa es sin lugar a dudas el Acuerdo Marco Europeo que lo describe como un tipo de prestación que utiliza las tecnologías de la información y la comunicación on-line con el empleador y/o el cliente, y se realiza desde lugares remotos o alejados de la empresa u organización con la que se tiene vínculos contractuales.

El teletrabajo en España se fue extendiendo cada vez más. Según datos del Monitor Adecco de Oportunidades y Satisfacción en el Empleo de 2016, un 6,6% de la población ocupada en 2015 trabajaba desde la casa, ya fuera ocasional o diariamente, y esos datos habían caído con respecto al máximo alcanzado en 2013, cuando se registró un 7,5%.

Los teletrabajadores coinciden en que esta modalidad laboral permite a las empresas contratar a los mejores, estén donde estén, y mejora la calidad de vida de los empleados, incluso si reparten su semana entre días de trabajo en la oficina y en casa. Sin embargo, uno de los factores que dificulta la expansión del teletrabajo sin lugar a dudas es una mentalidad heredada de tiempos pasados que privilegiaba la presencia del trabajador en su puesto de trabajo, una relación laboral basada en la presencia física y no en el cumplimiento de objetivos. Nuevamente, el desafío es un cambio cultural donde la confianza defina el trabajo colaborativo.

Tanto en el trabajo autónomo o trabajo independiente, que es aquel en que un individuo ejerce su actividad como un profesional libre; es decir, que no está vinculado o sujeto a ningún empleador, se puede trabajar en forma conectada y remota haciéndolo externamente a las instalaciones de la empresa o empleador o cliente para el cual se prestan los servicios. No solo se puede trabajar desde la casa, sino desde cualquier otro sitio que tenga conexión a Internet, lo importante es hacerlo desde la denominada zona de confort.

Pero, ¿por qué en Argentina hay una diferencia tan marcada? La respuesta se encuentra en los antecedentes del teletrabajo en nuestro país. En primer lugar, el temor de que se tratara de una modalidad abusiva que siguiendo el modelo de los años 90 convirtiera a los trabajadores en víctimas, esclavos de la tecnología como en aquel momento lo fueron los operadores de call centers. Luego, la férrea oposición de los sindicatos que a la hora de negociar su inclusión paritaria exponían toda clase de argumentos más cercanos al desconocimiento que a una cuestión ideológica y protectora de los trabajadores, y finalmente por la falta de una política pública clara que lo utilice para disminuir los costos laborales con ventaja para los trabajadores y empleadores.

2. Perfil del trabajador conectado remoto

En este punto cuento con las valiosísimas experiencias del doctor Alberto Fantini, abogado, especialista en recursos humanos, consultor de empresas y de la OIT en materia de TCR y que comparte en esta obra sus conocimientos.

La gestión del talento en las organizaciones atraviesa un proceso de cambios profundos. Los motores que impulsan este nuevo escenario son la digitalización, una fuerza de trabajo en plena transformación y el impacto de la automatización y la robótica.

Al mismo tiempo, la escasez de talento obliga a muchas empresas a competir fuertemente para atraer y retener el talento que necesitan.

¿Qué se espera en el futuro inmediato, a medida que estas fuerzas convergen en 2018 y las nuevas tecnologías se renuevan continuamente?

Numerosos trabajos e investigaciones concluyen que la última generación incorporada al mercado de trabajo, los *millennials* o Generación Y, representa un desafío para las organizaciones, pues generan fuertes cambios en el entorno laboral y comprometen a las empresas a considerar sus características particulares en aras de una estrategia superior, cual es la de incorporar y retener a los más talentosos y creativos.

En una investigación cuantitativa, "Las carreras de los *millennials*: visión 2020",[56] realizada en 25 países y para la cual se encuestó a 19.000 jóvenes, incluidos 8.000 empleados asociados a Manpower Group y más de 1.500 de sus gerentes de RRHH, se les preguntó: "¿qué buscan en un puesto de trabajo y qué beneficios les interesan para mantenerse con un empleador?".

El objetivo del trabajo era entender cuáles eran sus diferencias con respecto al resto de la fuerza de trabajo, a qué desarrollo aspiraban y qué factores influían en sus decisiones. "Los resultados de la encuesta indican que la dinámica del mercado laboral está cambiando velozmente, las competencias requeridas para un buen desempeño cambian, impulsadas por el progreso tecnológico y la globalización y también que la brecha entre las competencias que tienen las personas y aquellas que requieren los empleadores aumenta."

---

56 http://www.manpowergroup.com.ar/files/00004/00628_MG_GiggingResponsibly_Argentina.pdf

Algunas conclusiones que menciona la investigación es que las empresas tienen que encontrar el talento en nuevas fuentes, así como desarrollar y mantener comprometida a su gente.

Al mismo tiempo, está cambiando lo que las personas quieren. Están trabajando durante más tiempo, aprendiendo más y buscando un mejor equilibrio entre trabajo y vida personal. No todos quieren ser empleados de tiempo completo, y las organizaciones tampoco quieren que lo sean.

Surgen empleos alternativos que difieren de los tradicionales, o bien surgen nuevas modalidades de trabajo o formas distintas de contratación. Se observa que quienes están buscando empleos con modelos flexibles o no tradicionales están creciendo significativamente.

Señala el estudio que "las empresas necesitan entender mejor cómo quieren participar las personas, dónde las pueden encontrar y qué es lo que quieren". La flexibilidad, responsabilidad y seguridad en el empleo cambia. Los empleadores necesitan convertirse en constructores de talento y no solo ser oferentes de trabajo. Las personas deben fortalecer su capacidad de aprendizaje y desarrollar competencias demandadas actualmente para mejorar "su empleabilidad en el futuro".

Expresa Jonas Prising, chairman y CEO de Manpower Group, que "en un mundo de cambios acelerados, serán las competencias y los nuevos modelos de trabajo los que proveerán seguridad de carrera, oportunidades de crecimiento y el éxito de las personas y las naciones por igual".

En la Argentina, una investigación llevada adelante por el Consejo Nacional de Investigaciones Científicas y Técnicas (CONICET) y la Universidad Argentina de la Empresa (UADE) señala que una de las quejas más recurrentes por parte de las organizaciones empresariales se relaciona con el alto nivel de rotación y poca fidelización de sus jóvenes profesionales.

Por un lado, las empresas buscan personas con actitud, proactivas, fieles, comprometidas y con disposición para implicarse en los proyectos laborales; a su vez, los jóvenes demandan propuestas desafiantes, ámbitos de realización y equilibrio entre vida personal y trabajo. La investigación revela que cuando los *millennials* evalúan un empleo "privilegian los horarios flexibles y el tiempo libre, el trabajo en equipo y las nuevas experiencias, no les interesan los ascensos paulatinos, van de un empleo a otro y son, principalmente, fieles a sí mismos. Estas características conllevan una falta de fidelización que es fuente de serios problemas para las empresas".

El trabajo es un medio para su desarrollo y la tarea a encarar tiene que ser interesante y creativa. Estos factores explicarían por qué van de un empleo a otro sin dar demasiadas explicaciones cuando se les ofrece mayor salario, más tiempo libre o actividades más interesantes. Parecería que los jóvenes de esa generación privilegian la estabilidad en la empleabilidad por sobre la estabilidad en el empleo.

Desde fines del siglo pasado tanto en Estados Unidos como en Europa se desarrollaron teorías y estudios acerca de las características de esta generación, y a pesar de las diferencias de enfoques y de intereses, los distintos estudios coinciden en atribuir un conjunto de características generales a los *millennials*, afirmándose que provienen de una niñez con múltiples actividades y horarios, educados en una cultura cliente-proveedor que ha marcado sus vidas y estilos de consumo. Son jóvenes nacidos en un contexto social con muy fuerte presencia de las nuevas TIC, que utilizan los dispositivos productivamente y consideran que las computadoras son un producto tecnológico para trabajar, pero también social, una parte de la vida cotidiana. Les resulta vital estar conectados 24/7 y los medios tecnológicos no son solo un mecanismo de comunicación sino también de socialización, según las conclusiones de la investigación CONICET-UADE. Frente a este panorama, en el presente laboral se destacan algunas características:

a) No se advierte en los estudios e investigaciones precisión alguna en los próximos 5 o 15 años sobre un equilibrio entre los puestos de trabajo y las funciones que desaparecerán por las nuevas tecnologías y los que surgirán gracias a ellas.

b) Pobre preparación de muchos jóvenes al finalizar la escuela secundaria y los estudios universitarios para enfrentar los requerimientos de las empresas, y una falta

de articulación entre lo que demandan las empresas y lo
que ofrecen las universidades e institutos de educación.
c) Serias dificultades en el mercado laboral para incorporar a los más jóvenes en las organizaciones.
d) Una generación que no tiene estabilidad con respecto
al trabajo y repentinamente adopta la decisión de buscar nuevos horizontes.

La situación actual ubica a estos jóvenes entre la flexibilidad de horarios, de trabajo y de jefes, en atención a sus intereses
personales, y la flexibilización de condiciones y derechos. El otro
aspecto tiene que ver con la relación de fidelidad con las empresas. Siempre es un inconveniente y significa costos para las
organizaciones dedicar recursos a la contratación y capacitación
de trabajadores jóvenes que a los pocos años se van y obligan a
la rotación permanente del personal. Así, a las empresas e instituciones les lleva mucho más tiempo desarrollar trabajadores estables, con experiencia, que generen vínculos estrechos con sus
colaboradores. Parecería que, en relación con el trabajo, se trata
de una generación que en lugar de buscar un puesto para toda
la vida visualiza carreras profesionales con opciones cambiantes
y pausas regulares.

Desde hace más de una década se viene señalando, en el
marco de la OIT, una constante preocupación sobre la necesidad
de propiciar trabajo decente para la población joven, resaltando
la necesidad de crear mejores condiciones laborales para ese sector; sin embargo, la realidad alcanzada y sus logros son limitados.

El mercado laboral para la población joven se reviste de una
mayor cantidad de exigencias, en términos de capacitación, formación, conocimientos y habilidades, pero hay, por otra parte, una
dura realidad que acompaña, y es la que se observa en los datos
de desempleo y limitaciones para acceder a un empleo decente.

Es necesario posicionar la discusión sobre el desempleo
de la población joven, con miras a mejorar las condiciones y
las posibilidades para acceder a un trabajo en buenas condiciones. Esa investigación debe cruzarse también con la diversidad
de desigualdades que atraviesa la condición de juventud, pues

el escenario es más adverso cuando se consideran otros factores o características, como son: las de género, las económicas y las capacidades diferenciadas. No es lo mismo ser joven y mujer, ser joven y vivir en condición de pobreza, ser joven y usuario de una silla de ruedas.

Los gobiernos y los actores sociales deben buscar formas de armonizar esta relación mediante propuestas más interesantes y fortaleciendo las estrategias de aprendizaje continuo y permanencia, como también planificar nuevas propuestas para el retiro y la jubilación, considerando que será una generación más longeva, y a fin de no repetir las situaciones que hoy padecen las generaciones anteriores.

Esta riqueza generacional es un activo importante de las compañías y lógicamente las expectativas de cada generación son muy diferentes, por lo que la variable de edad debe gestionarse de manera planificada y, en especial, rechazando mitos o estereotipos.

Los prejuicios sobre la edad se asocian con los jóvenes, pero también con los mayores de 45 años, a quienes se les atribuye falta de flexibilidad, que se agudizan sus problemas de salud, que no están actualizados con la tecnología o que tienen poca iniciativa. En el caso de los menores de 30 años, se piensa que sin una experiencia dilatada no pueden crear o generar de manera disruptiva proyectos de desarrollo de negocios. Estas creencias no son reales y se generalizan basándose en casos particulares o en intuiciones no sustentadas por evidencias empíricas. Es la hora de gestionar la variable de la edad desde una perspectiva integradora y global que permita desarrollar políticas adaptadas a las diferentes expectativas de cada generación.

3. Cómo impacta la digitalización y cómo afrontar los desafíos

El nuevo entorno digital repercute fuertemente en el mercado laboral, de manera tal que llega a modificar los procesos productivos, desaparecen puestos de trabajo, surgen nuevos, aparecen nuevas funciones, se crean modalidades de trabajo, nuevas formas de contratación y se desarrollan competencias a fin de encarar en forma eficaz y eficiente esos nuevos retos. Este escenario obliga a adaptaciones y cambios en la cultura y mentalidad de los gobiernos, de las empresas, de las organizaciones sindicales y de la ciudadanía, de modo que el "aterrizaje" en este nuevo mundo al que nos transportan las tecnologías sea más confortable, permita un mejor proceso de adecuación de todas las generaciones involucradas en el mundo del trabajo y a la vez contribuya a no desviarnos de la meta de mejorar la equidad e inclusión educativa, laboral y social.

El mundo digital torna el ámbito laboral imprevisible y muy competitivo, de modo que es necesario proporcionar a las nuevas generaciones las competencias para operar en realidades que aparecen desdibujadas.

Es necesario prepararse para afrontar los cambios continuos que se observan en la realidad, considerando también el encuentro con la diversidad generacional, de género y cultural presentes en cualquier país y organización. Acumular contenidos parece ser una herramienta no adecuada para las generaciones más jóvenes. La exigencia es capacitarlas para interpretar situaciones nuevas y que movilicen con criterio todos los recursos a su disposición. Lo que define la competencia es su orientación a la acción, pero no a una acción repetitiva sino a una acción creativa. Para lograrlo, la capacitación en el trabajo debe estimular una reflexión acerca del proceso mismo de su elaboración.

La capacitación en el trabajo debe convertir a las organizaciones en verdaderos laboratorios de generación e intercambio de conocimientos y experiencias, en los que más que transmitirse, los saberes se desarmen y se los vuelva a elaborar.

La preparación y entrenamiento del capital humano debe adoptar formas cambiantes, adaptarse a las exigencias de aprendizaje que imponga cada proyecto, cada problema o cada desafío sobre el que se intente trabajar. Se aprende a ser creativo creando; a investigar, investigando; a ser emprendedor, ensayando emprendimientos; a solucionar problemas, enfrentándose con desafíos de solucionar problemas, y así sucesivamente. Los trabajadores deben aprender a producir el conocimiento, dejar de ser pasivos consumidores y repetidores para convertirse en productores de conocimiento.

En síntesis, la capacitación del capital humano debe ser constante y continua, los más jóvenes en las escuelas y universidades, y los que ya ingresaron al mundo del trabajo en un itinerario de aprendizaje que les permita afrontar los desafíos, los conflictos y los problemas de nuestro tiempo.

Dada la asociación inescindible entre educación y trabajo, para las actuales y futuras generaciones de trabajadores las tecnologías digitales son herramientas imprescindibles en el desarrollo de sus actividades. No hay sector de la economía, la ciencia, la medicina, la industria y las actividades en general que aspire a progresar sin una fuerte presencia de las TIC, que se han incorporado e impactan con sus ventajas y beneficios. Cada vez más la política de aprovechamiento de las tecnologías digitales es concebida como una política de Estado. El mundo está viviendo una verdadera Revolución Tecnológica y las soluciones a los problemas y desafíos que se presentan no pueden prescindir de las nuevas TIC, convertidas en herramientas colaborativas de la humanidad.

La adopción de cambios organizativos basados en la incorporación de nuevas modalidades de trabajo y nuevas formas de contratación se asocia a la penetración de las TIC en las organizaciones públicas y privadas.

El informe de la investigación llevada a cabo por la OIT y la European Foundation for the Improvement of Living and Working Conditions (Eurofound) define el *telework* como "el uso de las tecnologías de información y comunicación –como teléfonos inteligentes, tabletas, laptops y computadoras– con el propósito de trabajar en instalaciones ajenas al empleador".

"De todas maneras, no hay consenso sobre una única definición, se utilizan distintas definiciones dependiendo del lugar de trabajo, la intensidad en el uso de las TIC y la distribución de los tiempos entre la oficina, el domicilio del trabajador u otra ubicación."

El TCR es una modalidad laboral que se ha incorporado al mercado de trabajo, y su contribución y potencialidad de desarrollo es muy significativa. Dado que la educación, la formación profesional y la capacitación son recursos fundamentales para mejorar la equidad y la inclusión laboral y social, muchos países y organizaciones aprovechan el potencial que brindan las tecnologías digitales para mejorar y modificar los procesos de formación y aprendizaje, produciéndose cambios de relevancia en los escenarios educativos que en poco tiempo impactarán en el laboral.

Muchos puestos de trabajo pueden desarrollarse gracias a las TIC, en cualquier locación que posea conectividad, desapareciendo la necesidad de colocarse en un determinado espacio físico denominado establecimiento, oficina, planta, etc. Las personas pueden estar trabajando en aeropuertos, hoteles, cafeterías, etc. Según la perspectiva y la forma como se utilice esta modalidad, puede tener aspectos positivos o negativos. Para algunos es necesaria la creación de un marco jurídico específico que la contenga y permita, a partir de sus específicas características, definir las condiciones de su desarrollo y su empleo, evitando los errores o abusos que se cometieron con otras modalidades y prácticas laborales, que finalmente fueron desnaturalizadas y derivaron en formas de precarización del trabajo.

En ausencia de un marco legal regulatorio, también puede apelarse a la responsabilidad de empleadores y sindicatos para que regulen la materia del TCR en los convenios colectivos de trabajo y, en ausencia de estas dos alternativas, la presencia de una norma de buenas prácticas del TCR que permita a un tercero imparcial evaluar y certificar a las organizaciones públicas o privadas que tengan implementado el TCR y que voluntariamente deseen acreditar frente a sus trabajadores, proveedores, contratistas, gobiernos, clientes y consumidores en general que, en la materia, aplican las mejores prácticas del mercado.

Son múltiples los beneficios que esta modalidad brinda tanto a los trabajadores como a las empresas, mencionando entre ellos: mejorar el equilibrio entre la vida laboral, personal y familiar; reducir los desplazamientos en distintos medios de transporte en las ciudades, con la consiguiente disminución de la contaminación ambiental y beneficios para el tránsito vehicular; mejorar la calidad de vida al reducir el nivel de estrés por la menor cantidad de traslados; generar un significativo ahorro de tiempo y dinero a trabajadores y empleadores; reducir la migración del campo a la ciudad, y actuar como prevención en situaciones de pandemia y catástrofes naturales.

Si bien su difusión y aplicación se halla muy expandida en muchos países, y reconocidos sus beneficios, existen factores que parecerían inhibir un mayor desarrollo del TCR, tales como las culturas de trabajo en algunos lugares o los sistemas de producción en otros.

Una de las barreras que puede afectar a su empleo es la exigencia de habilidades específicas para su uso efectivo, lo que también demanda una capacitación previa especial para algunos grupos de trabajadores.

En España reportan este tipo de inconvenientes y en el Reino Unido, por ejemplo, surgen argumentos alrededor de la flexibilidad laboral que sugieren que, sin una política de la empresa, aspecto al que nos referiremos más adelante, y la presencia de personas con las habilidades y competencias requeridas por el TCR, se dificulta a los empleadores la implementación de la modalidad.[57]

No obstante ello, es indudable que la flexibilidad en cuanto al espacio y tiempo en el cual se trabaja tiene efectos positivos en el desempeño de los trabajadores y en su productividad. Su incorporación en una organización representa un cambio tecnológico y cultural tal que implica un escalón superador al motorizar una gestión diferente que contribuye a mejorar el desempeño, tanto individual como de la organización.

Es esencial que la adopción de la modalidad sea una decisión estratégica de la organización, que movilice a toda la organización en un cambio cultural con fuerte desarrollo y capacitación de las habilidades requeridas por el TCR, tanto en los colaboradores como en los niveles de supervisión y gerenciales. También clave es el seguimiento y monitoreo de las prácticas y

---

57 http://www.ilo.org/wcmsp5/groups/public/dgreports/dcomm/publ/documents/publication/wcms_544138.pdf - Working anytime, anywhere: The effects on the world of work - Joint ILO-Eurofound report

políticas que se van estableciendo, con un riguroso análisis de las dificultades e inconvenientes, mediante la generación gradual de un sistema mixto de TCR y presencial, respetando en ambos casos la extensión de la jornada de trabajo.

La economía digital, la innovación, la inteligencia artificial, la robotización, la impresión 3D y otros avances tecnológicos contribuyen a producir cambios estructurales en el mercado de trabajo y redefinen las tareas que se realizan en nuestras economías.

La historia ha demostrado que el cambio tecnológico genera mejoras en la calidad del trabajo y no forzosamente provoca una pérdida en la cantidad global de empleos. Nadie puede afirmar con precisión cuál será el balance futuro entre puestos que se eliminan y puestos que se generen, desconociéndose muchos trabajos nuevos que se desarrollarán en los próximos cinco años, y muchos que hoy estamos desarrollando ya no existirán. Liderada por la digitalización, la actual Revolución Industrial supone una oportunidad de crear más y mejores empleos. Si bien la historia muestra antecedentes positivos, algunos tienen razones para creer que la presente Revolución podría ser distinta. El argumento es que el cambio tiene un ritmo más acelerado, razón por la cual se dispone de menos tiempo para adoptar las medidas preventivas y reaccionar oportunamente. Para algunos, lo más probable es que las actuales desigualdades se exacerben, y proponen reflexionar sobre los cambios en la distribución del incremento de la productividad que se genere.

A medida que se automaticen algunas de las tareas esenciales del trabajo se perderán aquellos empleos que impliquen acciones repetitivas. Los empleos rutinarios, repetitivos y físicos desaparecerán irremediablemente.

El fenómeno afectará más a los empleos de manufactura, pero también a los de oficina. Aquellos trabajos más difíciles de automatizar ganarán terreno, tal es el caso, por ejemplo, de tareas más complejas que requieren competencias cognitivas elevadas, competencias interpersonales, relacionales y asociadas a la creatividad.

Es posible que algunos sectores desaparezcan debido a las nuevas tecnologías, teniendo que recurrirse a su reorganización o reubicación, y es probable que en los próximos años muchos negocios y empresas deban reciclarse a fin de sustentarse.

Peter Drucker, en 1999, se refirió al "trabajador de la era del conocimiento" postulando que las sociedades modernas se desarrollarían sobre la base del conocimiento. Resaltó que "el trabajador del conocimiento no es aquel que opera con información, sino el que transforma la información en conocimiento modificando sus rutinas". Sostenía: "La productividad del trabajador del conocimiento es el mayor desafío que enfrenta el *management* en el siglo XXI. Los países e industrias que han sido líderes en el mundo en los últimos cien años son los países e industrias que lideraron el incremento de la productividad del trabajador manual... De acá a 50 años, si no mucho antes, el liderazgo de la economía mundial se habrá desplazado hacia los países e industrias que hayan incrementado la productividad del trabajador del conocimiento de la manera más sistemática y exitosa".[58]

La fuente de valor y riqueza económica no es ya la producción de bienes materiales sino la creación y manipulación de activos intangibles. Lo significativo es que esa realidad ya está funcionando y nadie puede esperar que retroceda. Lo anacrónico es que todavía se pretende gestionar las organizaciones con modelos, esquemas y herramientas propias de la segunda mitad del siglo XX cuando estamos arribando a la finalización de la segunda década del siglo XXI.

En palabras de Drucker, la mejora de la productividad exige que:

1. Nos hagamos la siguiente pregunta: ¿cuál es la tarea?
2. Impongamos la responsabilidad de su productividad a los mismos trabajadores, para lo cual tienen que tener autonomía y administrarse a sí mismos.
3. La innovación constante es parte de su trabajo, su tarea y su responsabilidad.
4. Requiere de un aprendizaje y enseñanza permanentes.

---

58 Drucker, P.: "Knowledge-Worker Productivity: The Biggest Challenge". En *California Management Review*, Vol. 41, N° 2, Winter 1999.

5. No es primordialmente una cuestión de cantidad; la calidad tiene, al menos, la misma importancia.
6. La productividad del trabajador del conocimiento requiere que sea visto como un "bien" y no como un "costo".

Estos conceptos de Peter Drucker, hacia el final del siglo XX, ayudan para acercarnos a una descripción del perfil más adecuado del trabajador conectado remoto del primer cuarto del siglo XXI.

Revisemos lo que está sucediendo en la realidad: la presencia del trabajador conectado remoto en una sociedad globalizada es facilitada por la interconectividad de Internet, que permite la proliferación de datos e información (*Big Data*), y la circulación de relaciones y transacciones (Internet de las cosas) en tiempo real y a costo tendiente a cero.

A través de la organización, los seres humanos transforman los datos en información y luego en conocimiento, y más tarde la ciencia toma el conocimiento y a través de la investigación y el desarrollo lo transforma en innovación.

En los últimos años, todas las áreas en general fueron impactadas por diversos cambios, y sin tomar clara conciencia de la fuerte evolución que se estaba produciendo comenzamos a hablar de la globalización, de la gobernanza multipolar, de las cumbres temáticas, del fin de la Guerra Fría, de la conformación de la Unión Europea, del cambio climático, del calentamiento global y otras temáticas que nos muestran las enormes mutaciones ocurridas en las últimas tres décadas.

También en el campo económico el mundo se fue transformando en un gran mercado y las crisis sistémicas son cada vez más frecuentes, en tanto que en el ámbito de las empresas surgió la gestión del cambio y, con más fuerza, la convicción de que los talentos son el factor crítico para una organización que aspira a ser exitosa y sustentable. La innovación permanente se convirtió en una condición necesaria del liderazgo y de la competitividad, y las corrientes migratorias obligan a revisar las políticas económicas y sociales, acordándose agendas internacionales que impacten en las políticas y decisiones de los gobiernos nacionales.

La administración de Taylor y Fayol, de principios del siglo XX, va cediendo espacio a una gestión más humanista que pone foco en todos los grupos de interés o *stakeholders*.

Esta nueva realidad, visionada también por Drucker como la "Era del Conocimiento y Sociedad de organizaciones", sustenta la conveniencia de revisar y ajustar ciertos paradigmas de la administración.

El "capital humano" es un factor crítico pues es poseedor del conocimiento, y el éxito organizacional dependerá de la capacidad de gestión del cambio y la innovación de la organización.

El gran desafío del empresario y del consultor del siglo XXI es enfrentar los viejos paradigmas del siglo XX, sea por necesidad o conveniencia, como problema u oportunidad; requiere que las organizaciones amplíen el foco a todos los grupos de interés en juego: inversores, accionistas, empleados, clientes, consumidores, proveedores, gobiernos y comunidad. El conocimiento es un elemento clave del éxito, y la gestión de las personas, sus competencias y talentos son una condición necesaria para alcanzar logros en forma sustentable.

Como antes se manifestó, las generaciones más jóvenes, fuertemente tecnologizadas, se instalan con su personalidad en buena parte del mercado laboral al incorporarse la Generación Y, nativos de la tecnología, y, a partir de ahora, con el ingreso de la Generación Z, contemporánea a las redes sociales, la presencia de las nuevas tecnologías será más intensa aún, aumentando de forma significativa los puestos de trabajo que habilitan la posibilidad del TCR y generando una mayor demanda de trabajadores preparados para desempeñarse con esa modalidad.

De allí la importancia de debatir las normas, políticas y acciones a adoptar en las áreas de la educación y del trabajo para minimizar los perjuicios que producirá la incorporación de las nuevas tecnologías en el ámbito laboral, e ir preparando a los estudiantes en las escuelas y a los trabajadores en las empresas para desempeñarse, bajo cualquier forma de contratación, en un sistema de gestión de TCR con las competencias y habilidades que él requiere.

Los gobiernos, los actores sociales en general, organizaciones empresariales, sindicales, especialistas, académicos, etc. son responsables de ofrecer a la sociedad un profundo debate sobre cuál es la educación y formación de la población más apropiadas para encarar exitosamente los desafíos que se nos presenten.

El mundo nos enseña que hoy ya no se trabaja para una sola empresa durante toda nuestra vida, tal como se pensaba cuando se iniciaba una carrera profesional 50 o 60 años atrás. Quien inicia su carrera profesional tiene hoy un eje diferente y es muy útil pensar en nuestros talentos únicos, trabajarlos seriamente, ponerlos en marcha y analizar cómo los damos a conocer al resto de los mortales. No todos nacimos para ser líderes, pero sí podemos estar capacitados para integrarnos a un equipo y aportar nuestras habilidades personales, sean técnicas, comerciales u organizacionales, lo cual nos permitirá ser parte de un proceso empresarial. Otras personas desarrollan distintas habilidades, más propias de un emprendedor, y ellas les permitirán desplegar su actividad por otro camino. Afortunadamente, nuestras diferencias, nuestra diversidad es la que nos permite enriquecernos como grupo y evolucionar hacia estadios superiores.

Mirar hacia nuestro interior y realizar un profundo análisis facilita el encuentro con nuestra vocación.

En los tiempos en que estamos, las habilidades técnicas continuarán siendo valiosas pero crecerá la importancia de desarrollar las capacidades que faciliten nuestro relacionamiento con otras personas. Se advierte que las empresas tienden a reducir sus estructuras jerárquicas en beneficio de organizaciones más horizontales en las que las responsabilidades se distribuyen entre trabajadores polivalentes, con capacidad para la autogestión y con gran disposición para emprender proyectos variados.

En el aprendizaje, las nuevas tecnologías movilizan nuevos conceptos y modos de aprender. Los futuros trabajadores del conocimiento deben ser capaces de actualizarse en forma permanente, de integrarse a comunidades de aprendizaje y de práctica. El aprendizaje se convierte en una actividad constante, social y compartida.

Las organizaciones demandan que sus empleados sean polivalentes, flexibles, con gran capacidad para el aprendizaje, el desarrollo de la inteligencia interpersonal, la adaptación al trabajo en equipo, la autogestión, la adquisición de conocimientos, habilidades, experiencias y criterios diversos que en las organizaciones tradicionales estaban restringidas a los niveles gerenciales y directivos. Los trabajadores conectados remotos son trabajadores de la era del conocimiento y requieren de nuevas tecnologías y espacios adecuados que les permitan desarrollar al máximo su creatividad y realizar bien su trabajo.

En las empresas el entorno de trabajo pierde importancia en la medida en que debe evolucionar, y el trabajador debe ser apoyado con nuevas herramientas tecnológicas en pos de incrementar las posibilidades de éxito en la actividad en que están involucradas y explotar al máximo la infraestructura requerida para cumplir con las metas propuestas.

Los trabajadores son integrados a equipos virtuales de trabajo que están constituidos por personas que colaboran en un mismo proyecto, comparten información, aplicaciones, recursos, aun a pesar de encontrarse en lugares geográficamente diferentes y con husos horarios distintos.

En general es un mito que si el trabajador no está en la oficina las personas se aíslan y se dificulta su contacto con los restantes colaboradores. En la experiencia con las empresas, se advierte que las generaciones nativas en la tecnología desarrollan muy cómodamente la comunicación escrita, mediante mensajes, WhatsApp, e-mails, etc., y en muchos casos se observa que sustituyen la comunicación telefónica por mensajes escritos.

El trabajador conectado remoto debe estar preparado para tomar decisiones en forma autónoma y disponer de la tecnología adecuada cuando se trata de alinear proyectos o deliberar sobre una idea. En esta cuestión es importante contar con un buen soporte técnico que salga al auxilio ante la presencia de dificultades o emergencias, aunque también es conveniente preparar a los colaboradores para que aprendan a gestionar algunas de las situaciones de emergencia que pueden preverse.

Al hablar de autonomía se piensa en una persona capacitada para fijar prioridades, que sepa discriminar lo importante y urgente de aquello que no lo es.

Peter Drucker también desarrolló la idea de la autogestión, resaltando la relevancia que adquiere la capacidad de autogestión en las personas en general y en los profesionales del conocimiento en particular. Estos trabajadores, cuya aportación principal es el conocimiento, no hacen tareas rutinarias y su principal aporte depende de su capacidad para pensar, de maneras divergente y convergente, y de su creatividad. Al final de su carrera, Drucker se centró más en el estudio de la gestión personal que en el de la gestión empresarial. Advirtió que la autogestión sería totalmente necesaria para los trabajadores del conocimiento del siglo XXI y señalaba que dado el aumento de la longevidad del ser humano y la cada vez más insegura situación de los empleos, los individuos debemos ser conscientes de cuáles son nuestros valores y nuestras fortalezas, qué podemos aportar y cómo podemos mejorar nuestro rendimiento.

Ante esta sociedad del saber "los trabajadores deben adaptarse, y aprender a gestionarse a sí mismos". Como puede verse, la dirección por objetivos pasa de ser aplicada a los mandos a ser generalizada a todos los trabajadores de la empresa.[59]

4. Nueva filosofía de trabajo y cambio cultural

En la gestión tradicional la responsabilidad corresponde a los gerentes, siguiendo el clásico pensamiento: "Yo pienso, te digo qué hacer y tú haces". El trabajador no necesita gestionarse a sí mismo pues para eso están los gerentes.

Cuando se inicia la transición del trabajo tradicional, con más contenido manual, al trabajo sustentado en el conocimiento de las personas, se abre la posibilidad de pasar del *management* tradicional, caracterizado por la gestión de las personas como recursos humanos, al *management* del conocimiento, fomentando la autogestión personal. Ese cambio en la manera de gestionar implica incorporar capacidades nuevas en las personas a través de una preparación y entrenamiento particular.

La implementación de un nuevo estilo de gestión en una organización supone un cambio y afecta muchos aspectos de ella.

---

59 Extraído de https://www.accenture.com/ar-es/insight-digital-disruption-growth-multiplier

Requiere un fuerte compromiso de los líderes de la empresa, que deben movilizar y motivar los cambios, y desde un principio un trabajo conjunto y coordinado entre las áreas de capital humano y tecnología, así como con los demás sectores de la empresa.

En este proceso, los líderes requieren de una preparación especial a fin de alcanzar su mejor adaptación al nuevo esquema. Tener presente que en muchas ocasiones son los líderes, directivos y gerenciales, quienes ofrecen mayor resistencia a los cambios que se proponen por diversas causas, tales como: temor a afrontar los cambios, inseguridad ante nuevos desafíos, carencia de las competencias y habilidades para llevarlos adelante, comodidad en la situación presente, falta de visión, etcétera.

El líder en la nueva filosofía de trabajo, en la nueva forma de gestión, tiene que tener capacidad de descubrir y desarrollar talentos, generar confianza, crear redes de relaciones, ser un buen comunicador, gestionar los cambios, crear oportunidades y motivar a sus colaboradores a que las aprovechen, saber delegar, estar atento al feedback de los integrantes de su equipo, coadyuvar a la instalación de la nueva cultura y liderar de una forma virtual, en un entorno donde el error es posible y muchas veces causa de los aciertos, pues entre sus cualidades los líderes deben saber rectificar a tiempo sus propios errores.

El liderazgo en los equipos puede ser alternativo; de allí la importancia de preparar líderes en las distintas disciplinas y especialidades. En un mismo equipo puede surgir más de un líder. Tradicionalmente, el estilo de liderazgo se asociaba a tener la información y no compartirla, e instruir a la gente para que actuase. Brindaba la información a la gente en la medida de lo necesario. Hoy, todos cuentan con la información y el líder debe contribuir al desarrollo de las personas y la conformación de un muy buen equipo de trabajo; para ello es fundamental estar cerca de la gente, conocer el terreno, dar el ejemplo, ser claro en la comunicación de los objetivos y abrir el debate con sus colaboradores sobre los objetivos que se acuerden finalmente, de manera tal que cada miembro del equipo los asuma responsablemente.

En cuanto a los ambientes, antes los lugares de trabajo eran cerrados y las estructuras verticales, hoy cada vez más los lugares de trabajo son abiertos, compartidos, y las estructuras más horizontales, de tal manera que la infraestructura edilicia facilite también la comunicación e integración.

Deben fortalecerse capacidades, competencias y habilidades que permitan incentivar el diálogo y la búsqueda del consenso, elevar en las personas la autoestima y la confianza en sí mismas, empoderar a los colaboradores de modo que puedan autogestionar proyectos y trabajar por objetivos, capacitarlos para facilitar y gestionar el cambio mediante la innovación, creando valor.

Hoy se busca trabajar en forma colaborativa y se conforman equipos interdisciplinarios, muchos de ellos funcionan por proyectos, midiéndose la labor de sus integrantes de acuerdo con el cumplimiento de los objetivos que, en forma transparente, se consensúan en el equipo, pudiendo cada uno de sus integrantes conocer los objetivos de los otros, lo que permite apreciar el encadenamiento de las diferentes metas.

Si se resuelve contar con objetivos estratégicos claramente definidos es clave saber si se va cumpliendo con lo proyectado. Por ende, un sistema de medición de indicadores de desempeño es una herramienta indispensable a ese fin. Dos conclusiones al respecto: la primera, que en el entorno competitivo en el que nos movemos es indispensable la mejora continua, e ir identificando oportunidades de mejora en los procesos, implementando las que se detecten, y en segundo término, como se dice habitualmente, solo puede mejorarse lo que se puede medir. En esta nueva forma de gestión se agrega la presencia de los llamados sistemas cognitivos, auxiliares tecnológicos que comprenden, razonan y aprenden de las interacciones entre las personas y los datos

Con la capacidad de recopilar rápidamente información a partir de grandes cantidades de datos y entregar información adaptada, los sistemas cognitivos pueden ayudar a los profesionales de capital humano a mejorar la toma de decisiones y crear formas más eficientes de interactuar con los empleados.

En las tendencias del mercado laboral mundial, si bien hay variaciones en función de cada país y su economía, hay un giro hacia los servicios. Antes había más trabajo manual, y cuando se observan sectores como el agro o la manufactura, sigue habiendo mucha gente en esos campos. Pero claramente ha habido un movimiento hacia el trabajo manual más calificado y a los trabajos de conocimientos, y se cree que mucha de la demanda futura va a estar en lo que se llaman trabajos STEM (*Science, Technology, Engineering, Math*).

Al mismo tiempo, el giro hacia los servicios implica más puestos donde cobra importancia la personalidad del trabajador, cómo son las características de cada colaborador para conectarse con los demás, para relacionarse. Son tan importantes las habilidades *soft* como las *hard*, y dado que la personalidad es un elemento que todavía no puede automatizarse, permanece presente un fuerte contenido humano.

Las compañías o grupos que realmente logren transformar sus datos en información relevante para sus clientes son los que se diferenciarán. Se habla de *Big Data*, que es muchísima información, pero hoy también se habla de *Small Data*, donde lo crucial es que esos datos se vuelvan relevantes para los clientes.

Flexibilidad y agilidad son características que demandan los trabajadores del conocimiento y así surge una nueva modalidad de trabajo: el TCR como un sistema de gestión integrado que busca mejorar la calidad de vida de las personas que trabajan en una organización, hacer más eficientes los espacios, reducir tiempos y gastos de traslados, tanto para los trabajadores como para las empresas, y mejorar aspectos que tienen que ver con el medio ambiente y con la productividad, ofreciendo a los trabajadores una capacitación integral en las competencias y habilidades que exige el mercado laboral actual y que les permite mejorar sus condiciones de empleabilidad.

Este nuevo esquema de trabajo es una tendencia mundial y tiene impacto en el medio ambiente y en la productividad, reduciendo las emisiones de dióxido de carbono y gastos de energía en relación con el primer aspecto, y en cuanto al segundo, distintas investigaciones concluyen que quienes trabajan de manera remota son más productivos e incrementan su capacidad de respuesta a demandas específicas

Hay muchos más factores a favor que impedimentos a la hora de implementar el TCR en cualquier tipo de empresa o negocio.

La tecnología pone las cosas cada vez más fáciles, y los resultados obtenidos por las empresas que lo han intentado son positivos. Los aspectos organizativos de este sistema de gestión requieren el análisis de diversos componentes relacionados con aspectos humanos, técnicos, laborales y organizativos, que deben considerarse una vez adoptada la decisión de modificar la forma de gestión y la cultura organizativa.[60]

Estas variables se relacionan entre sí de manera que el cambio en una de ellas afecta a las demás. La adopción de una nueva filosofía de trabajo o sistema de gestión de esta naturaleza representa una decisión estratégica de la compañía que afectará positivamente a los integrantes de la organización, y también a los grupos de interés vinculados a ella, como proveedores, clientes, contratistas, etcétera.

Algunos pasos imprescindibles en el desarrollo del proceso tienen que ver con los puestos de trabajo, con los perfiles de los líderes y demás integrantes de los equipos de trabajo, con el análisis y definición de los aspectos tecnológicos, con la capacitación y entrenamiento para conformar una gestión más eficiente y productiva, la preparación para trabajar en proyectos por objetivos o resultados, y la elaboración de indicadores que permitan evaluar el logro de los objetivos acordados y el desempeño de cada uno de los miembros de la organización.

Es clave la visión y comprensión de estos fenómenos que afectan al mercado de trabajo y las consecuencias que se vienen produciendo, pues, según la postura que se adopte frente a ellos, pueden generarse oportunidades o perjuicios. En los países más avanzados estos efectos se advierten anticipadamente y, más tarde o más temprano, alcanzarán a los países en estadios más atrasados tecnológica y económicamente.

De allí la importancia de aprovechar experiencias que otros ya atravesaron, teniendo en cuenta que cada organización y cada

---

60 Los resultados de las investigaciones se basan en un estudio realizado por Deloitte Global durante septiembre 2016, con casi 8.000 *millennials* de 30 países de todo el mundo. https://www2.deloitte.com/content/dam/Deloitte/pa/Documents/aboutdeloitte/2017_Millennials_Survey_Hallazgos%20ESP.pdf

país tiene sus características específicas y su propia cultura. Pero la idea central es estar atentos a un modelo de gestión enfocado a comprender el valor capital y real de las personas, que propicie la capacidad de responsabilizar a las personas de su propia gestión y teniendo presente que nuestro objetivo es la conformación de una organización productiva, competitiva y atenta a los requerimientos de todos sus grupos de interés. Crece la cantidad de empresas en las que la valoración busca una distribución equitativa de responsabilidades entre los empleados que optimice el trabajo en equipo

Se habla también del compromiso de los trabajadores y cómo los trabajadores comprometidos comparten una serie de creencias y valores que favorecen la salud de una organización, valores que pueden contribuir a la sostenibilidad y sustentabilidad de las empresas en el siglo XXI.

En este campo axiológico, el académico argentino Enrique Herrscher seleccionó de distintos autores valores que pueden contribuir a dar sostenibilidad y sustentabilidad a las empresas en el siglo XXI, señalando los "valores de la era de la administración científica, como responsabilidad, confianza, innovación, persistencia; otros más asociados a la sociedad del conocimiento, como la flexibilidad, innovación, aprendizaje y reconversión; otros más vinculados a las prácticas de la transparencia y la integridad, tales como la reputación, responsabilidad social, ejemplaridad y legalidad; competencias más relacionadas con la globalización, como globalidad multicultural, polifuncionalidad, diversidad, y las asociadas a la inteligencia emocional, como la paciencia, la resiliencia y la persistencia".[61]

La gestión del talento es determinante de la posibilidad de éxito en los negocios, y el impacto del ecosistema digital en la organización y la gestión conduce a producir cambios relevantes en las estructuras, en la gestión del capital humano y en el empoderamiento de los colaboradores, su capacitación y preparación.

En la sociedad del saber, la educación es un factor fundamental siendo imprescindible su adaptación a las exigencias de

---

61 Herrscher, E. G.: *Negocios, sociedad y valores*. Edicon, Buenos Aires, 2013.

la economía digital. Fernando Reimers, director de la Iniciativa Global de Innovación en Educación y del Programa de Política Internacional de Educación de la Universidad de Harvard, en su libro con Connie K. Chung *Teaching and Learning for the Twenty-First-Century* (*Enseñanza y aprendizaje para el siglo XXI*, sostienen que para promover cambios deben resolverse dos retos: uno adaptativo y el otro técnico. Si bien el concepto está referido a la educación puede trasladarse y aplicarse claramente a la formación y capacitación en las organizaciones. "El primer reto es asegurarse de que la formación y capacitación que reciben los trabajadores sean pertinentes en relación a las demandas que enfrentarán en el transcurso de sus vidas, más allá del trabajo."[62]

Ello incluye un replanteamiento sobre cuánto peso se les debe dar tanto a la adquisición de conocimientos tradicionales como al desarrollo social y personal de la persona. El segundo reto es técnico, ya que requiere que generemos nuevas estrategias para que el aprendizaje evolucione y sea idóneo para lograr las metas que se trazaron al resolver la cuestión adaptativa.

5. El sindicalismo que viene. El rol de los sindicatos

El sindicato es la organización creada por los trabajadores y trabajadoras para defender y promover sus derechos e intereses legítimos.

Las relaciones laborales tienen en la negociación colectiva un instrumento invalorable y la República Argentina posee una estructura de negociación colectiva que alcanza a una gran cantidad de trabajadores. El sistema cumple con una de las funciones básicas desde el punto de vista jurídico: la de elaborar normas. En muchos casos, puede plantearse la insuficiencia de contenidos relevantes de ellas, aspecto que puede estar asociado a causas, tales como los comportamientos de las partes que intervienen en la negociación, cuestiones relacionadas con la normativa vigente, el comportamiento de la autoridad de apli-

---

62 Reimers, F. y Chung, C. K.: *Teaching and Learning for the Twenty-First-Century*. Harvard Education Press, Massachusetts, 2016.

cación, políticas que pueden aplicarse ante determinadas situaciones, y otros factores.

La evolución de nuestro derecho opera a un ritmo mucho más lento que el de las nuevas TIC, y algo similar ocurre con los tiempos de adaptación de los seres humanos y de las organizaciones, que evidentemente son más lentos que la velocidad que se advierte en los cambios tecnológicos. Particularmente, el proceso de adaptación del derecho y de las políticas públicas llega cuando las TIC han evolucionado hacia otra fase, y generalmente nos encontramos con legislación debatida veinte o más años atrás, frente a tecnologías y formas de trabajo mucho más recientes.

La evolución de la negociación colectiva posiblemente esté relacionada con los cambios ocurridos en la organización del trabajo y de las empresas, que comienzan con la crisis del fordismo y la irrupción de las nuevas TIC.

Son relevantes los cambios en los últimos cuarenta años, y es necesario enriquecer los contenidos y el desarrollo de materias propias de la relación entre las organizaciones sindicales y los empleadores.

Desde este punto de vista, se advierte que en muchos casos la negociación colectiva no da cuenta de las nuevas y heterogéneas formas de producir, de las recientes funciones y puestos de trabajo, de las nuevas modalidades de trabajo; en síntesis, se trata de negociaciones que solo se concentran en adecuar y actualizar los salarios pero no se enfocan en considerar temas centrales que se plantean en las relaciones laborales actuales y que pareciera que, por comodidad o temores, ambas partes de la relación se niegan a incluir en la agenda.

Estas limitaciones no permiten que la negociación colectiva contribuya a la función más general de consolidar y expandir el diálogo social y la democracia, como sucede en otros países. El derecho colectivo y la libertad sindical constituyen un derecho humano fundamental porque es funcional a la idea conforme a la cual el progreso constante se produce a partir de la existencia de un conflicto social encauzado o susceptible de serlo, cuya solución nos acerca a una mejor alternativa de distribución.

Los cambios que se están produciendo en el mundo laboral

involucran también a las organizaciones sindicales y suponen un desafío para ellas. La invisibilidad u ocultamiento del empleador debilita aún más la posición de los sindicatos, quienes pierden a su contraparte.

En el actual debate sobre el futuro del trabajo se critica a los sindicatos por cuanto su labor y gestión continúa desarrollándose como si viviéramos en el siglo XX, por ser únicamente aptos para la relación de empleo típica, tradicional, por lo que han quedado obsoletos en cuanto a su capacidad de proteger a los trabajadores en el cambiante mundo del empleo del siglo XXI y, en particular, en la economía digital.

Los sindicatos constituyeron una eficaz herramienta de contrapeso para normalizar el trabajo, y podrán hacerlo nuevamente en el futuro. Pese a que suelen enfrentarse a un entorno hostil, los sindicatos ya han empezado a organizar a los trabajadores que forman parte de las cadenas mundiales de suministro, a los trabajadores por cuenta propia y a aquellos que trabajan en la economía digital. El punto no es que se debiliten las organizaciones sindicales sino que la cuestión radica en que deben sentarse, gobiernos y organizaciones empresariales y sindicales, a una mesa con una agenda que piense y considere fundamentalmente a los trabajadores con y sin empleo frente a los desafíos que significan los cambios que las TIC producen en el mundo laboral que, nosotros mismos, inventamos y desarrollamos.

En un contexto en el que las desigualdades son cada vez más evidentes en todo el mundo y la brecha económica y tecnológica se ensancha, al surgir nuevas formas y modalidades de trabajo, parece elemental la necesidad de llevar adelante un proceso de diálogo que contribuya a mediar en el control de los beneficios de la producción, mejorando la productividad de las organizaciones y buscando una más equitativa distribución de los resultados que de ello se logre.

Se dice que es prioritario el cuidado del empleo, pero también tiene igual prioridad, al menos, generar las condiciones que permitan crear nuevos empleos y mejorar las condiciones de trabajo y empleabilidad de los trabajadores, de modo que se vaya expandiendo la base de personas que desarrollan un trabajo formal y digno, ya sea en una situación de relación de dependencia o en forma autónoma, dependiente o independiente, para que pueda alcanzarse una más equitativa distribución de los beneficios que produce la alianza entre el capital y el trabajo.

Otro aspecto en el cual las dirigencias sindical, empresarial y política deben concentrarse es la democracia y transparencia de sus organizaciones, tanto en la vida de los sindicatos como en la de las empresas, y en su seno bregar por la libre renovación de sus autoridades.

Lamentablemente, en muchas organizaciones sindicales, como también empresariales, hay dirigentes que se mantienen durante décadas en las estructuras directivas y dificultan enormemente el proceso de renovación de la dirigencia. Un esquema más riguroso en los procesos de designación, limitando la presencia a no más de dos mandatos consecutivos o tres alternados como máximo, estimularía también el grado de participación de los afiliados en la gestión y contralor de las organizaciones.

Estos procesos de cambio exigen una reflexión profunda de gobiernos y actores sociales para crear mejores opciones frente a la Revolución Tecnológica que afectará a puestos de trabajo y dejará nuevos perdedores en el camino.

En la agenda de diálogo deben incluirse todas las cuestiones sin restricciones, buscando vías que refuercen la confianza entre los participantes, planteando los puntos a debatir con transparencia y buena fe, pues en ella se juega el futuro de muchas personas.

Un punto que no debería estar ausente en el debate es la revisión y renovación de disposiciones y condiciones previstas en los convenios colectivos de trabajo de las distintas actividades, con cuestiones que si bien tuvieron valor y fundamento en una época, hoy carecen de sentido cláusulas que representan costos muy elevados, que definitivamente no benefician a la actividad y terminan perjudicando a los trabajadores. En muchos casos pueden observarse sindicatos muy fuertes económicamente, dirigentes con patrimonios de dudoso origen y sus representados con bajos salarios o en situación de desempleo.

Hay cuestiones que deben debatirse en la negociación de los convenios de trabajo, aspectos que en otros tiempos no existían, tales como los relacionados con la evolución de la tecnología, la creación y desaparición de puestos de trabajo en los próximos cinco a diez años, las previsiones sobre la incorporación de la inteligencia artificial y la robótica, la formación y entrenamiento que requerirá la preparación de los trabajadores que tienen trabajo pero que corren el riesgo de perderlo. También la preparación de aquellos que no tienen trabajo y deben mejorar sus condiciones de empleabilidad para lograrlo; la incorporación de las nuevas modalidades o formas de trabajo, cuidando de garantizar la protección de los derechos de los trabajadores; el respeto a la igualdad de género en los salarios de las personas que desarrollan una tarea igual, así como de la representación de las organizaciones gremiales y empresariales; el desarrollo de la flexibilidad y agilidad en las organizaciones y las nuevas formas de gestión, la productividad, su más equitativa distribución en caso de incrementarse, los objetivos a lograr en un período determinado, su medición y los indicadores que se utilizarán para evaluar su grado de cumplimiento, las responsabilidades de los trabajadores, las nuevas funciones y cuantos más temas que puedan contribuir a mejorar las relaciones laborales y el futuro de las organizaciones involucradas y sus colaboradores.

El convenio colectivo es un motor en la mejora de las condiciones de vida de la población, y es un espacio muy útil para regular relaciones indeterminadas que se pueden dar entre sujetos privados, en este caso sindicatos y empresas. Por lo tanto, fracasar en una negociación colectiva extiende el daño y efectos perjudiciales al sistema político en su conjunto.

La organización del trabajo ha sido objeto de cambios radicales en los últimos decenios que dieron lugar a un trabajo fraccionado, permitiendo que las empresas redujeran sus costos de producción. Así aparecieron la tercerización, la concesión de franquicias, la subcontratación, la gestión de terceros, las cadenas mundiales de suministros y otras formas de transformación de la estructura de producción. Las TIC han sustentado esta transformación del empleo.

Una de las consecuencias de fragmentar funciones, como tareas o procesos que en algún momento se gestionaban internamente, es que las empresas ejercen un control pero no asumen la responsabilidad de las condiciones de trabajo de su red de proveedores situados en otras ubicaciones.

Algunos consideran que los marcos normativos y jurídicos deben ser revisados para que las compañías puedan conservar los aspectos benéficos de la globalización y, al mismo tiempo, cumplan sus obligaciones con las personas que trabajan. Muchos recomiendan la adopción de negociar y formalizar acuerdos internacionales, pues el capital es cada vez más móvil y cruza las fronteras, en tanto que la mano de obra sigue sujeta a las fronteras nacionales.

De allí la importancia de atender la cuestión, reflexionar y debatir los temas, resaltando la importancia de promover el diálogo social. Hay antecedentes en el ámbito internacional y en el local, incluso casos donde los acuerdos-marco o pactos sociales regularon en instancias superiores, de alto nivel, determinados contenidos prioritarios para niveles organizativos menores.

Habida cuenta de que la legislación laboral y la protección social se fijan en el ámbito nacional, transferir labores a terceros implica también que las condiciones de empleo pueden variar considerablemente a todo lo largo de las cadenas de suministro, y los trabajadores en distintas estructuras económicas pueden tener diferentes situaciones laborales.

En un reciente evento organizado por la OIT[63] se consideró que "los sindicatos deben reconsiderar el paradigma tradicional de la negociación y elaborar nuevas formas de negociación colectiva que impliquen la negociación entre el sindicato y un lugar de trabajo, en vez de un empleador o sector específico. Para sobrellevar los cambios de un mercado de trabajo globalizado es necesario que los sindicatos adopten un enfoque consensuado. Uniéndose, los sindicatos podrán tener más poder de negociación con las multinacionales y serán más capaces de empoderar a aquellos que no tienen poder. Sería recomendable emprender mayores esfuerzos para transferir una parte de los beneficios de

---

63 Tomado del informe que presenta resumen abreviado del Seminario de la Organización Internacional del Trabajo (OIT) titulado "El futuro del trabajo que queremos: Un diálogo global", celebrado en Ginebra el 6 y 7 de abril de 2017. http://www.ilo.org/global/topics/future-of-work/WCMS_570288/lang–es/index.htm

la globalización de las empresas a los trabajadores. Ejemplo de ello es el caso de los Países Bajos, donde los sindicatos negociaron exitosamente con los empleadores la formalización de contratos a tiempo parcial que incluyeran las precondiciones de igualdad de trato y acceso equitativo al sistema de seguridad social. En la actualidad se ponen a prueba varias opciones para integrar estos cambios en el sistema. Varias organizaciones recientemente creadas intentan idear maneras eficientes de alcanzar estos objetivos".

Es indudable que la sanción de las normas no alcanza y deben preverse medidas de observancia y organismos de contralor. Los consumidores también pueden desempeñar un papel importante con vistas a promover condiciones de trabajo justas para todos, incluidos los trabajadores por cuenta propia. Si los consumidores exigen productos "justos", se podría presionar a las empresas y se sentarían las bases para la creación de estructuras de trabajo sostenibles.

Las redes sociales y la democratización y velocidad de la comunicación pueden jugar también un rol relevante en la promoción de mejores condiciones de trabajo. Aunque se han tomado algunas medidas concretas para mejorar las condiciones de trabajo, quedan muchos aspectos de la globalización que deben ser abordados para lograr condiciones de trabajo decentes para todos.

Es recomendable mejorar la regulación en el ámbito del lugar de trabajo, donde coexisten varios tipos de contratos. En el lugar de trabajo las relaciones laborales se degradan y se observa una tendencia a la individualización, lo cual perjudica a la gobernanza en el mundo del trabajo.

Las organizaciones empresariales y sindicales representadas en el evento celebrado en Ginebra estuvieron de acuerdo en "que resulta esencial que todos los cambios tengan lugar en el marco de un diálogo social y en que se debe considerar la representatividad de los interlocutores sociales. La representatividad debe ser ampliada para incorporar a las empresas transnacionales y a los trabajadores no regulados o informales en el diálogo social. Al mismo tiempo, es fundamental garantizar que el empleador esté claramente definido y que no pueda desvanecerse detrás de intermediarios. Los sindicatos deben adaptarse a los nuevos desafíos y no pueden depender de lo que se ha conseguido hasta ahora. También podría recurrirse a nuevas formas de organización, que podrían resultar benéficas para los trabajadores y los empleadores, y en las que el diálogo fuera más democrático. Este tipo de iniciativas ya se está aplicando".

Se ha debatido muchísimo sobre la Revolución Industrial, el cambio de paradigma, el impacto de las nuevas tecnologías, las formas de lograr una nueva manera de pensar sobre cómo abordamos el trabajo y los nuevos modelos de gestión. Parece imprescindible ahora que nuestras reflexiones se conviertan en resultados concretos, y el diálogo social es la herramienta clave para ello, por lo que debe ser fortalecido y mejorado, para que se traduzca en nuevas políticas y acciones que conduzcan a una mejor calidad de vida para todos.

Muchos países deben enfrentar los mismos problemas, falta de empleo, subempleo, altas tasas de informalidad e innumerables personas sin protección social alguna. La flexibilización del trabajo suele presentarse como una solución para atenuar los problemas. Cierto es que puede ayudar a mejorar niveles de inversión y de generación de empleo, pero es necesario también reanalizar las opciones y encontrar soluciones que alberguen simultáneamente mejores condiciones de trabajo con mayor equidad en la distribución de los beneficios.

Muchos especialistas consideran que las transformaciones en el mercado de trabajo incrementarán las desigualdades en el futuro cercano y posiblemente el ritmo de robotización y de cambios tecnológicos se acelere, dificultando el proceso de adaptación de las personas y de las organizaciones a ellos.

Hay opiniones variadas y distintas sobre las estrategias que se recomiendan para reaccionar ante las actuales y próximas transformaciones del mundo del trabajo. Un sector propone una mirada más amplia sobre el concepto de trabajo, incluido el trabajo no remunerado, en particular el cuidado de terceros, sin restringir el concepto al trabajo remunerado. Otros proponen considerar la tecnología como un producto social, con lo cual sus aspectos negativos, como la reducción del empleo, podrían ser controlados mediante la agenda social.

Algunas naciones han creado herramientas centradas en introducir los cambios tecnológicos de manera gradual, a fin de dar tiempo a las organizaciones sindicales y de empleadores a negociar nuevas condiciones, sin dejar de mantener la garantía de los derechos de los trabajadores. También se sugiere que la OIT ayude a elaborar una norma en materia de inteligencia artificial.

Distintos países han encarado reformas laborales tendientes a flexibilizar las relaciones laborales, frente a disposiciones más rígidas y con el riesgo de mermar los derechos de los trabajadores. En tal sentido, las reformas en Alemania, Italia, España y, en 2017, en Francia, apuntan a ofrecer una mayor flexibilidad a las empresas en la búsqueda de contribuir a reducir el desempleo, particularmente de jóvenes y trabajadores menos calificados, estableciendo una política de formación.

En la Argentina, a la fecha de estas líneas, febrero de 2018, está pendiente de debate en el Congreso de la Nación de un proyecto de ley de reforma laboral que aspira a reducir costos laborales y ofrecer mayores seguridades para facilitar la inversión de las empresas. El futuro es hoy, y la realidad es que los gobiernos y los referentes sociales no pueden esperar pasivamente hasta comprobar que se pierde un determinado porcentaje de puestos de trabajo como consecuencia de la tecnificación.

El lema del diálogo global al que convocó la OIT tiene ese propósito, y de allí el llamado a hablar del "futuro del trabajo que queremos". Su director general, Guy Ryder, resaltó que "el diálogo debe ser fortalecido y mejorado, para que sea conforme a las circunstancias cambiantes del mundo. En tal sentido, propone elaborar una perspectiva mundial sobre el futuro del trabajo que aborde las necesidades y realidades de todos los Estados miembros, evitando que los debates se limiten a una u otra región únicamente"[64].

---

64 Tomado del Informe que presenta resumen abreviado del seminario de la Organización Internacional del Trabajo (OIT) titulado "El futuro del trabajo que queremos: Un diálogo global", celebrado en Ginebra el 6 y 7 de abril de 2017. http://www.ilo.org/global/topics/future-of-work/WCMS_570288/lang–es/index.htm

6. La certificación. Norma TC-2018, su valor agregado

Cuando nos preguntamos sobre el impacto y la incidencia que produce en la reputación de las organizaciones la aplicación de buenas prácticas, se advierte que el uso de las mejores prácticas posicionan a las empresas en ubicaciones de privilegio, tanto en la percepción de los consumidores como en el deseo de las personas cuando se les consulta sobre las empresas en las que prefieren trabajar.

En el caso particular de las organizaciones, podemos señalar que la reputación es un conjunto de percepciones que tienen sobre ellas los diversos grupos de interés con los que se relacionan, también denominados en inglés *stakeholders*, tanto internos como externos. En síntesis, será el resultado del comportamiento desarrollado por una empresa a lo largo del tiempo y describirá su capacidad para agregar valor a los mencionados grupos.

Según el Reputation Institute, una organización que mide la reputación de las compañías, la responsabilidad social corporativa (RSC) y la sustentabilidad son percibidas como muy importantes para los consumidores. El 87% de ellos recomienda compañías que desarrollan buenas prácticas en diversos ámbitos. Las mejor posicionadas en el mundo son Microsoft, Disney, Google, BMW, Sony, Intel y Apple, un ranking que coincide con las empresas en las que quieren trabajar los *millennials*.[65]

Una buena gestión de la reputación permite a las organizaciones adoptar con mayor confianza decisiones empresariales que generan y protegen su capital reputacional y constituyen una ventaja competitiva.

El Reputation Institute resalta que en España ocho de cada diez empresas ponen en marcha estrategias de RSC, y el 68% crea códigos de conducta en la convicción de que las empresas deben trabajar más en la evaluación y reducción de los riesgos que puedan afectar la reputación de esas compañías.[66]

---

65 https://www.lanacion.com.ar/2025938-buenas-practicas-una-realidad-que-juega-a-favor-a-la-hora-de-evaluar-una-marca.

66 https://diarioresponsable.com/opinion/24784-las-mejores-practicas-generan-los-mejores-exitos

Cada vez más se observa que las empresas optan por el camino que les asegure estar a salvo de posibles contingencias que producen las malas prácticas. De allí la importancia del desarrollo de protocolos, normas y estándares que garanticen la vía más correcta y menos riesgosa para encarar los diversos aspectos asociados a la RSC y la sustentabilidad que una organización debe considerar.

Hay muchas organizaciones que ofrecen ejemplos de buenas prácticas y optan por poner de relieve los logros obtenidos en materia de RSC. En su mayoría, son casos en los que las empresas han centrado sus esfuerzos de mejora en algún ámbito concreto, desde voluntariado hasta gestión ambiental, pero también en ámbitos que tienen que ver con sus procesos y con la calidad de sus productos, servicios o sistemas de gestión. La importancia de ello es apuntar a desarrollar una estrategia corporativa que adopte una concepción integral y holística.[67]

El hecho de que una organización decida implementar buenas prácticas en las diversas cuestiones atinentes a su producción, comercialización, procesos, etc. debe formar parte de una estrategia corporativa e incorporarla a su plan estratégico. En la práctica empresarial es frecuente encontrar casos en los que se intenta implementar una determinada estrategia sin considerar la preparación de las personas, la cultura de la empresa o la disponibilidad de una estructura que permita alcanzar los objetivos que se proponen en la estrategia.

Cuando una organización decide implementar una nueva modalidad laboral es esencial que previamente se analice una serie de aspectos que tienen que ver con la cultura de la organización, el perfil de las personas involucradas, sus competencias, las características de los puestos de trabajo, el cumplimiento de las exigencias legales relacionadas con la modalidad, los objetivos a alcanzar, los indicadores que permitan medir el grado de cumplimiento y otras cuestiones esenciales con el fin de asegurar, al momento de poner en práctica una nueva política, un resultado exitoso y satisfactorio para la organización y sus colaboradores.

---

67 https://diarioresponsable.com/opinion/24784-las-mejores-practicas-generan-los-mejores-exitos.

A tales efectos, ambas partes deben asumir una serie de compromisos que finalmente serán documentados y aprobados como una política de la empresa y respaldada por sus máximas autoridades.

El compromiso también es revisar periódicamente el sistema de gestión implementado, para asegurar el cumplimiento de esa decisión política adoptada, y las adecuaciones y mejoras que la práctica y las experiencias vayan indicando.

Se advierte la importancia que adquiere el hecho de decidir el empleo de una certificación en determinada materia de la gestión empresarial, a cuyo fin se establece una cierta metodología que conduzca a generar un marco de formalidad, pues la empresa está obteniendo, con el certificado correspondiente, el aval de su acción por parte de un organismo certificador, reconocido por una organización nacional que acredite su competencia al respecto.

Beneficios para trabajadores y empleadores

Cierto es que las tendencias cambian y que actualmente en la gestión empresarial se resalta al colaborador, se sabe que vivimos en ecosistemas de *stakeholders,* en los que unos se interrelacionan con los otros, y según las circunstancias pueden prevalecer unos sobre otros en la consideración de una organización. En los temas del campo laboral hay una referencia constante a los *millennials.* En una encuesta llevada a cabo por la firma Deloitte, publicada en 2016, fueron entrevistados 7.700 *millennials,* nacidos después de 1982, con grado universitario, empleados de tiempo completo y en su mayoría trabajando en empresas grandes del sector privado de 29 países, entre septiembre y octubre de 2015.[68]

Entre sus conclusiones se observa que los *millennials* se enfocan en la productividad y en su crecimiento personal, en las nuevas formas de trabajar, en el desarrollo de sus capacidades, a la vez que valoran y buscan flexibilidad, y el 75% de ellos prefieren trabajar desde casa u otras locaciones donde consideran que

---

68 https://www2.deloitte.com/content/dam/Deloitte/pa/Documents/aboutDeloitte/2017_Millennials_Survey_Hallazgos%20ESP.pdf

serían más productivos y lograrían un mejor equilibrio entre su tiempo dedicado a la actividad laboral y el destinado a su vida personal y familiar.

La encuesta también destaca que un 55% de los *millennials* sostiene que a la hora de tomar decisiones en materia laboral sus valores personales tienen una gran influencia, y cuando analizan los estímulos para permanecer en sus trabajos, las opciones elegidas con mayor porcentaje de respuestas fueron: el equilibrio entre vida personal y laboral: 16,8%; oportunidades de progresar o ser líderes: 13,4%; flexibilidad, teletrabajo y flexibilidad horaria: 11%; sentir que su trabajo tiene sentido: 9,3%, y desarrollo profesional, programas de entrenamiento: 8,3%.

El TCR, basado en las TIC, ofrece flexibilidad, autonomía y empoderamiento, a la vez que, en las ciudades en las que el tránsito vehicular es intenso, permite una ganancia muy significativa de tiempo, recurso habitualmente muy demandado por una mayoría de los seres humanos que aspiran a un mejor equilibrio de ese recurso.

También es cierto que muchos empleadores podrían aprovechar la modalidad para incurrir en mayores riesgos de intensificación y tiempo del trabajo y difuminar así los límites entre el trabajo y la vida privada.

Por eso, para aumentar el uso de nuevas formas de empleo que pueden tener efectos positivos en las condiciones de trabajo y en el empleo, y a fin de reducir los riesgos mencionados, la adopción de medidas como la certificación asegura el uso de las mejores prácticas de la modalidad en el mercado laboral, asumiendo las partes, empleadores, trabajadores y organizaciones gremiales, el compromiso de su cumplimiento.

Si los presupuestos públicos lo permiten, ciertos incentivos o beneficios fiscales podrían ser considerados para favorecer a las organizaciones que, una vez que haya implementada la modalidad del TCR, certifiquen ante un tercero imparcial que cumple los principios y criterios de una norma de certificación específica al TCR.

La certificación también contribuye a demostrar a todos los grupos de interés que la incorporación de una nueva modalidad laboral, como un sistema de gestión a partir de una decisión estratégica, sea vista como una garantía del compromiso de los integrantes de la organización, como un paso más de la organización en el proceso de mejora continua por su adhesión a un grupo de empresas en camino hacia la excelencia.

El proceso de conseguir y mantener la certificación ayuda a garantizar la mejora y el perfeccionamiento continuo del sistema de gestión, en tanto que el proceso de auditorías internas y externas a las que obliga la norma mejora la responsabilidad, el compromiso y la motivación de colaboradores y líderes que actúan en el sistema.

Certificar un sistema de gestión incrementa la satisfacción de los grupos de interés y es un elemento valioso en la estrategia de aquellas organizaciones que aspiren a desarrollar una práctica empresarial responsable y comprometida con actividades beneficiosas para los diversos grupos de interés con los que se relacionan, a la vez que obtienen simultáneamente beneficios económicos, sociales y ambientales y la mejora de su competitividad.

Norma TC-2018 - USUARIA

A fin de lograr la excelencia en la incorporación de la modalidad de TCR en la Argentina y Latinoamérica, la Asociación Argentina de Usuarios de la Informática y las Comunicaciones, USUARIA, desarrolló la Norma TC-2018 cuyo objetivo es describir los requisitos y prácticas necesarios para implementar un sistema de gestión de TCR, SGTCR en una organización.

Dicha norma está basada en varios principios de gestión de TCR y en sus buenas prácticas en el campo nacional e internacional.

Cualquier organización pública o privada puede solicitar la certificación del sistema de gestión de TCR a USUARIA, la que se encuentra autorizada por el Organismo Argentino de Acreditación (OAA) para evaluar si está de acuerdo con el SGTCR y con la Norma TC-2018 y, en caso de superar las dos etapas de la auditoría a realizarse, emitir el correspondiente certificado de conformidad.

Los pasos básicos a seguir son simples, y la organización que se postula a la certificación debe presentar una solicitud, debiendo responder previamente a un cuestionario de evaluación preliminar que permita determinar si la organización requirente se encuentra en un nivel de preparación que le permita afrontar las auditorías que exige el sistema y que finalmente delimitarán el grado en que el SGTCR del solicitante se encuentra alineado con los requisitos que exige la Norma TC-2018, para luego poder evaluar su eficiencia y consistencia. Una vez recibido su certificado, USUARIA continuará brindando auditorías periódicas que contribuirán a que la organización mantenga su SGTCR y a optimizarlo a lo largo del ciclo.

La certificación USUARIA de SGTCR tiene validez, a nivel nacional como internacional.

Un estudio reciente elaborado por la firma Accenture Strateg[69] expresa que "hasta el momento, solo los gigantes tecnológicos y las empresas que son nativas digitales han podido responder con éxito a la transformación digital, explotando la tecnología y desarrollando nuevos modelos de negocio basados en plataformas digitales (…) Sin embargo, las empresas tradicionales también tienen la oportunidad de convertirse en disruptores si transforman sus modelos de negocios y se benefician del nuevo entorno digital". El estudio explica cómo ajustar la inversión en los tres componentes clave que son: el talento digital, las tecnologías digitales y los aceleradores digitales, a fin de hacer más eficiente la inversión digital que se realice.

El talento digital, por ejemplo, mide elementos como la experiencia en las TIC de los empleados, así como el uso de las tecnologías digitales para facilitar el TCR. Las tecnologías digitales incluyen la conectividad móvil y la capacidad de una economía para utilizar Internet de las cosas y finalmente, los aceleradores digitales comprenden parámetros tan variados como el uso de *cloud computing*, el acceso a financiación o el nivel regulatorio de la economía.

---

69 https://www.accenture.com/ar-es/insight-digital-disruption-growth-multiplier

La decisión clave y estratégica de las empresas es aceptar el cambio notable que se está produciendo en el campo tecnológico y que nos afecta e impacta en todas las actividades. Si aceptamos el cambio producido y visualizamos el que ocurrirá en los próximos años, solo resta poner el foco en un nuevo modelo de negocios y de trabajo.

La responsabilidad de gobiernos, dirigencia política, empresarial y sindical es decisiva en la concreción del debate y la creación de un marco jurídico, pero serán los empresarios y los sindicatos los que en el campo privado, a través de la negociación colectiva, deberán afrontar los cambios que las empresas requieren para asegurar su sustentabilidad y el empleo de su capital humano.

7. Luces y sombras de la tecnología a la luz del TCR

El uso de las TIC en el trabajo, y fundamentalmente en el TCR, implica una comunión mayor entre el ser humano y la tecnología. Entonces resulta imprescindible revisar los principios de la neurociencia para lograr su utilización. Es una asignatura que requiere del manejo ético, sustentable y responsable de las TIC, con la interacción de varios componentes, como ser:

1. Reconocer que Internet incita a no reflexionar y desarrolla la atención parcial, la no meditación, por ello se requiere un estado de alerta permanente para lograr pensar y combinar la información. "Vivir conectados a Internet nos hace pensar de forma mucho más superficial", alerta Nicholas Carr en su libro *The Shallows. What the Internet Is Doing to Our Brains.*[70]

Durante el tiempo de las cavernas, el hombre debía estar atento a todo lo que lo rodeaba para evitar amena-

---

70 Carr, N.: *The Shallows. What the Internet Is Doing to Our Brains.* W. W. Norton, Nueva York, 2010. Nicholas Carr (1959) es un escritor estadounidense que ha publicado libros y artículos sobre tecnología, negocios y cultura. Este libro fue finalista para el Premio Pulitzer en 2011.

zas, era el instinto de la supervivencia. En la actualidad, el uso excesivo de Internet está minando nuestra capacidad de atención y de concentración, lo que convierte al ser humano en una especie más sedentaria, perezosa y mucho menos creativa. "Vivimos en un estado perpetuo de distracción e interrupción que afecta a la consolidación de la memoria", destaca Carr. La atención es un mecanismo neuronal que regula y focaliza nuestras acciones al seleccionar y organizar la percepción y permitir que un estímulo pueda dar lugar a una reacción. Prestar atención equivale a una actitud cerebral, es un esfuerzo neurocognitivo que precede a la percepción, a la intención y a la acción. Del mismo modo, existen mecanismos de focalización a través de las TIC que permiten desarrollar la atención completa, y métodos, como el EPEP mencionado en capítulos anteriores, utilizados con esa intención.

2. Saber que la transferencia de información de la memoria de corto plazo a la de largo plazo queda afectada con el uso excesivo de Internet porque no se focaliza, y sin atención el proceso de recordar y archivar conocimiento no puede llevarse a cabo. Se fomenta la atención en objetivos de recompensa inmediata y se posponen tareas con satisfacción a largo plazo. Hemos adaptado al uso de las redes nuestra manera de aprender, nuestro cerebro se ha habituado a buscar información en forma rápida, usarla velozmente y luego olvidarla a la misma velocidad, lo que impide construir conocimiento. Es necesario desconectarse de forma habitual para poder cultivar un pensamiento conceptual, crítico y creativo, para lo cual las pausas deben ser articuladas a través de mecanismos informáticos, lo que resulta de muchísima utilidad.

3. Recordar que el uso de Internet altera las funciones cerebrales, las TIC se apoyan en la plasticidad del cerebro y transforman el procesamiento cognitivo. Los hallazgos científicos han demostrado que el cerebro es un órgano

plástico, constituido por neuronas capaces de regenerarse y de sufrir una remodelación permanente en respuesta a las experiencias que se han vivido. Se trata de la plasticidad neural o cerebral. "Las TIC modifican nuestro cerebro, cambian nuestra forma de sentir y comportarnos y el modo de funcionar"; la cita es de Joaquín García Carrasco y Juan Antonio Juanes Méndez, autores del artículo "El cerebro y las TICS".[71]

En la filosofía de la ciencia predomina la perspectiva que considera los instrumentos como mediadores de la acción. El artículo mencionado describe que la incorporación de la tecnología transforma las operaciones mentales que ejecuta el cerebro porque actúa sobre la estructura plástica de este último. Esto acontece con el uso del instrumento del lenguaje, con el de la lectoescritura y con la incorporación de las TIC como tecnología de trabajo en la cultura. Las TIC constituyen, al mismo tiempo, modelo e instrumento para la observación e investigación de la actividad del cerebro.

4. Advertir sobre los peligros del aislamiento y del distanciamiento social y emocional que provoca el exceso de uso de las TIC, por ello se recomienda una distribución del tiempo de trabajo en el TCR (lo que se denomina "jornada mixta"). El aislamiento social (en inglés *social withdrawal*) ocurre cuando una persona se aleja totalmente de su entorno. La soledad interfiere en una gran cantidad de funciones diarias del cuerpo, como los patrones del sueño, la atención y el razonamiento lógico y verbal. El impacto de estos efectos aún no es claro, pero se sabe que el aislamiento social genera una respuesta inmune extrema. El Centro de Investigaciones Pew (en inglés: *Pew Research Center*) es un laboratorio de ideas (*think tank*) con sede en Washing-

---

71 García Carrasco, J. y Juanes Méndez, J. A.: "El cerebro y las TICs". *Teoría de la Educación: Educación y Cultura en la Sociedad de la Información*, vol. 14, n° 2, 2013.

ton D.C., que brinda información sobre problemáticas, actitudes y tendencias que caracterizan a los Estados Unidos y el mundo. En las antípodas al mito del aislamiento, y al explorar el crecimiento de Internet y su impacto en los niños, las familias, las comunidades, el lugar de trabajo, las escuelas, la atención de la salud, la vida cívica y política de EE.UU., resaltan los resultados de una investigación realizada en noviembre de 2009, basada en una encuesta a más de 2.500 adultos estadounidenses. Ella pone de manifiesto que ni Internet ni los teléfonos móviles condicionan negativamente la vida social de los individuos como hasta ahora se creía. Más bien todo lo contrario, las TIC parecen más relacionadas con el aumento de la diversidad de las redes sociales y con el desarrollo de actividades sociales beneficiosas, señala el estudio.

En sus conclusiones se enfatiza: "Contrario a la creencia popular, Internet y los teléfonos móviles no están aislando a la gente sino extendiendo sus mundos sociales, de acuerdo con un estudio realizado en Estados Unidos". De todos modos, el preservar el contacto presencial, el "cara a cara", es una condición para que los riesgos del encierro provocado por las TIC no se produzcan.[72]

5. Reconocer la dependencia tecnológica, la tecno-adicción. Vivimos en una sociedad en la que el otro ha sido suplantado por una visión imaginaria de lo que dice en sus redes sociales, chats y sitios web. De ahí la excesiva costumbre de mantenerse atados como pertenencias irremplazables a los aparatos inteligentes. Entonces, Zygmunt Bauman habría acertado al decir que "El amor se hace flotante, sin responsabilidad hacia el otro, siendo su mejor expresión el vínculo sin cara que ofrece la web". Este autor, en su libro *Vigilancia Líquida* advierte

---

72 "Aislamiento social y nueva tecnología", Pew Internet and American Life Project, http://www.lib.umich.edu/database/link/11941. 2009.

sobre los riesgos de continua vigilancia y control a los que estamos sometidos, a veces sin advertirlo.[73]

6. Discernir sobre la existencia de algunas enfermedades asociadas a las nuevas tecnologías a partir de los usos excesivos de estas, como ser:

- Nomofobia: considerada como el miedo y la angustia que padece una persona al olvidar su teléfono celular o tableta en su casa u oficina. De acuerdo con un estudio realizado en 2014 en Canadá, se concluyó que más de una persona de cada dos duerme con su celular al lado y un 65% afirma sentirse desnudo sin el aparato con conexión a Internet. Con base en una serie de investigaciones en torno a dicha temática se ha logrado establecer que aquellas personas que padecen de esta fobia se sienten aisladas o desconectadas al separarse de las TIC, lo que da lugar a la tecno-dependencia o tecnoadicción.

- Lesiones por movimientos repetitivos: el uso constante de computadoras, tabletas, smartphones y celulares ha provocado una serie de afecciones o lesiones en las extremidades superiores del cuerpo debido a los excesivos movimientos repetitivos necesarios para el uso de estos aparatos. Algunas de las más conocidas son el síndrome del túnel carpiano y la tendinitis, pero a la lista también se suman epicondilitis (conocida también como "codo del tenista", una lesión caracterizada por dolor en la cara externa del

---

73 Bauman, Z. y Lyon, D.: *Vigilancia Líquida.* Paidós, Buenos Aires, 2013. Zygmunt Bauman, catedrático emérito de Sociología en la University of Leeds (Reino Unido) y en la Universidad de Varsovia (Polonia), y David Lyon, profesor de Sociología en la Queen's University en Ontario (Canadá) y director del Centro de Estudios de Vigilancia (Surveillance Studies Centre), hacen un repaso de aquellos temas y perspectivas que es necesario estudiar para poder elaborar una radiografía de la sociedad de control en la que nos encontramos. La vigilancia, la ética, el poder y los riesgos y amenazas que esta situación plantea son el eje temático principal de esta obra.

codo, en la región del epicóndilo), la bursitis, que es la inflamación de la bursa, una bolsa llena de líquido ubicada en las articulaciones (producida por el uso excesivo de una articulación o a causa de una lesión directa, como pasa frecuentemente en la rodilla, el codo o el dedo), la tendinitis, que es la inflamación de un tendón, y la tenosinovitis, ya mencionada, que es una tendinitis acompañada de inflamación de la cubierta protectora o membrana sinovial que recubre el tendón (vaina tendinosa). Todas estas lesiones, en los casos más extremos, si no se tratan a tiempo pueden producir la inmovilidad completa de alguno de los miembros. Los síntomas comunes se asocian a dolor, fatiga, debilidad, entumecimiento o pérdida de sensibilidad, torpeza, dificultad en los movimientos, manos frías, temblores, etc. De acuerdo con los especialistas de la salud, las áreas afectadas son el cuello, los hombros, la columna, los codos, los antebrazos, las muñecas y los dedos. En ese sentido, se les recomienda a los pacientes usuarios de computadoras que realicen ejercicios, pausas activas o masajes para reducir la tensión de los músculos y acomodar la espalda correctamente mientras se trabaja o estudia.

- Tensión ocular: se produce por permanecer más de ocho horas frente a una computadora o pantalla, que además de cansar los ojos genera su deshidratación. Un estudio realizado por la University School of Medicine con trabajadores (que debían usar computadoras) de cuatro empresas japonesas permitió establecer que aquellos empleados que utilizaban más las computadoras tenían mayores probabilidades de sufrir hipermetropía o miopía; el análisis también estableció que la tensión ocular podría producir glaucoma. Asimismo, existen otras lesiones derivadas del uso inapropiado de la computadora, como ser: ojos rojos, dolores de cabeza, ojos secos, cansancio visual, fotofobia, y visión doble y borrosa. Por eso, la recomendación para evitar estos trastornos es que se realicen descansos de la vista cada 15 minutos, levantando la mirada de la pantalla.

- Síndrome de la vibración fantasma: se produce en aquellas personas que sienten una leve vibración de su celular o, por el contrario, que está sonando cuando en realidad ni suena ni vibra. Se asocia al excesivo uso y dependencia del aparato, así como a estar en constante atención a las notificaciones de correos, mensajes y actualizaciones que llegan al celular. A este síndrome se lo considera uno de los padecimientos más populares del siglo XXI, ya que la mayoría de las personas alguna vez lo han vivido.

- Insomnio adolescente: el auge de los dispositivos móviles ha desencadenado un furor en los usos por parte de los jóvenes que prácticamente no se despegan de sus aparatos celulares, hasta el punto de dormir con ellos, sin saber de los efectos negativos que produce la radiación del teléfono móvil. Contestan llamadas a medianoche, responden chats o mensajerías instantáneas a cualquier hora de la noche y, por ende, se genera una interrupción del sueño.

8. Síntesis del Capítulo V

Para concluir, las neurociencias permiten conocer la mente y la conducta. Del resultado de la combinación con la ergonomía, puede mejorarse el rendimiento personal valiéndose de las TIC. El TCR requiere de un perfil determinado para la autogestión, la posibilidad de resolver situaciones de conflicto sin necesidad de asistencia personal y a distancia, la actitud de trabajar por objetivos y concentrarse en las tareas siguiendo un predeterminado protocolo de actuación. El cerebro procesa la información, y simulando un cerebro global en Internet pueden describirse los gustos e inclinaciones de los usuarios trazando un perfil de comportamiento. La decisión humana produce el cambio valiéndose de la tecnología, no es esta última la que direcciona a la persona. En el TCR se fusionan el hombre y las TIC, por ello es necesario prevenir sobre el mal uso de estas últimas y las afecciones a las que puede dar lugar su mala práctica.

Cada vez son más las empresas que desarrollan una filosofía de trabajo, un verdadero sistema de gestión integrado por diversos programas, cuya meta última es atraer y retener el talento, a la vez que mejorar la calidad de vida de las personas que trabajan en ellas. Estas iniciativas se asocian a reforzar la política de flexibilidad laboral y facilitar a los colaboradores una mejor conciliación de su vida personal con la laboral.

Finalmente, los dirigentes empresariales y sindicales, en sus respectivos sectores y empresas, deben apelar a la creatividad e innovación para preparar y capacitar a la fuerza laboral en el mejor uso y aprovechamiento de las nuevas tecnologías, en mejorar sustancialmente la productividad y en el establecimiento de una más equitativa distribución de los resultados de esa mayor productividad para lograr el objetivo de mejorar la calidad de vida de las personas.

CAPÍTULO VI

MUCHO MÁS
QUE TELETRABAJO

1. De las disputas ideológicas a una realidad imparable

El teletrabajo ha planteado, ideológicamente, fuertes debates en torno a su conceptualización y ámbitos de estudio, pero lo importante es que su tratamiento permite optimizar la productividad del trabajador gracias al aprovechamiento intensivo de su tiempo de trabajo. La reducción temporal y financiera del traslado de los trabajadores implica un mejor aprovechamiento de la jornada de trabajo y una verdadera conciliación entre la vida familiar y laboral.

Fue en 1973 cuando Jack Nilles, considerado el padre del teletrabajo, comenzó un programa de teletrabajo en la Universidad de Santiago de Compostela (USC) con una beca de la Fundación Nacional de Ciencias de los Estados Unidos (National Science Foundation) para investigar sobre el tema "Desarrollo de las políticas públicas sobre telecomunicaciones".

La USC tenía muchos contactos en el mundo de los negocios interesados en reducir la tasa de rotación de sus empleados, y el resultado del programa fue un aumento del 18% de la productividad de esos empleados, con una tasa de rotación reducida a cero y los costos de las instalaciones mucho más bajos. Este proyecto se denominó *Trade off Telecommunications Transportation*, lo cual dio nombre a la modalidad teletrabajo.[74]

Sin lugar a dudas, la era de la información ha dado paso a la era del conocimiento, y a su vez los desarrollos tecnológicos han producido cambios no solo en el ámbito del trabajo sino también sobre las pautas que influyen en la forma de vivir de la sociedad. Por cierto, en épocas donde la crisis nos golpea desde lo económico en el propio mercado laboral, el teletrabajo permite conservar los puestos de trabajo y hasta incrementarlos sin optar por la variante histórica del "recorte de la mano de obra": los despidos. Más allá de las disputas ideológicas, los especialistas reconocen el teletrabajo como un nuevo diseño espacial del proceso de producción, es una especie dentro del género: TCR, pero su tipología no se agota en este marco, tratándose de una tarea a distancia, la cual puede ser realizada en cualquier otro lugar diferente del establecimiento del empleador. Las TIC definen su naturaleza (la vía telemática), y la existencia de subordinación lo determina como autónomo o dependiente. Se discute si su calidad de transversal le impide conformarse como un sector propio; sin embargo, si definimos sector como "la parte seccionada de un todo", podemos concluir que el teletrabajo forma parte de un sector productivo que facilita la inclusión social y laboral de las personas mejorando su empleabilidad.

Cuando comencé a transitar la temática, por el año 2000, en el Ministerio de Trabajo, Empleo y Seguridad Social de la República Argentina poco se sabía del tema, y las críticas se circunscribían a una neta comparación con el call center y lo que había

---

74 Jack Nilles comenzó su carrera profesional como oficial en la Fuerza Aérea de los Estados Unidos. Ha desarrollado proyectos de teletrabajo para *Fortune 100*, los gobiernos estatales de California, Arizona y Washington, la ciudad de Los Ángeles y otras compañías y organizaciones en los EE.UU., Europa y Sudamérica. Fue presidente del Consejo y Asociación Internacional de Teletrabajo (ITAC) y miembro del Grupo de Gestión del Foro de Teletrabajo / Telemática de la Comunidad Europea. En 1993 recibió el premio al Orgullo Ambiental por sus contribuciones para mejorar la calidad del aire de Los Ángeles, y en 1994 recibió un premio por su trabajo sobre sostenibilidad ambiental de Renew America. Es autor de varios libros, incluido *The Telecommunications-Transportation Tradeoff*, Wiley, 1976.

implicado para los jóvenes trabajadores de los noventa. En 2004 se hablaba de unas 320.000 oficinas en hogares, precisamente en un informe de Vittorio di Martino se sostenía: "Hay más de 320.000 hogares que se usan como entornos laborales electrónicos y representan el 3,2% de todos los hogares del país".[75] Dicho informe fue presentado en el Salón Islas Malvinas del Ministerio de Trabajo el 5 de agosto de 2004, donde como Coordinadora de la entonces Comisión de Teletrabajo presentamos los avances en Europa y en América.

En noviembre de 2006, la consultora de Enrique Carrier afirmaba: "Existen 800.000 oficinas en hogares en Argentina, lo que representa un crecimiento de 2,5 veces o un 150% en solo dos años".[76]

En marzo de 2007, la Comisión de Teletrabajo, a mi cargo, realizó un análisis del universo de oficinas en hogares a partir de la encuesta permanente de hogares que estimó el total de posibles teletrabajadores en 5,86% de la PEA (Población Económicamente Activa) ocupada y el 5,29% del total de la PEA; es decir un aproximado de 590.000.

En febrero de 2008, nuevamente la consultora Carrier, informaba que ya eran 1.300.000 las oficinas en hogares, y por su parte María Olivieri, Executive Manager de Page Group, señalaba que el aumento era progresivo, registrándose en 2014 un crecimiento de entre 15 y 20%. Es decir que un 45% de los trabajadores argentinos teletrabajan al menos una vez a la semana, mientras que un 9% eran teletrabajadores *full time*.[77]

De acuerdo con un estudio de la consultora IDC, la cantidad de trabajadores móviles en Estados Unidos, será de 105 millones

---

75 Vittorio di Martino es consultor especializado en Innovación y Bienestar Organizacional de la OIT, Ginebra, y profesor en Políticas de Empleo en la University of Bath, Reino Unido, desde 1992.

76 Carrier y Asociados: es un estudio profesional dedicado a la información y análisis de mercado con el foco puesto en el consumo y uso de productos y servicios vinculados a Internet, las telecomunicaciones, la informática y los medios digitales.

77 Extraído de http://pulsosocial.com/2013/06/21/en-america-latina-el-promedio-de-teletrabajo-supera-a-europa-y-estados-unidos

para 2020. Bajo este planteamiento, los trabajadores móviles representarán el 72,3% del total de la fuerza laboral de Estados Unidos. Según los reportes de MySammy, firma consultora en soluciones para el teletrabajo, el 20% del total de la población mundial teletrabaja, y de este porcentaje, el 84% de los teletrabajadores lo hace al menos una vez al mes, y como mínimo un 10% de ellos ejecuta sus tareas diariamente desde su hogar o el lugar de su elección. En el mismo sentido y de acuerdo con los análisis de la consultora International Data Service, la perspectiva laboral para el cierre de 2015 era que el 37,2% de la población económicamente activa del mundo trabajará de forma remota, particularmente desde Asia, sin que ello implique que en América Latina no tenga un crecimiento proporcional en paralelo a la escala global.[78]

Es decir, en el año 2010 el 20% de la población mundial teletrabajaba y la estimación para el año 2015 era del 40%, lo que se ha cumplido y superado. Más allá de las estadísticas, la falta de consenso en relación con una definición exacta marca una dificultad concreta que impide desarrollar directrices uniformes y homogéneas en cuanto a esta temática.

La OIT define el teletrabajo como "una forma de organización del trabajo con las siguientes características:

a) El trabajo se realiza en un lugar distinto del establecimiento principal del empleador o de las plantas de producción, de manera que el teletrabajador no mantiene un contacto personal con los demás trabajadores.

b) Las nuevas tecnologías hacen posible esta distancia al facilitar la comunicación.

c) El teletrabajo puede realizarse en línea, es decir, con una conexión informática directa, o fuera de línea.

d) Puede organizarse de manera individual o colectiva, implicando la totalidad o una parte de las tareas del trabajador.

e) Su implementación puede ser en forma autónoma o como asalariado."

---

78 Extraído de http://colombiadigital.net/actualidad/noticias/item/5663-panorama-del-teletrabajo-a-nivel-mundial-cifras.html

En el artículo 2 del Acuerdo Marco Europeo sobre teletrabajo, del año 2002, concertado y firmado por Business Europe (anteriormente UNICE), la Unión Europea del Artesanado y de la Pequeña y Mediana Empresa (UEAPME), el Centro Europeo de Empresas con Participación Pública y de Empresas de Interés Económico General (CEEP), y la Confederación Europea de Sindicatos (CES), se define el teletrabajo como: "Una forma de organización y/o de realización del trabajo utilizando las tecnologías de la información, en el marco de un contrato o de una relación laboral, en la que un trabajo, que también habría podido realizarse en los locales del empresario, se ejecuta habitualmente fuera de esos locales".

En un informe publicado en 2010 por la Fundación Europea para la Mejora de las Condiciones de Vida y de Trabajo (Eurofound), titulado "Teletrabajo en la Unión Europea", se indica que los actores de las relaciones laborales en los Estados miembros han de debatir qué tipo de teletrabajo cumple esos criterios y qué ha de entenderse por *habitualmente,* ya que podría hacer referencia al trabajo efectuado fuera de los locales del empleador tanto cinco días a la semana como un día a la semana o menos, siempre que se efectúe con regularidad.[79]

Algunos Estados miembros de la Unión Europea han incorporado la definición del acuerdo marco en sus directivas o convenios colectivos nacionales, mientras que otros han elaborado sus propias definiciones. El planteamiento del Comité Consultivo Australiano de Teletrabajo (ATAC), por ejemplo, precisa que el teletrabajo es "una forma de trabajo flexible, posibilitada por las TIC, y que tiene lugar fuera del entorno de la oficina tradicional".[80]

Otros analistas, como Jon C. Messenger y Lutz Gschwind, señalan que el trabajo extremadamente flexible basado en la computación en la nube, accesible a través de teléfonos inteligentes

---

79 Eurofound: Teletrabajo en la Unión Europea (Dublín, 2010), ref. EF/09/96/EN

80 Fuente: Comité Consultivo Australiano de Teletrabajo (ATAC), "Telework for Australian Employees and Businesses: Maximising the Economic and Social Benefits of Flexible Working Practices", Informe del Comité Consultivo Australiano de Teletrabajo presentado al gobierno australiano en 2006.

y tabletas desde prácticamente cualquier lugar del planeta, ha hecho que el término "teletrabajo", tal como se lo ha entendido originariamente, haya quedado desfasado, ya que está asociado a computadoras, teléfonos y aparatos de fax fijos.

Sobre la base del trabajo de Sylvie Craipeau, que considera que el teletrabajo está experimentando un proceso de *mutación* y que la gran variedad de TIC y la generalización del acceso a Internet permiten la virtualización del trabajo sirviéndose de dispositivos más pequeños y más potentes, como los teléfonos inteligentes y las tabletas, Jon C. Messenger y Lutz Gschwind proponen su propio marco analítico del concepto de teletrabajo, que abarca tres generaciones que van desde la oficina a domicilio, pasando por la oficina móvil y llegando hasta la oficina virtual.[81]

Los estudios sobre el teletrabajo de *primera generación,* se concentran en una sola modalidad de trabajo, la *oficina a domicilio,* porque las computadoras y teléfonos de la época (primera generación de las TIC) no permitían propiciar el trabajo nómada. Por otro lado, esta primera generación se circunscribía claramente a lo sectorial y geográfico, ya que su implementación era en los sectores de la información de los decenios de 1970 y 1980 en la Costa Oeste de los Estados Unidos. Recordemos la anécdota de Jack Nilles en plena congestión de tránsito en Los Angeles, donde los empleos eran flexibles y los gastos de desplazamiento elevados, y el acceso a las TIC estaba ya muy extendido. En pleno caos y bloqueo del tránsito, Jack acuña la frase "que el trabajo venga al trabajador".

Este pasaje de las tres generaciones se produce gradualmente en los diversos países, sectores y organizaciones, siendo el progreso tecnológico el principal factor que diferencia la primera de la segunda generación de teletrabajo. Ahora bien, la segunda generación, denominada "la oficina móvil", rompió con la doble estructura espacial clásica del trabajo, ya que a partir de ese mo-

---

81 Messenger, J. C. y Gschwind, L.: "Telework, New ICTs and Their Effects on Working Time and Work-life Balance", revista inédita de la literatura del teletrabajo (Ginebra, OIT, 2015). S. Craipeau: "Télétravail: le travail fluide", en *Quaderni* (2010), págs. 107-120.

mento este podía realizarse cada vez más fuera de los locales del empleador, en el domicilio del empleado pero también en otras localizaciones.

Con la generalización acelerada de Internet y el acceso a la red mundial surgió la actual generación de teletrabajo, "la oficina virtual", predecida por los autores Tsugio Makimoto y David Manners en su obra *Digital Nomad.*[82]

Las tres generaciones de teletrabajo descriptas por Messenger y Gschwind encuentran en la investigadora Jessica Nicklin el marco analítico ideal para definir el teletrabajo basado en:

1) La proporción del tiempo de trabajo. Puede teletrabajarse en parte o en toda la jornada laboral, lo cual determina dos subtipos:

    a) Teletrabajadores a tiempo parcial: desempeñan periódicamente las funciones del puesto fuera del centro principal de operaciones.

    b) Teletrabajadores a tiempo completo: normalmente desempeñan la mayoría o la totalidad de las funciones del puesto fuera del centro principal de operaciones.

2) Lugar de ejecución. Relacionado con dónde se cumple o ejecuta la tarea. También en este caso se reconocen dos subtipos:

    a) Fijo: el teletrabajador trabaja principalmente en un emplazamiento externo fijo, por ejemplo, en el domicilio.

    b) Móvil: el teletrabajador puede trabajar o trabaja en distintos lugares fuera del centro principal de operaciones.

3) Horario. Lo que en nuestra idiosincrasia sería la jornada laboral; se reconocen dos subtipos:

    a) Fijo: los días/horas en que el teletrabajador desempeña sus funciones fuera del centro de operaciones son siempre los mismos.

---

82 Makimoto, T. y Manners, D.: *Digital Nomad.* John Wiley & Sons, Chichester, 1997. Obra citada en Messenger, J. C. y Gschwind, L. *op. cit.*

b) Variable: los días/horas en que el teletrabajador desempeñará sus funciones fuera del centro de operaciones varían.

4) Colaboración. Se refiere al teletrabajo en relación con el resto de los trabajadores presenciales; también se reconocen dos subtipos:

a) Baja: cuando es limitada la interacción que los teletrabajadores han de mantener con los restantes trabajadores del centro principal de operaciones.

b) Alta: cuando es importante, la interacción que los teletrabajadores deben mantener con los trabajadores presenciales del centro principal de operaciones.

5) Sincronización de tareas. Referida al formato *on-line / off-line*, donde también se reconocen dos subtipos:

a) Secuencial: cuando las tareas interdependientes del teletrabajador se desarrollan consecutivamente (por ejemplo, correos electrónicos, fax).

b) Simultánea: las tareas interdependientes del teletrabajador se desarrollan de forma simultánea (por ejemplo, conferencia telefónica, videoconferencia).

6) Autonomía. En referencia a poder optar por el teletrabajo, reconociéndose dos subtipos:

a) Autonomía baja: los trabajadores tienen poco margen para decidir acogerse al teletrabajo.

b) Autonomía alta: los trabajadores tienen mucho margen para decidir acogerse al teletrabajo, así como también cuándo y cómo lo hacen.[83]

2. Tipología de teletrabajo. Trabajo nómada digital

En el mundo se utilizan distintas acepciones, como el trabajo móvil, el trabajo efectuado en cualquier lugar distinto de los locales del empleador, el trabajo realizado en centros de oficinas

---

83 Nicklin, J. M. *et al.*: "Telecommuting: What? Why? When? and How?", en J. Lee (ed.): *The Impact of ICT on Work*. Springer Science+Business Media, Singapur, 2016.

compartidas y el trabajo a domicilio. Esta disparidad de definiciones queda reflejada en la multitud de términos empleados para designar este fenómeno: teledesplazamiento, trabajo a domicilio, trabajo en línea, trabajo virtual, trabajo remoto, trabajo a distancia, trabajo distribuido, *workshifting* (trabajo flexible en cuanto a horarios, ubicación y uso de tecnología) o trabajo flexible. Sin embargo, la dificultad para definir el término no es nueva. Ya en 1990 la OIT alertaba sobre la multiplicidad de situaciones que podían incluirse en la modalidad, lo cual hacía muy difícil su conceptualización. Algunos analistas identificaron tres criterios conceptuales principales: el modo de organización, el lugar de ejecución y la tecnología utilizada, lo cual daba lugar a unas cincuenta definiciones diferentes del concepto, más del 60% de las cuales se basaban en una combinación de dos o más de dichos fundamentos conceptuales.

En función de los avances de la tecnología y el lugar donde se realizan las tareas, podemos aproximar la siguiente tipología:

1) Escritorio multiusuario (*hot desking*). El teletrabajador realiza su tarea en forma mixta: a distancia y en la oficina principal. Cuando lo hace en la oficina principal, ocupa un despacho no asignado, atribuido para una utilización puntual, y no dispone de un escritorio especial.

2) Escritorio multiusuario con reserva (*hotelling*). Es un sistema similar al del escritorio multiusuario, pero los trabajadores deben realizar una reserva previa, notificando qué días van a asistir a la oficina principal.

3) Telecentros. Se refiere a las instalaciones que ofrecen estaciones de trabajo y equipos de oficina a los teletrabajadores de diversas entidades. En Argentina, y respondiendo a un programa de mi autoría creado en el marco de la Comisión de Teletrabajo del Ministerio de Trabajo, Empleo y Seguridad, desarrollamos las denominadas "ofiteles" (oficinas de teletrabajo) con el objetivo de brindar inclusión sociolaboral a grupos vulnerables. Con la proyección al 2020, y a un acceso generalizado a las redes de banda ancha, a las computadoras portátiles

y a los teléfonos inteligentes la realidad muestra que es una práctica cada vez más en desuso.

4) Oficinas colaborativas. Se trata de entornos de trabajo virtual en donde los trabajadores pueden hacer sus tareas en colaboración pero desde distintos lugares gracias a una red informática.

5) Teletrabajo móvil. Son quienes trabajan al menos diez horas por semana fuera del establecimiento principal, inclusive sirviéndose de sus teléfonos móviles durante sus desplazamientos.

6) Teletrabajo complementario. Lo ejecutan personas que trabajan puntualmente en el domicilio tras la jornada laboral o los fines de semana, normalmente para cumplir los plazos en los períodos de mucho trabajo. Este tipo de teletrabajo equivale a menudo a horas extraordinarias no remuneradas.

Ahora bien, más allá de la tipología, la diferencia entre una forma de organizar el trabajo y una distinta forma contractual, implica que pocos países llevan a cabo una recopilación sistemática de estadísticas oficiales para hacer un seguimiento y medición de su desarrollo. Tal y como se ha indicado antes, debido a las múltiples modalidades de trabajo y empleos a las que se aplica el término, identificar y determinar la prevalencia del teletrabajo es una tarea difícil. La mayoría de los informes sobre la incidencia del teletrabajo son principalmente estimaciones basadas en estudios académicos o sectoriales, cuyos enfoques varían ampliamente en cuanto a muestreo, categorías de la población seleccionadas, ubicación, metodología y rigor analítico, y en lo que concierne a definiciones y marcos teóricos. Por ejemplo, algunos pueden considerar como teletrabajo los casos en los que un trabajador consulta o responde sus correos electrónicos al volver a la casa de la oficina. Sin embargo, al no constituir esa actividad el objeto de su trabajo, el formato de teletrabajar, en mi opinión, merece ser excluido.

Siguiendo con la necesidad de tipificar la modalidad, Messenger y Gschwind señalan que en muchas encuestas se mide la prevalencia del teletrabajo en función del porcentaje de personas que lo realizan dentro de una población más amplia, sobre la base de preguntas estandarizadas, como, por ejemplo, si trabajan a domicilio al menos un día a la semana o si utilizan las TIC para trabajar fuera de los locales del empleador. Otras encuestas evalúan por medio de preguntas la cantidad de tiempo que se dedica al teletrabajo en una semana normal, como: ¿cuántas horas trabaja desde su domicilio? La frecuencia de la aplicación del teletrabajo virtual a menudo se mide mediante una escala de cuatro o cinco puntos, que fluctúan entre *nunca* y *muy a menudo*, o de *ninguna* a *alta*. Debido a estas amplias variaciones, provocadas por el tamaño del muestreo, el tipo de población seleccionada, la ubicación, el nivel de análisis y la metodología, la fiabilidad de las conclusiones de estos estudios es dudosa, aunque se utilice la misma definición y enfoque teórico para llevar a cabo las encuestas.[84]

Para reducir este vacío de información y armonización, el Departamento de Condiciones de Trabajo e Igualdad de la OIT (WORKQUALITY) está realizando actualmente un estudio en colaboración con Eurofound sobre la utilización de nuevas TIC para el trabajo efectuado fuera de los locales del empleador y sus repercusiones en el tiempo de trabajo, la conciliación entre la vida laboral y la vida privada, el rendimiento en el trabajo y la salud, y el bienestar de los trabajadores. Eurofound se sirvió de un cuestionario para que su red de corresponsales recopilara información de diez Estados miembros de la UE, que se está completando con datos de la sexta encuesta europea sobre las condiciones de trabajo (2015).

La OIT ha distribuido el mismo cuestionario estándar para expertos en cinco países de otras regiones del mundo. Las respuestas a este cuestionario deberían permitir realizar un análisis comparativo de la incidencia del teletrabajo/trabajo nómada digital, así como ofrecer información acerca de sus repercusiones en el tiempo de trabajo, la conciliación entre la vida laboral y la vida privada, el rendimiento individual e institucional, y la salud y el bienestar en el trabajo.

---

84 Lister, K. y Harnish, T.: "The State of Telework in the U.S.: How Individuals, Business, and Government Benefit". *Telework Research Network*, junio de 2011 (San Diego, California).

¿Por qué el concepto de trabajo nómada digital?

Cuando se habla del concepto nómada se alude a aquel que va de un lugar a otro sin establecer una residencia fija. Se trata del trabajo realizado en constante desplazamiento y no en un lugar fijo, sedentario. La evolución de la modalidad implica que ya no se trata solamente de las oficinas en la casa de la primera generación de teletrabajo, como hemos especificado. Tampoco abarca exclusivamente las oficinas móviles de la segunda generación que facilitaron la deslocalización en lugares y espacios fuera de la casa. Se trata entonces de oficinas virtuales, que operan en la nube; hoy, en 2018, estamos en este modelo. Se trata de espacios virtuales en los que se llevan a cabo las mismas habilidades que en las de una oficina convencional pero con deslocalización y TIC.

El término digital es un concepto asociado a la tecnología y a la informática, que hace referencia a la representación de información en modo binario (en dos estados). Es el conjunto de procedimientos y estudios necesarios para poder realizar avances científicos que son expresados en números. Los sistemas digitales, como por ejemplo la computadora u ordenador, término que proviene del latín *ordinator,* usan la lógica de dos estados representados por dos niveles de tensión eléctrica. Por abstracción, dichos estados se sustituyen por ceros y unos, lo que facilita la aplicación de la lógica y la aritmética binaria. En su equivalencia, el concepto de computadora, que proviene del inglés *computer,* y este término del latín *computare,* está formado físicamente por numerosos circuitos integrados y muchos componentes de apoyo, extensión y accesorios. Es decir, que dos partes esenciales la constituyen: el hardware (*hard* = duro) que es su estructura física compuesta por circuitos electrónicos, cables, gabinete, teclado, y el software (*soft* = blando) que es su parte intangible, constituida por programas, datos, información, señales digitales para uso interno.

Desde el punto de vista funcional se trata de una máquina que posee, al menos, una unidad central de procesamiento, una memoria principal y algún dispositivo de entrada (que permite el ingreso de datos) y otro de salida (que los comunican a otros medios). Es así como la computadora recibe datos, los procesa y emite la información resultante, la que luego puede ser interpretada, almacenada, transmitida a otra máquina o dispositivo, o sencillamente impresa; todo ello a criterio de un operador o usuario y bajo el control de un programa.

El hecho de que sea programable, le posibilita realizar una gran diversidad de tareas, y la convierte en una máquina de propósitos generales (a diferencia, por ejemplo, de una calculadora cuyo único propósito es calcular limitadamente). Es así que, sobre la base de datos de entrada, puede realizar operaciones y resolución de problemas en las más diversas áreas del quehacer humano (administrativas, científicas, de diseño, ingeniería, medicina, comunicaciones, música, etc.), incluso muchas cuestiones que directamente no serían resolubles o posibles sin su intervención.

Básicamente, la capacidad de una computadora depende de sus componentes hardware, en tanto que la diversidad de tareas radica mayormente en el software que tenga instalado y que permite ejecutar las tareas. Las computadoras pueden ser analógicas o digitales, el primer tipo es usado para pocos y muy específicos propósitos, en tanto que la más difundida, utilizada y conocida es la computadora u ordenador digital de propósitos generales. Por ello, la conceptualización de trabajo nómada digital (TND) se refiere al trabajo que se realiza en forma nómada a través de la telemática, de las TIC, de los sistemas digitales.

Hemos superado la barrera del espacio, no se trata de lo remoto, de la distancia; la terminología introducida por el informe de la OIT se refiere a un nuevo universo que implica a todo aquel trabajo realizado desde un lugar no fijo con total independencia del concepto de ajenidad y con la exclusividad puesta en el uso de lo digital.

3. Teletrabajo 360 grados

A pesar de la limitación de datos, es posible analizar la situación del teletrabajo en el mundo, tanto en países desarrollados como también en algunos con economías emergentes.

Estados Unidos

El teletrabajo en Estados Unidos, comúnmente identificado como *telecommuting*, tiene su fundamentación en la necesidad de reducir el tránsito vehicular. Numerosas leyes en los diferentes estados han alentado la adopción de esta modalidad de trabajo para evitar el transporte por auto y el uso de transportes públicos y para disminuir la contaminación ambiental y el consumo de combustible. Basado en el Commonlaw, la Public Law 111-292 de 2007 trató la modalidad con un 20% de horas de teletrabajo para todas las agencias gubernamentales del país.

Estados Unidos tiene su propio sitio dedicado al tema, la página incluye legislación, políticas y procedimientos, reportes y estudios, herramientas y recursos, y un blog para hablar sobre *telework*. Uno de los casos más exitosos de teletrabajo en el sector público es sin lugar a dudas la Oficina de Patentes de Estados Unidos, donde, de un universo de casi 7.000 empleados, 3.000 teletrabajan durante cuatro o cinco días a la semana.[85]

En 2009, el 9% de la población estadounidense teletrabajaba; en 2010 la cifra aumentó hasta el 20% y en 2016 el número de teletrabajadores aumentó al 43%.[86] Estas cifras están extraídas del sitio GlobalWorkplaceAnalytics.com, que analizó los datos de la Encuesta sobre la Comunidad Estadounidense (Oficina del Censo de los Estados Unidos). GlobalWorkplaceAnalytics.com explica que la Encuesta sobre la Comunidad Estadounidense extrae sus datos sobre el trabajo a domicilio (teletrabajo) de las respuestas a la pregunta: "¿Cuál ha sido su principal medio de transporte para ir a trabajar durante la semana en que se realiza la encuesta?".

La empresa explica que, aunque a menudo se utilizan los términos indistintamente, el teletrabajo se define como la sustitución del desplazamiento por la tecnología, mientras que el *teledesplazamiento* se define de forma más limitada como la sustitución del desplazamiento de la persona que viaja a diario entre su domicilio y el trabajo por la tecnología. Por lo tanto, si un traba-

---

85 http://www.telework.gov/index.aspx
86 http://es.workmeter.com/blog/bid/261420/Generalidades-sobre-el-teletrabajo

jador se lleva trabajo a su domicilio después de haber estado en la oficina se considera teletrabajo, pero no teledesplazamiento, y si alguien trabaja en su domicilio en lugar de ir en vehículo a la oficina se trata de teledesplazamiento. Asimismo, señala que muchas personas y organizaciones evitan ambos términos y optan por trabajo distribuido, trabajo móvil, trabajo remoto (Reino Unido) y *workshifting* (trabajo flexible en cuanto a horarios, ubicación y uso de tecnología) (Canadá).

A pesar de estas dificultades, es posible observar las siguientes tendencias en materia de teletrabajo/teledesplazamiento en los Estados Unidos. El trabajo regular a domicilio entre la población que no trabaja por cuenta propia aumentó un 102% de 2005 a 2014. Esto implica que en 2014 el número de trabajadores que trabajaban a domicilio al menos la mitad del tiempo ascendía a 3,7 millones, es decir el 2,8% de la fuerza de trabajo. De 2013 a 2014 el número de trabajadores que realizaban teletrabajo/teledesplazamiento aumentó mucho más rápidamente que la cantidad de trabajadores en su conjunto: 5,6 y 1,9%, respectivamente.[87]

La cuadruplicación del porcentaje de teletrabajo en el gobierno federal puede atribuirse, sin duda, a la aprobación de la Ley de Fomento del Teletrabajo, promulgada por el ex presidente Barack Obama el 9 de diciembre de 2010, tras años de actividad legislativa para promoverlo en el gobierno federal. Exige que cada organismo del Poder Ejecutivo establezca una política que permita hacerlo con ciertos requisitos específicos. La Telework Enchancement Act de 2010 exige:

1) Que el responsable de cada agencia gubernamental establezca una política según la cual los empleados serán autorizados a teletrabajar.

2) Que por cada dos semanas administrativas trabajadas, los empleados podrán teletrabajar un mínimo del 20% de ese tiempo.

---

87 Análisis de GlobalWorkplaceAnalytics.com de los datos de la Encuesta sobre la Comunidad Estadounidense 2005-2014 (Oficina del Censo de los Estados Unidos).

3) Que las políticas definidas aseguren la disponibilidad del teletrabajo para la mayor cantidad posible de empleados sin afectar el rendimiento o las operaciones de la agencia.

La ley también exige que los responsables de agencias gubernamentales proporcionen capacitación a los teletrabajadores y garanticen que no habrá distinciones en las evaluaciones de rendimiento entre los teletrabajadores y los no teletrabajadores. Según esta ley, la General Service Administration (GSA) provee asistencia y guía en teletrabajo a las agencias del gobierno y exigen que cada agencia tenga un responsable de teletrabajo.[88]

Canadá

Según el *Canadian Mobile Worker 2012-2016 Forecast*, publicado por la empresa International Data Corporation, el 68,9% de los trabajadores canadienses realizaba al menos un cierto número de horas de trabajo móvil en 2012 y la cifra aumentó a un 73% en 2016. Esta tendencia puede atribuirse a diversos factores, entre ellos la prolongación del tiempo requerido para desplazarse a la oficina, el deseo de conciliar la vida laboral con la vida privada, la proliferación de dispositivos móviles, el crecimiento de la computación en la nube y velocidades superiores de la red que permiten que los trabajadores aumenten la velocidad de sus dispositivos móviles. Deloitte Access Economics indicó que en el año 2006 el 7% de los trabajadores canadienses, incluidos los trabajadores independientes, consideraba que su domicilio constituía su lugar principal de trabajo. Cuando se excluía a los trabajadores independientes, el porcentaje estimado disminuía a 3,5%. En 2008, el 11,2% de la totalidad de los trabajadores indicaba que, al menos parte del tiempo, trabajaba en su domicilio.

---

88 http://www.teletrabajo.com.uy/noticias/el-congreso-de-estados-unidos-inicia-debate-sobre-ley-sobre-teletrabajo/70/

Australia

Según los datos proporcionados por Time Use Survey, publicado en 2006 por la Oficina de Estadística de Australia, el 6% de los trabajadores australianos tenía acuerdos de teletrabajo con su empleador, que variaban de teletrabajo a tiempo completo a teletrabajo ocasional; en 2009 la cantidad había aumentado al 18%. Otros datos, procedentes de la Encuesta sobre la Dinámica de los Hogares, los Ingresos y el Trabajo en Australia (HILDA), indican que actualmente el porcentaje de trabajadores australianos con acuerdos de teletrabajo ha disminuido ligeramente, a un 17%. Desde Deloitte Access Economics afirman que esta diferencia se debe a que muchas personas realizan teletrabajo de manera informal, en lugar de efectivizar acuerdos formales con su empleador. Asimismo, indican que estos teletrabajadores informales son "trabajadores que alargan la jornada laboral", realizando tareas adicionales desde su domicilio porque no han podido completarlo durante las horas de trabajo habituales en la oficina. También se incluye en esta categoría a las personas que realizan teletrabajo de manera puntual según las necesidades familiares (por ejemplo, cuando un hijo a cargo está enfermo, o hay un problema que requiere su ausencia temporal). El mismo informe indica que la gran mayoría de teletrabajadores en Australia solo realiza teletrabajo a tiempo parcial.

República Checa y Dinamarca

Ambos países registraron los niveles más altos de teletrabajo entre las personas que indicaron realizar teletrabajo al menos "un cuarto del tiempo" de su trabajo o más (15,2 y 14,4%, respectivamente) y aquellas que realizaban teletrabajo "casi todo el tiempo" (9 y 2,6%, respectivamente). En todos los casos, el porcentaje de teletrabajo ocasional era siempre mucho más elevado que el del teletrabajo a tiempo completo, con niveles variables de diferencias en cada uno de los países.[89]

---

89 Deloitte Access Economics: Next Generation Telework: A Literature Review, Department of Broadband, *Communications and the Digital Economy* (2011). 18 *Ibid.* 12 GDFTwefs-R-[SECTO-160728-1]-Sp.docx. Fuente: Cuarta encuesta europea sobre las condiciones de trabajo, 2005.

Reino Unido

A fin de ilustrar cómo varían las cifras sobre teletrabajo según las distintas fuentes, cabe señalar que Deloitte comunicó que en 2009 las cantidades brutas de teletrabajo en el Reino Unido eran de 12,8% de la fuerza de trabajo, lo que implica que aproximadamente 3,7 millones de personas trabajaban principalmente en o desde su domicilio. Sin embargo, precisó que dos tercios de las personas incluidas como teletrabajadores en estas cifras eran trabajadores independientes, lo que significa que el total de trabajadores que realizaban teletrabajo más de tres días a la semana era de alrededor del 4,3%, casi el doble que el índice presentado en el informe de la cuarta encuesta europea sobre las condiciones de trabajo (2005).

Suiza

La encuesta sobre la población activa 2001-2015 realizada por la Oficina Federal de la Estadística en Suiza afirma que durante el período examinado el número de trabajadores que realizaban teletrabajo desde el domicilio ya sea de forma regular u ocasional casi se cuadruplicó, pasando de 248.000 a 831.000 en dicho período. La oficina de estadísticas estima que el 21% de la población activa realizaba algún tipo de teletrabajo desde el domicilio en 2015, al menos de forma ocasional. Sin embargo, el número de teletrabajadores regulares (definidos como las personas que realizan teletrabajo más del 50% del tiempo) siguió siendo modesto, a pesar de haberse cuadruplicado, de 31.000 en 2001 a 120.000 en 2015. La proporción de teletrabajo variaba considerablemente dependiendo del sector económico, con la prevalencia más alta en el de servicios de tecnología de la información y las comunicaciones, donde más del 50% de los trabajadores había realizado teletrabajo al menos ocasionalmente en 2015. Asimismo, se trataba del sector con el porcentaje más elevado de teletrabajadores regulares a domicilio (7,2% de la población activa). La educación era el segundo sector con el mayor porcentaje de teletrabajadores, ya que el 45% de los trabajadores realizaban teletrabajo en domicilio, al menos ocasionalmente. Le seguían las actividades de profesiones liberales, científicas y técnicas, y después los servicios financieros, en los que alrededor de un cuarto de los trabajadores realizaba teletrabajo, tanto de forma regular como ocasional. Es importante señalar que la encuesta solo cubría a los teletrabajadores en domicilio, regulares u ocasionales. La evolución del teletrabajo es particularmente sorprendente: en 2001, el teletrabajo, incluso el ocasional, representaba menos del 15% de la fuerza de trabajo en todos los sectores; para 2015, los índices de teletrabajo habían aumentado a más del 15% en más de la mitad de los sectores. La industria de las TIC, estrechamente ligada a la mayor digitalización de la economía, registró el mayor aumento del número de teletrabajadores.

Bélgica

En Bélgica existe la Asociación Belga de Teletrabajo donde todas las partes interesadas se encuentran para discutir sobre modalidades de difusión del teletrabajo. Esta asociación ha promovido la Jornada Nacional del Teletrabajo a la cual adhieren numerosas empresas y empleados en teletrabajo.

Japón

Según el informe "Worldwide Mobile Worker 2007-2011 Forecast and Analysis" Japón contaba con un 53% de teletrabajadores en 2006, cifra que se preveía que alcanzaría el 80% de la fuerza laboral para 2011, lo que constituiría el aumento más rápido de teletrabajadores del mundo. De modo similar, una encuesta realizada en 2003 por el Comité de Estrategia para TI del Gobierno de Japón concluyó que la población de teletrabajadores en 2002 en todo el país –aquellos que hacen al menos ocho horas de teletrabajo a la semana– se componía de alrededor de 3,11 millones de teletrabajadores asalariados y 970.000 teletrabajadores independientes. La proporción de teletrabajadores con respecto a la totalidad de trabajadores era del 6,1%. El estudio preveía que alrededor del 20% de la totalidad de los trabajadores japoneses realizaría teletrabajo para 2010, pero actualmente no hay datos disponibles que indiquen en qué grado se ha cumplido dicha previsión.

Deloitte Access Economics afirma que aunque Japón haya introducido el teletrabajo relativamente tarde, se ha reducido la brecha con los países europeos y de otros países. Las encuestas realizadas en 2008 mostraban que el 15,2% de los trabajadores japoneses realizaba más de ocho horas semanales de teletrabajo, pero subrayaban que los datos no podían compararse fácilmente con las estimaciones de otros países en los que los trabajadores habían realizado teletrabajo "parte del tiempo", ya que incluían a los trabajadores independientes. Deloitte señaló que la estimación comparable para Canadá, que incluye a todos los trabajadores, era del 19%, mientras que en Australia el 12,6% de los trabajadores, incluidos los independientes, hacía más de ocho horas semanales de teletrabajo.[90]

Colombia

Según cifras del Ministerio del Trabajo colombiano existían aproximadamente cerca de 31.533 teletrabajadores, concentrados principalmente en Bogotá, con un número cercano a los 23.485, en Cali con 3.012 y en Medellín con 2.850 promediando el año 2012.[91]

Según el informe presentado en enero de 2015 por el Ministerio de las Tecnologías de la Información y las Comunicaciones (MINTIC), la cantidad de teletrabajadores ascendió de 31.553 a 39.767 en el período comprendido entre los años 2012 y 2014. La meta para 2018, según el viceministro de Relaciones Laborales, Enrique Borda, es de 150.000 personas teletrabajando.

He participado en forma personal en cada uno de los impulsos del teletrabajo en Colombia, que por supuesto tuvo su momento cúlmine con la implementación de una ley específica en 2012; más adelante volveremos sobre el aspecto normativo. Desde entonces se ha incrementado el número de teletrabajadores, iniciado con un pequeño programa de 31 personas y avan-

---

90 Fuente: Deloitte Access Economics, *op. cit.*, 20 Office fédéral de la statistique: Le télétravail à domicile en Suisse, 2001-2015 (2016).

91 Diario *La República*: "En Colombia ya hay un total de 31.533 teletrabajadores", 5 de diciembre de 2013.

zando a más de 45.000, con el propósito de triplicar esa cifra hasta 2018; es decir, llevarla a 120.000 teletrabajadores. Muy interesante resultó la experiencia que desarrollé como formadora al capacitar a la población carcelaria en instituciones distritales de Bogotá y Tunja, dos unidades destinadas a reclusas mujeres con condenas firmes. Muchas de ellas sin alfabetización digital pero con muchas ganas de insertarse nuevamente en la sociedad. Otras, con extenso conocimiento en informática pero con falta de recursos de gestión y liderazgo. En todos los casos, a partir del entrenamiento se logró incentivarlas para buscar un propósito más allá de contar los días que les restaban en el penal. El gobierno había promovido para algunas de ellas exención de parte de sus condenas, y por otro lado beneficios para los empleadores que tomaran la iniciativa de contratarlas bajo un programa especial. Fue muy emocionante compartir tiempo después, en oportunidad de la Feria de Teletrabajo de 2015, los avances de esas mujeres y cómo habían logrado reencauzar sus vidas a partir del teletrabajo.

En el ámbito privado colombiano hay empresas líderes que cuentan con plataformas de implementación, como Bancolombia, en el sector financiero; Bayer, en el farmacéutico, y Argos, en la construcción; en tanto que el Ministerio de las Tecnologías de la Información y las Comunicaciones, o sea en el sector público, ha desarrollado en todo el país un programa de contratación de agentes y funcionarios teletrabajadores. En la ciudad de Bogotá es donde se concentra la mayor cantidad de teletrabajadores, con cerca de 36.000; luego sigue Medellín, con 8.000 y Cali. Actualmente hay en el país más de 290 entidades públicas y privadas que han firmado el "Pacto del teletrabajo", una iniciativa conjunta de los ministerios de Trabajo y del MINTIC.

Desde los albores, Colombia ha tenido un activo protagonismo en la modalidad que llevó a elaborar dos ediciones del *Libro Blanco del Teletrabajo*, donde he compartido varios artículos sobre el avance y la mirada jurídica del tema. Más aún, invitada por el Ministerio de las Tecnologías de la Información y las Comunicaciones y la Corporación Colombia Digital (CCD) he disertado el 26 y 27 de julio de 2012 en la Primera Feria Internacional de Teletrabajo, evento enmarcado en el Plan Vive Digital que promovía las iniciativas de los sectores oficiales, públicos y privados para implementar y optimizar la modalidad laboral en el país. Asimismo, se realizó el Segundo Encuentro del Grupo de Teletrabajo de la Estrategia eLac 2015 de la CEPAL, con representantes de ocho países de América Latina, donde tuve a cargo la presidencia y el liderazgo en representación de la Argentina. En 2014, precisamente los días 24 y 25 de julio, se organizó la Segunda Feria Internacional de Teletrabajo donde se presentaron y desarrollaron las mejores prácticas de esta modalidad. Después de las exitosas versiones realizadas en los años 2012 y 2014, se realizó la Tercera Feria Internacional de Teletrabajo los días 30 y 31 de agosto de 2016.

Con aproximadamente más de 55.000 teletrabajadores, Colombia se ha convertido en un referente para la región, ya que en los últimos años el modelo ha sido ampliamente impulsado por los ministerios MINTIC y de Trabajo; adicionalmente cuenta con un plan pionero en el mundo que incluye en la iniciativa a la población privada de la libertad.[92]

Costa Rica

Desde que el presidente de Costa Rica declarara que teletrabajaría desde su casa a raíz de haber contraído la gripe H1N1 y a partir del decreto para prevenir la expansión de la pandemia en las embarazadas mediante el teletrabajo, Costa Rica vivió el I Congreso Internacional de Teletrabajo los días 20 y 21 de agosto de 2009. El presidente del Instituto Costarricense de Electricidad (ICE) reiteró el compromiso de la institución para impulsar el teletrabajo en el país con el objetivo de disminuir el tráfico en las calles y, por ende, el gasto de combustibles, lo cual se cumpliría con la meta del gobierno de convertir a Costa Rica en un

---

92 http://www.ccit.org.co/index.php/noticias/item/como-va-el-teletrabajo-en-colombia-ccit-y-fedesarrollo-revelan-nuevo-informe-sectorial) (http://www.elespectador.com/noticias/economia/apuesta-del-teletrabajo-articulo-527763). Estudio de Penetración Teletrabajo 2014 - MinTIC Colombia.

país carbono-neutral en 2021. "El teletrabajo, que permite que un empleado trabaje en su casa con conexión a Internet ha tenido un avance significativo a lo largo de estos últimos años, con una activa y continua participación por parte del sector público, aunado a las experiencias del sector privado, el cual lleva la delantera", dice el informe de la estatal Universidad de Costa Rica. Destaca que "esta modalidad de trabajo implica un cambio cultural, en especial en las instituciones públicas, las cuales están acostumbradas a la presencialidad del funcionario, aunque no estén haciendo mayor cosa".[93]

Un total de 302 funcionarios públicos del ICE forman parte del programa de teletrabajo que empezó a implementar el modelo en noviembre de 2007 con resultados altamente satisfactorios que han superado las expectativas. Los teletrabajadores incrementaron su productividad en más del 150% y bajaron su nivel de estrés en más del 30%.[94]

Según un reciente estudio de la consultora Ernst & Young (EY), Costa Rica es uno de los países a la vanguardia en la implementación del teletrabajo, pues desde 2013 el 4,25% de los empleados públicos y el 19% de los pertenecientes al sector privado comenzaron a disfrutar de los beneficios de esta modalidad laboral. Estos porcentajes se han logrado como consecuencia también de la excelente conectividad y tecnología que tienen en el país, lo que ha permitido que varias empresas y entidades implementaran el trabajo remoto con éxito, e incluso en ocasiones lo estén aplicando a la totalidad de sus empleados.

El teletrabajo ha sido importante para el desarrollo del país, teniendo en cuenta sus aportes al descongestionamiento vial, a la disminución del consumo de combustible y a la protección del medio ambiente. Es muy significativa la reducción de los desplazamientos, un ejemplo es la empresa Intellicent Sense que desde el año 2008 implementó la modalidad para el 80% del universo

---

93 http://www.teletrabajo.com.uy/noticias/el-teletrabajo-avanza-en-costa-rica/639/

94 http://www.teletrabajo.com.uy/noticias/costa-rica-cada-vez-mas-comprometida-con-el-teletrabajo/407/

de sus trabajadores, quienes lo hacen con protocolos y procedimientos de manejo del tiempo de trazabilidad del trabajo, confidencialidad, disponibilidad y conexión a Internet.

La firma de servicios compartidos Prodigius adoptó esta iniciativa a partir del año 2011 utilizando tecnología como telefonía IP, mensajería instantánea, sistemas en nube y mecanismos de seguridad como encriptación y firma digital, lo que constituye el mayor riesgo de la fuga de información.

Aunque el sector público tiene la obligación de implementar el teletrabajo a raíz del decreto de 2013, la práctica está más difundida en el sector privado, donde alcanza al 20% de los empleados, en tanto que en el sector público no llega al 1%, según estadísticas de los años 2013 y 2014.[95] [96]

Brasil

En todo Brasil existen 10,6 millones de teletrabajadores, cuando en el año 2001 la cifra era de apenas 500.000. Entre los motivos de este crecimiento está la mayor llegada de la banda ancha, el aumento en el tránsito en las grandes ciudades, además de la incorporación de la tecnología 3G a los teléfonos celulares y los nuevos formatos del trabajo a distancia. Un dato concreto registra que el 28% de los trabajadores teletrabaja al menos una vez a la semana, mientras que un 9% es un teletrabajador *full time*.[97]

Desde noviembre de 2017 rige en Brasil la controvertida reforma laboral, que ha generado un fuerte debate y polémicas en el país, donde cuenta con el apoyo del sector empresarial pero es muy cuestionada por los sindicatos y la mayoría de los jueces laborales y de los estudiosos del Derecho. En una discusión que traspasa las fronteras brasileñas, los sindicatos consideran que se

---

95 http://www.elfinancierocr.com/negocios/teletrabajo-Ernest_-_Young-empresas-Gobierno_digital_0_452354808.html)

96 "El teletrabajo en Costa Rica", en Hacia la Sociedad de la Información y el Conocimiento en Costa Rica, Programa de la Sociedad de la Información y el Conocimiento (PROSIC), capítulo 10, San José de Costa Rica, 2009.

97 http://www.teletrabajo.com.uy/noticias/brasil-empresas-analizan-el-teletrabajo-ya-hay-10,6-millones-de-teletrabajadores/192/

trata de una flexibilización laboral y de normas que precarizan las condiciones de trabajo, mientras que los empresarios argumentan que servirán para facilitar la contratación de nuevos empleados al reducir el costo laboral.

Entre las claves de la reforma, puede mencionarse la eliminación de la obligatoriedad de la contribución sindical, que pasó a ser voluntaria, y el impulso de las negociaciones y acuerdos salariales sectoriales, por empresa o individuales, con mayor peso que los convenios colectivos o los arreglos entre los empleadores y los sindicatos. El tiempo de preaviso se redujo a la mitad y se modifica el cálculo de los montos de las indemnizaciones por desvinculación que percibía el trabajador. Además, se eliminó la obligatoriedad de negociar despidos colectivos con los sindicatos y se introdujeron modificaciones en las jornadas laborales, que pueden llegar hasta las 12 horas (acompañadas con otras 36 horas de descanso) y con un límite de 44 horas por semana.

Por otra parte, permite la contratación de empleados de forma intermitente y establece una regulación específica para el teletrabajo, como el *home office*. Más de 15 millones de personas actualmente trabajan de esta forma en el país, y ya había una previsión de que se aplicarían al teletrabajo los mismos derechos del trabajo presencial. Se reglamenta un contrato específico entre empleador y trabajador que podrá distinguir el teletrabajo en relación con el salario y el uso de equipamientos. Se introduce un esquema de reembolso de gastos para el trabajador, además de ampliar las posibilidades para las empresas de tercerizar tareas. En el acuerdo se establecerán las condiciones de la prestación laboral, anticipando que los trabajadores bajo este régimen no tienen derecho a horas extras. El presidente de Brasil, Michel Temer, firmó un decreto, el 15 de noviembre de 2017, que deberá ser aprobado por el Congreso y que altera varios puntos de la reforma laboral presentada por el oficialismo al Senado. Los puntos controvertidos son la modificación en las licencias, el trabajo no registrado y el papel de los sindicatos, no así el teletrabajo, con respecto al cual solo hay algún debate sobre su no aplicación de horas extras.

México

En México el teletrabajo es todavía una modalidad laboral en crecimiento, aunque el 50% de los trabajadores del país preferirían realizar sus labores desde su hogar, al menos algunos días, para evitar el grave problema que es la congestión vehicular y, consecuentemente, la contaminación ambiental. Un estudio de OCC Mundial reveló que aunque el 80% de los encuestados posee la tecnología necesaria, solo el 11% lo hace de manera frecuente, y un 30% elegiría hacerlo de manera cotidiana; el resto de los encuestados no conoce los alcances de la modalidad. Este estudio sobre teletrabajo en las empresas de México indicó que 47% de los profesionales mexicanos encuestados nunca ha tenido la opción de trabajar desde la casa en su empleo actual, un 17% expresó que ha trabajado desde su casa pero en un proyecto específico y temporal, mientras que un 14% de los encuestados considera que su labor no se lo permite.[98]

Chile

Hasta el año 2010 solo el 2% de los trabajadores chilenos teletrabajaba, porcentaje que ha variado hacia 2011. De acuerdo con una encuesta de la reclutadora Laborum.com, las ofertas de trabajo para esta modalidad se duplicaron en el país hermano en 2015, y las postulaciones también aumentaron en un 32%. Según cifras del gobierno chileno, en junio de 2013 eran más de 500.000 las personas que trabajaban bajo este sistema, manteniéndose esta cantidad en los años posteriores. Es importante destacar tres componentes comunes en el teletrabajo chileno: *flexibilidad espacial, flexibilidad temporal* y *uso intensivo de tecnologías de la información*, en particular, Internet.

Perú

Considerada una alternativa para reducir problemas ambientales, en junio de 2010 comenzó un estudio exploratorio regional

---

98 http://www.teletrabajo.com.uy/noticias/crece-la-tendencia-hacia-el-teletrabajo-en-mexico/1076/)

sobre los impactos de la utilización del teletrabajo. El estudio, que abarcó varios países de la región, tuvo un lugar destacado en Lima, donde se llevó a cabo a través del Instituto de Estudios Peruanos (IEP) con el objetivo general de analizar los posibles impactos ambientales y socioeconómicos del teletrabajo.

"En Perú los gases de efecto invernadero han crecido del año 1994 al año 2000 en un 21%, produciendo el sector transporte el 8% de este tipo de gases en todo el país", subrayaba el estudio del IEP. Además, resaltaba que el 65% del parque automotor se encontraba en Lima metropolitana, en donde el 43% de los viajes se realiza por motivos laborales. "Aquí entra el teletrabajo como una alternativa que puede contribuir a reducir los problemas ambientales, de transporte y también permitir la inclusión de grupos que han sido excluidos tradicionalmente del mercado laboral", revelaba la investigación.[99, 100]

Uruguay

Uruguay se destaca como un modelo evolutivo para el desarrollo digital, marcando la necesidad de una legislación motivadora para emprendedores innovadores y centrándose en la propiedad intelectual del producto del trabajo de los teletrabajadores.[101]

Poder trabajar desde la rambla, el Parque Rodó o la casa es una posibilidad cada vez más factible para los uruguayos que eligen trabajar para el mundo. Según la Subsecretaría de Trabajo de Uruguay los teletrabajadores constituyen el 8% de la fuerza laboral y ese dígito crece año a año. En la sede de la OIT en Ginebra, durante 2017, el subsecretario de Trabajo, Néstor Loustaunau, sorprendió con un discurso que promovía una regulación internacional del teletrabajo. De esa forma, las ocho horas de trabajo frente a una computadora y el marcar tarjeta son conceptos que podrían quedar obsoletos con el desarrollo

---

99   http://www.surnoticias.com/technology/personal-tech/3986-teletraba-jo-una-alternativa-para-reducir-problemas-ambientales

100 http://cioperu.pe/articulo/3630/teletrabajo-que-nos-falta-para-aplicar-lo.aspx

101 http://www.teletrabajo.com.uy/noticias/uruguay-respira-tics-ii/742/

del teletrabajo. Esta modalidad plantea una alternativa respaldada a nivel local tanto por el sector público como por el privado. La empresa Freelancer destacó en un informe publicado en noviembre de 2017 que para el año 2020 se prevé que cerca del 50% del trabajo en el mundo se realizará, de alguna u otra manera, de forma remota, y para la Cámara Uruguaya de Tecnologías de la Información (CUTI) el teletrabajo es como el Uber o el Airbnb de lo laboral. La industria del software es la gran estrella del teletrabajo. Por ejemplo, el australiano Matt Barrie, fundador de Freelancer.com, publica en su portal 6.000 nuevos trabajos puntuales cada día para sus 20 millones de usuarios de todo el mundo. Unos 19.000 de esos usuarios son uruguayos que buscan oportunidades de trabajar remotamente desde Uruguay al mundo. Este país cuenta con una de las más altas tasas de conectividad de Latinoamérica.

Consultado Matt sobre cuál es la carrera del futuro, señala que es STEM (ciencia, tecnología, ingeniería y matemática, por sus siglas en inglés), de tal forma que será factible solo aquel trabajo que sea creativo. En mi opinión, agregaría la palabra arte, es decir STEMA. Pues la carrera del futuro estará atravesada por esas cuatro áreas.

La realidad es que el sistema educativo, en particular la primaria y la secundaria, está preparando a los alumnos para trabajos que ya no existen. En la entrevista realizada en agosto de 2016, para el diario *La Nación*,[102] Matt Barrie asegura: "las nuevas tecnologías destruyen puestos de trabajo, pero también crean nuevos. Los empleos creados por las nuevas tecnologías son diferentes de los empleos antiguos en muchos sentidos. En el momento actual, por ejemplo, todo aquello que sea repetitivo, va a desaparecer. El software está impactando mucho en los trabajos de la clase media, pero la robótica va a causar un cambio social mucho mayor. Basta mencionar el software para conducir vehículos, que va a afectar a todos los trabajadores involucrados en la industria del transporte: colectiveros, taxistas, camioneros. Lo

---

102 https://www.lanacion.com.ar/1929714-habla-matt-barrie-fundador-de-freelancercom

mismo puede decirse de la mayoría de los trabajos manuales. Ahí el impacto va a ser mucho mayor porque va a ser muy difícil, al menos durante los primeros 20 años, volver a entrenar a los que tenían esas ocupaciones para que hagan otras tareas".

Algunas de las dificultades para la implementación del teletrabajo son señaladas en cuanto a la competitividad de las empresas, pues los profesionales que eligen teletrabajar para el exterior son recursos de mano de obra que se retiran del mercado local. Muchas empresas del exterior pagan mejores sueldos que las uruguayas, por lo que los empleados prefieren trabajar desde su casa para el exterior antes que cumplir con el típico horario de oficina. A su vez, los trabajadores compiten también con pares de todo el mundo; por ejemplo, un ingeniero de sistemas en Colombia gana 30% menos que uno en Uruguay. Es decir que la globalización del trabajo llevará a que los trabajadores optimicen el uso de su tiempo y trabajen virtualmente algunas horas para una empresa y otras horas para otra. Desde Uruguay se avanza en la necesidad de regular la modalidad para dar una solución en materia de seguridad social. Uruguay XXI impulsa la exportación de "servicios globales" a través de su plataforma Smart Talent que les da a los trabajadores uruguayos la posibilidad de hacerlo para el resto del mundo desde una de las 200 empresas en Uruguay. Smart Talent comenzó con su actividad en abril de 2015 y en 2017 tenía más de 9.800 usuarios registrados y más de 500 ofertas de trabajo publicadas que se renuevan periódicamente.

Los principales rubros de servicios que requieren personal uruguayo son los vinculados a las TIC (como software, infraestructura y desarrollo), también farmacéutica, salud, arquitectura, administración y finanzas, entre otros.

Argentina

Ciertamente, el teletrabajo implica un cambio cultural, y como todo cambio requiere del acomodamiento de las partes implicadas, en este caso puntualmente de los trabajadores y empleadores. La clase trabajadora del siglo XXI, empujada por la Generación Y, exige motivaciones permanentes, y el teletrabajo es la modalidad que permite llevar adelante estos desafíos. En Argentina, la progresión de teletrabajadores creció de 900.000 a 1.200.000 en el período comprendido entre 2006 y 2009. Desde el año 2003 la Coordinación de Teletrabajo del Ministerio de Trabajo, Empleo y Seguridad Social fue acompañando el crecimiento de la modalidad, analizando y debatiendo cada una de las particularidades. Desde su definición, se ha cuidado que su aplicación no significara una flexibilización a ultranza, una precarización encubierta. Desde el PROPET, Programa de Promoción para el Empleo en Teletrabajo en el Sector Privado, se han trazado directrices tales como:

1. Voluntariedad para el trabajador y el empleador, no pudiendo ser obligado a "subirse a una red o a meterse en un box de oficina".

2. Distribución de la carga horaria del teletrabajo en un formato mixto, implicando que una o dos veces por semana exista trabajo presencial, durante el cual las charlas de pasillo, las pausas para el café y el cara a cara, tan necesarios, pudieran complementar la comunicación virtual de teletabajadores con sus pares y con sus jefes.

3. Contacto permanente con la representación sindical que participa de las experiencias de teletrabajo, fijando paritariamente condiciones para mejorar los beneficios de los teletrabajadores.

4. Igualdad de todos los trabajadores que ocupan el mismo puesto, sea virtual o presencial, a efectos de evitar la discriminación y el aislamiento.

5. Prevención y protección en materia de seguridad e higiene a través de la Resolución n° 1552/2012 de la Superintendencia de Riesgos del Trabajo que determina los recaudos que se deberán tomar en la implementación del teletrabajo, para que este se realice con todos los resguardos en materia de seguridad e higiene.

6. Protección para los bienes y la información, priorizando el cuidado de la privacidad del domicilio del teletrabajador y de su adaptación a la modalidad que permite ser reversible cuando deviene de un puesto presencial.

En 2002, el Ministerio de Trabajo facilitó un espacio de discusión, en el marco de una comisión compuesta por funcionarios, académicos, sindicalistas, juristas, informáticos, empresarios y especialistas del sector. Enmarcado en el diálogo social y el trabajo decente, la comisión analizó el impacto del teletrabajo en la creación de puestos de trabajo, así como la posibilidad de legislar sobre el particular.

En este contexto, se derribaron los mitos que rodeaban al teletrabajo (aislamiento, precariedad, falta de seguridad) generando diferentes programas que resaltaron sus beneficios (mejora de la empleabilidad, conciliación de la vida familiar con la vida laboral, contribución al medio ambiente), poniendo especial énfasis en los grupos más vulnerables. De esta forma se generó una herramienta de inclusión sociolaboral con múltiples ventajas para el trabajador, su entorno familiar, laboral, la sociedad y las organizaciones que lo aplican.

En 2010 se realizó el Censo Nacional de Población, Hogares y Viviendas que incluyó algunos indicadores clave de acceso y uso, en tanto que en 2011 se realizó por primera vez la Encuesta Nacional de Acceso y Uso de TIC (ENTIC), con un relevamiento especial que incluía, entre otros temas, indicadores que aportaban información básica vinculada al teletrabajo.

A partir de esa encuesta hubo información disponible sobre la cantidad y el tipo de computadoras y conexiones a Internet en el hogar, para qué se utilizaban, cuáles eran los lugares habituales de uso, con qué frecuencia se empleaban, así como las principales barreras para su disponibilidad. De los datos obtenidos, se advertía que 6 de cada 10 personas utilizaban la computadora para sus tareas laborales. Nuevamente los números corroboraron la necesidad que había vislumbrado más de quince años atrás: una autoridad de aplicación que profundizara sobre esta modalidad.

La participación de la Comisión de Teletrabajo, en el Comité Estratégico Multigobierno en el seno de la Jefatura de Gabinete de la Presidencia de la Nación, delineó algunos aspectos de la denominada Sociedad de la Información que le permitió a la Argentina ser considerada pionera en la materia.

Luego de participar en varias precumbres durante los años 2003 y 2004, en Ginebra y Río de Janeiro, durante la Cumbre de la Sociedad de la Información que tuvo lugar en Túnez en 2005, el Ministerio de Trabajo integró la representación oficial y obtuvo para la Argentina la presidencia del Grupo de Teletrabajo para los países de América Latina y el Caribe (Programa eLAC 2003-2015), la que detenta hasta la actualidad en el marco estructural de la Comisión Económica para América Latina y el Caribe (CEPAL).

Resulta interesante compartir algunos de los programas desarrollados en el seno de la Comisión de Teletrabajo, como el Programa de Promoción del Empleo en Teletrabajo (PROPET), para el sector privado. La preocupación era promover condiciones dignas de trabajo para los teletrabajadores, por ello, dicho programa, que comenzó como primera experiencia en 2008, dio lugar a una red de empresas comprometidas pioneras en implementar la modalidad con el acompañamiento del Estado, el que a través de entrevistas a los teletrabajadores y jefes monitoreaba el cumplimiento. El aumento de empresas dio lugar a la Resolución Ministerial nº 595/2012, que establece las condiciones mínimas para el desarrollo de la modalidad. Entre las empresas que ingresaron al programa PROPET estaban: YPF, Telecom Argentina, CISCO System, Agua y Saneamientos Argentinos (AySA), Banco Supervielle, Cablevisión, OPESSA (Operadora de Estaciones de Servicio), Bullo, Tassi, Estebenet, Lipera, Torasa Abogados, Evangelista (AESA), YPF Tecnología, BASF The Chemical Company Argentina, Grupo CARSA/ACERCAR A.C.E., Garbarino SAIC, BAPRO Medios de Pago, Dell America Latina Corp. Sucursal Argentina, Merck Química Argentina, Nielsen SRL e YPF GAS.

Derribando mitos, se ha comprobado que el teletrabajo no es patrimonio exclusivo del sector privado, también pertenece al sector público. Por ello, desde el año 2013, diversos organismos públicos nacionales comenzaron a implementar la modalidad en su propia infraestructura, con el fin de reducir el tiempo de traslado de sus agentes, colaborar con el medio ambiente, con la disminución de la siniestralidad, el tráfico vehicular, el pedido de licencias injustificadas y, finalmente, con el ansiado deseo de que los agentes involucrados pudieran conciliar la vida familiar y el trabajo, entre otros aspectos.

A través de convenios de cooperación se han acompañado las prácticas del sector, respetando las competencias ministeriales de cada organización pública. La primera experiencia se llevó adelante en el propio Ministerio de Trabajo, Empleo y Seguridad Social de la Nación para un grupo de agentes con movilidad reducida y mujeres con hijos recién nacidos, logrando conciliar la vida laboral con el nuevo grupo familiar y evitando el traslado de las personas con discapacidad que no podían trasladarse por sí mismas; en todas ellas el resultado dignificó el trabajo en la administración pública. Asimismo se ha implementado el teletrabajo en organismos tales como Ministerio de Relaciones Exteriores, Comercio Internacional y Culto; Ministerio de Agricultura, Ganadería y Pesca; Administración Federal de Ingresos Públicos; Ministerio de Seguridad; Ministerio de Defensa; Ministerio de Planificación; Instituto Nacional de Tecnología Industrial; Instituto Nacional de Tecnología Agropecuaria; Sindicatura General de la Nación; Comisión Nacional de Comunicaciones; Superintendencia de Riesgos del Trabajo e Instituto de Ayuda Financiera.

Ciertamente, la transición de la sociedad industrial a la sociedad del conocimiento exige cambios. El nuevo paradigma implicó una diferente forma de acercar el trabajo a los trabajadores y formarlos en tal sentido. En el marco de la capacitación y la formación, el grupo de personas más vulnerables fue el universo elegido, en busca del fomento de la inserción sociolaboral. La experiencia comenzó con personas con discapacidad, jóvenes entre 18 y 24 años con nivel primario/secundario incompleto que se encontraban en situación de desempleo, presidiarios (cumpliendo la última etapa de la condena), ex presidiarios y por último mayores de 40 años que se encontraban en situación de desempleo. Progresivamente el número fue aumentando hasta llegar a los 3.000 capacitados para el año 2013. Fue en ese preciso año que se dictaron cursos de capacitación para la Administración Pública Nacional, junto a la Sindicatura General de la Nación. El objetivo principal fue instruir sobre teletrabajo a representantes de diversos sectores del Estado nacional para que pudieran implementar el teletrabajo en sus respectivos organismos.

El teletrabajo adquiere relevancia a partir de la experiencia práctica, no existe como carrera de grado o posgrado; por ello, el programa de Certificación de Competencias en Teletrabajo posibilitó la acreditación de los saberes y la experiencia adquirida informalmente con el reconocimiento de las calificaciones dentro de estándares de calidad. Esta meta quedó plasmada con la firma del convenio del MTEYSS 60/07, en cuyo marco se suscribió el Protocolo Adicional de acción n° 1 a fin de certificar los roles ocupacionales de: Tutor Virtual Teletrabajador, Analista Administrativo Contable Teletrabajador, Diseñador Web Teletrabajador, Rol Genérico y Operador de Comunicación Social Digital. Desde 2008 hasta 2015 hubo un total de 1.200 evaluados divididos en los diferentes roles.

Es evidente que reducir el traslado diario de los trabajadores a la oficina disminuye el tránsito vehicular, que es la causa principal de emisión de gases de efecto invernadero. Por eso, el teletrabajo es un medio eficaz para conformar un estilo de vida más saludable, que permite ahorrar tiempo, dinero y, fundamentalmente, mejorar la calidad de vida de los trabajadores. Así lo recrea el Programa de Teletrabajo Sustentable que ha desarrollado una huella de carbono exclusiva para medir el beneficio al medio ambiente por trabajador.

Los nuevos contenidos de la negociación colectiva fueron el resultado de un trabajo intenso del Ministerio y, en lo particular, las cláusulas de teletrabajo se diseñaron mediante una labor conjunta con los gremios y las empresas a partir de la experiencia del PROPET. Gracias a las acciones de concientización realizadas en talleres sindicales y por el pedido de las propias empresas de diferentes sectores, se han suscripto diferentes convenios que permitieron implementar experiencias de teletrabajo con el consenso de la Federación Argentina de Empleados de Comercio y servicios (FAECYS), el Sindicato Unión Petroleros e Hidrocarburíferos (SUPEH), la Unión Personal Jerárquico de Empresas de Telecomunicaciones (UPJET), la Federación de Organizaciones del Personal de Supervisión y Técnicos Telefónicos Argentinos

(FOPSTTA), la Federación de Obreros y Empleados Telefónicos de la República Argentina (FOETRA), la Federación Argentina de las Telecomunicaciones (FATEL), la Unión del Personal Superior y Profesional de Empresas Aerocomerciales (UPSA), el Sindicato de Obras Sanitarias de Misiones (FEMTPS), la Operadora de Estaciones de Servicios S.A. (OPESSA) y los gremios del sector público UPCN y ATE

En 2007 el primer proyecto de teletrabajo que luego tuvo tratamiento parlamentario descansaba en los principios de voluntariedad, reversibilidad y seguridad e higiene. Luego, la experiencia indicó la necesidad de volver sobre algunos temas como el teletrabajo transfronterizo y la distribución de jornada para evitar el aislamiento.

En 2010, desde el Ministerio de Trabajo se firmó el convenio con el Trust of the Americas, perteneciente a la Organización de los Estados Americanos (OEA), delineándose acciones de cooperación bilateral y de articulación de programas destinados a formar en teletrabajo a personas con discapacidad en la región de América Latina. Luego varios convenios de cooperación internacional, como el celebrado con ADAPT, la Asociación para el Estudio Internacional y el Derecho del Trabajo de la Relación Industrial Italiana, y con los ministerios de Tecnologías de la Información y Comunicación y de Trabajo de la República de Colombia, marcaron a la Argentina como líder en materia de teletrabajo en la región.

Una importante práctica transfronteriza significó, en 2014, la suscripción de una Declaración de Intenciones con la Xunta de Galicia para aplicar buenas prácticas en el sector público gallego, teniendo la posibilidad de haber sido responsable de su monitoreo y presentación de resultados.

Primer Observatorio Tripartito de Teletrabajo (OTT)

El Observatorio Tripartito de Teletrabajo creado el 30 de noviembre de 2010 en la sede de la Organización Internacional del Trabajo (OIT), Oficina de Argentina, fue una iniciativa sin fines de lucro con el objetivo de recolectar, procesar, analizar y difundir la información cuantitativa y cualitativa acerca del teletrabajo y sus problemáticas actuales. Con una composición tripartita, el Estado, el sector empleador y el trabajador, contó con la participación y el asesoramiento de la OIT, agencia del Sistema de Naciones Unidas. Su función era fortalecer, impulsar y facilitar las condiciones laborales generadas a partir del teletrabajo promoviendo los ejes principales del trabajo decente; empleos de calidad con un marco jurídico adecuado a nivel nacional y regional.

Desde la perspectiva de la seguridad y la higiene en el teletrabajo, se llevó adelante en forma conjunta con la Superintendencia de Riesgos del Trabajo, las ART y las empresas del PROPET, en 2008, el Manual de Buenas Prácticas en Teletrabajo con recomendaciones destinadas a la prevención de las enfermedades y accidentes derivados de la práctica del teletrabajo. La Superintendencia de Riesgos de Teletrabajo dictó la Resolución 1552/2012, donde se define el teletrabajo, los estándares mínimos que debe considerar la ART para que la modalidad esté amparada por las normas vigentes.

Es cierto que los pasos fueron lentos, pero el teletrabajo en la Argentina es un motor de inclusión sociolaboral. Estamos frente a un nuevo paradigma que merece una mayor consideración, el mito de "trabajar más porque no existe presión por abandonar la oficina para volver al hogar" ha quedado en desuso, se trata de optimizar las horas de trabajo contando con las TIC, que nos permiten mayor horizontalidad y horarios más flexibles. No se trata de un mercado laboral "escéptico", sino de una modalidad que pretende dar solución a la falta de espacio físico, generar trabajo sustentable en todo el territorio nacional evitando el aislamiento. Buscar una mayor inclusión social al contribuir a mantener profesionales calificados en sus lugares de origen y evitar concentrarlos en los grandes centros urbanos, con mayor cuidado del medio ambiente y de la salud de la población. Mantener el arraigo de la familia y fomentarla como base del tejido social desde la mejora en la calidad de vida de los trabajadores y la posibilidad de generar una mejor transferencia de los conocimientos y prácticas.

4. El teletrabajo en los servicios financieros

Por regla general, los sectores en los que la información ocupa un lugar central son los más compatibles con el teletrabajo, puesto que la actividad puede ser digitalizada, lo que a su vez permite realizar trabajos a distancia. Aunque no todos los empleos en los servicios financieros se prestan al teletrabajo, pues algunos requieren una interacción física directa con los demás compañeros de trabajo o los clientes (como las actividades bancarias en una sucursal o la gestión de los sistemas informáticos de una empresa), la mayoría son compatibles. El principal impulsor del teletrabajo es la *innovación tecnológica*, consustancial a las TIC. A pesar de algunos abandonos notables del teletrabajo por parte de empresas tan punteras en nuevas tecnologías como Yahoo y Google, no resulta sorprendente que sea en este sector donde se ha generalizado esta modalidad laboral.

Las materias primas de los servicios financieros son el dinero y la información. En lo que se refiere al dinero, que en la actualidad consiste principalmente en asientos contables, puede convertirse fácilmente, al igual que la información, a un formato digital y, por consiguiente, desmaterializarse en datos. Estos datos (que constituyen un componente de las TIC), una vez digitalizados pueden ser fácilmente procesados y utilizados a distancia, lo que hace que esta tarea sea perfectamente compatible con el teletrabajo. Sin embargo, no son los factores tecnológicos sino los referidos a la ciberseguridad, a restricciones normativas y/o a la renuencia a los cambios por parte de la dirección de capital humano de la organización los que obstaculizan la aplicación del TCR. Es decir que, aun en sectores que por naturaleza debería ser aplicado, como es el sector de servicios financieros, finalmente no termina de convencer.

En efecto, la tecnología financiera, un sector incipiente pero en rápida expansión (conocido popularmente como FinTech), que combina estrechamente las innovaciones tecnológicas con los productos financieros, muestra el gran potencial de la tecnología y del empleo basado en las TIC para transformar radicalmente estos servicios. FinTech se aplica a aquel segmento de las empresas que utilizan la tecnología para cambiar el modo en el que funcionan algunas actividades de los servicios financieros, tales como los pagos a través del móvil, las transferencias monetarias, los préstamos, la recaudación de fondos e incluso la gestión de activos. Los últimos informes en esta materia señalan que el volumen mundial de inversiones en FinTech se ha disparado en Estados Unidos de 930 millones de dólares en el año 2008 a más de 12.000 millones en 2015. El auge de FinTech está cambiando el modo de funcionamiento de las empresas, de forma que los modelos tradicionales para la obtención de fondos a los que estas recurrían, como los bancos o los inversores convencionales, han dejado de ser la única opción. A partir de estas innovaciones es cada vez más fácil acceder a otras fuentes de financiación, como la financiación colectiva desde cualquier lugar del mundo por personas a quienes los empresarios ni siquiera conocen. Los movimientos transfronterizos de dinero son otro sector en el que las empresas FinTech están expandiéndose. Algunos profesionales del sector financiero, como por ejemplo los planificadores financieros (muchos de los cuales son trabajadores independientes), los corredores o los peritos de seguros suelen trabajar fuera de sus oficinas, a partir de lo cual los gobiernos y las organizaciones prestan gran atención a la confidencialidad de los datos.

El Instituto Nacional de Normalización y Tecnología de los Estados Unidos (NIST) está revisando sus pautas en materia de teletrabajo para hacer frente a las preocupaciones incipientes sobre ciberseguridad, en particular en lo que atañe a los trabajadores que acceden a contenidos relativos a su trabajo en sus teléfonos inteligentes, tabletas y computadoras personales. Las prácticas denominadas "traiga su propio dispositivo" (BYOD) pueden provocar debilidad y convertir a las organizaciones en blancos más vulnerables ante los ataques de los piratas informáticos. NIST señala que los empleadores están descubriendo que muchas filtraciones de información son producto del robo de información esencial disponible en una red determinada a la que los piratas han podido acceder penetrando previamente en las computadoras utilizadas por el teletrabajor. Así pues, recomienda que las organizaciones planifiquen sus medidas de seguridad para el acceso remoto, partiendo del principio de que las redes entre el dispositivo para el teletrabajo del colaborador y la organización no son del todo fiables. Las directrices iniciales del NIST sobre el teletrabajo fueron elaboradas en 2009 antes de la aparición y posterior proliferación de los teléfonos inteligentes y de otros dispositivos más recientes. Asimismo, en Francia, la Agencia Nacional de Seguridad de los Sistemas de Información (ANSSI) ha definido 12 sectores de importancia crítica para la seguridad nacional, y ha seleccionado 218 operadores de vital importancia, públicos y privados, para que se les otorgue protección prioritaria contra los ciberataques. Estas empresas, que administran infraestructuras nacionales sensibles, inclusive en el sector de las telecomunicaciones, están obligadas a crear unidades de ciberseguridad para analizar los riesgos y elaborar planes de seguridad para hacerles frente. En una época en la que cada vez más las contraseñas se consideran un medio de protección insuficiente, muchas entidades, especialmente los bancos, recurren a dispositivos de autentificación avanzados para gestionar el acceso a los sistemas y mejorar la confianza de sus clientes y de sus socios empresariales, así como para reforzar los procedimientos de autentificación que utilizan sus trabajadores para acceder a distancia a sus redes y bases de datos.

Desde el punto de vista de las empresas, se considera ante todo que el teletrabajo es un medio que les permite: ampliar el universo de trabajadores calificados, reducir los costos inmobiliarios derivados de contar con espacio suficiente en las instalaciones de la empresa, aumentar la productividad, reducir el consumo de energía y la huella de carbono, dar cumplimiento a las disposiciones legislativas en materia de contratación de personas discapacitadas y de otros grupos vulnerables, reducir la tasa de rotación de personal y el ausentismo, aumentar la motivación del personal y mejorar las estrategias de continuidad de la empresa, así como su capacidad para administrar su adaptabilidad cultural.

Desde el punto de vista de los teletrabajadores, estos pueden beneficiarse de ventajas relacionadas con un mejor equilibrio entre la vida laboral y la vida privada; obtener ahorros gracias a la reducción de los gastos derivados del uso de un vehículo, estacionamiento o el transporte público, de la ropa de trabajo, de alimentarse fuera de casa y los seguros. Por otro lado, la reducción en el tiempo de desplazamiento, así como otros ahorros considerables por no tener que hacer diariamente el trayecto del domicilio al lugar de trabajo y viceversa. Para la sociedad en general, las ventajas del teletrabajo se dejan ver en el ámbito económico, medioambiental y personal, y la utilización de las TIC presenta ventajas adicionales para algunos trabajadores, en particular aquellos con discapacidades físicas, y contribuyen a crear una sociedad con menor consumo energético.

Pese a que estas ventajas son aplicables al conjunto de la economía, algunas de las cuestiones que se plantean resultan especialmente decisivas para el sector de los servicios financieros. En este sentido, algunos expertos señalan que permitir el trabajo a distancia aumenta la posibilidad de que los trabajadores utilicen sus propios dispositivos móviles (BYOD) para comunicarse a través de redes públicas sin garantías de seguridad, lo que aumenta la vulnerabilidad de las empresas a intrusiones no autorizadas. Por lo tanto, es recomendable que las empresas controlen los dispositivos y programas que utilizan los teletrabajadores, incluidos los propios de ellos (BYOD) y se aseguren de contar con sistemas de protección contra ataques potenciales de piratas informáticos. Además de proteger todos los dispositivos utilizados para el trabajo con una contraseña y hacer un inventario actualizado y completo de los dispositivos móviles que utilicen los teletrabajadores, es importante activar una unidad de rastreo por GPS y disponer de una función de borrado remoto de datos en caso de pérdida o robo.

Algunos investigadores han tratado de calcular el valor monetario que se deriva de las posibles ventajas del teletrabajo. En el caso de Canadá, se estimó un ahorro concreto de 53.000 millones de dólares canadienses al año que las empresas, los trabajadores y la sociedad en general podrían obtener gracias al teletrabajo si se aprovechara plenamente su potencial. En un estudio de características similares efectuado para los Estados Unidos, se calculó que si todos los trabajadores de los Estados Unidos que realizan tareas susceptibles de prestarse mediante teletrabajo se acogieran a este régimen a tiempo parcial, los beneficios potenciales para el conjunto de la economía ascenderían a 645.000 millones de dólares. Este estudio tuvo en cuenta la reducción de gastos de mantenimiento de la red vial como ventaja a escala comunitaria, pero excluyó la atención médica.

Otro aspecto importante que han de considerar detenidamente todas las partes implicadas en el teletrabajo es la responsabilidad jurídica en materia de seguridad y salud de los teletrabajadores, tanto si trabajan a domicilio como si son itinerantes. En 2011, el Tribunal de Revisión de Actos Administrativos de Brisbane, Australia, declaró responsable a la empresa de telecomunicaciones Telstra de las lesiones sufridas por uno de sus teletrabajadores mientras trabajaba en domicilio. El tribunal consideró que las lesiones estaban relacionadas con el trabajo y condenó a la empresa a sufragar los gastos médicos y a indemnizar al trabajador por la consiguiente pérdida de ingresos, aunque Telstra había declinado toda responsabilidad alegando que el trabajador se había caído fuera del área de trabajo designada.[103]

La distribución demográfica de los teletrabajadores de los sectores financieros de EE.UU., al igual que sucede con todos los demás aspectos relativos a esta modalidad laboral, no se ha determinado por cuanto los diversos estudios en la materia arrojan resultados divergentes. Según un estudio de 2014, por ejemplo, el perfil del teletrabajador típico, en una muestra de 556 trabajadores, es el de un hombre que no pertenece a una generación particular y que trabaja en su domicilio. Algunos de ellos tienen hijos y otros no; y no hay ninguna tendencia de género.

En la Unión Europea, un estudio de Eurofound determinó que es más probable que los hombres recurran a esta modalidad de trabajo que las mujeres: en promedio, hay un 8,1% de teletrabajadores frente a un 5,8% de teletrabajadoras. Según Eurofound, estas diferencias de género pueden explicarse al menos en parte por la distribución del teletrabajo según los sectores y ocupacio-

---

103 Adaptado de E. Brown: "Attackers Honing in on Teleworkers? How Organizations Can Secure their Data", que puede consultarse en http://www.nist.gov/itl/csd/attackers-honing-in-on-teleworkers-how-organizations-can-secure-their-datata.cfm, 14 de marzo de 2016; y E. Christiann: "Mobile Cybersecurity: A New Challenge for Enterprises", que puede consultarse en http://www.sofrecom.com/en/blog/publications/mobile-cybersecurity-a-new-challenge-for-enterprises, 2 de mayo de 2016.

nes. En los sectores donde se registra una mayor incidencia del teletrabajo, como en el inmobiliario y en la intermediación financiera, tienden a predominar los hombres. Esta misma tendencia se observa en el caso de las ocupaciones con un nivel de calificación más elevado y en profesiones técnicas, donde se registra una menor presencia de teletrabajadoras. Por lo tanto, el estudio de Eurofound sugiere que la existencia de mercados de trabajo segregados por género podría ser uno de los factores que explicaran las diferencias de género en relación con el teletrabajo. Otros estudios, como el de la Oficina Federal de Estadística de Suiza, corroboran que existen más teletrabajadores hombres que mujeres. En 2015, alrededor de dos tercios de los trabajadores eventuales a domicilio en Suiza eran hombres: un 24% de hombres frente a un 18% de mujeres. Esto se debe a que la mayoría de los trabajadores que ocupan puestos de dirección o de categoría profesional, donde es totalmente viable el teletrabajo, son de sexo masculino. No obstante, la cantidad de mujeres teletrabajadoras ha experimentado un crecimiento más rápido que la de los hombres (se ha sextuplicado desde 2001 hasta el 2016).[104]

En lo que respecta al nivel de formación, pese a que no está nada claro que el caso suizo sea generalizable a todo el mundo, en la encuesta sobre la fuerza de trabajo de la Oficina Federal de Estadística de Suiza, 2001-2015, se señala una presencia preponderante de trabajadores con un nivel de enseñanza superior que teletrabajan. En 2015, más de un tercio de quienes se acogían al teletrabajo, al menos ocasionalmente, poseían como mínimo un nivel de enseñanza superior, frente a un 13% que solo tenían estudios de secundaria y apenas un 3% que habían completado la enseñanza obligatoria.

El informe publicado en 2010 titulado *Teletrabajo en la Unión Europea* señala que los gobiernos y los interlocutores sociales han mantenido amplias consultas sobre el teletrabajo desde hace

---

104 Cook, D.: "Men Dominate Telecommuting Crowd", en el sitio web BenefitsPRO.com, 5 de mayo de 2014, puede consultarse en http://www.benefitspro.com/2014/05/05/men-dominate-telecommuting-crowd. 28 Eurofound, *op. cit.*, pág. 7. 20 GDFTWEFS-R-[SECTO-160728-1]-

muchos años. Este intercambio es incluso anterior a que comenzara el diálogo social intersectorial europeo sobre teletrabajo. Ciertamente, los interlocutores sociales del Comité de Diálogo Social Sectorial para Telecomunicaciones habían iniciado consultas y negociaciones, y adoptaron un documento conjunto destinado a establecer las directrices del teletrabajo en su sector en Europa. Este documento fue suscripto el 7 de febrero de 2001, y posteriormente UNI Europa Finanzas y UNI Europa ICTS negociaron y firmaron declaraciones conjuntas sobre el teletrabajo con sus respectivos interlocutores sociales en el plano europeo. Estos interlocutores eran la Asociación de Mutuales y Cooperativas de Seguros en Europa (AMICE), la Federación Europea de Intermediarios de Seguros (BIPAR) e Insurance Europe para el sector de los seguros (firmada en febrero de 2015), y la Asociación de Operadores Públicos Europeos de Telecomunicación (ETNO) para el sector de los servicios de TIC (firmada en febrero de 2016). Las dos declaraciones conjuntas, basadas en el Acuerdo Marco sobre Teletrabajo concertado el 16 de julio de 2000 comprometen a los interlocutores sociales a promoverlas y darles seguimiento.

Las declaraciones estipulan que se respeten las normas nacionales aplicables, pidiendo a sus respectivos miembros, así como a las partes interesadas de ambos sectores, que examinen sus propias prácticas a la luz de la declaración. Asimismo, subrayan el carácter voluntario del teletrabajo y exigen que el empleador supervise a los trabajadores que realizan trabajo móvil para apoyarlos en este proceso, celebrando un convenio colectivo y/o acuerdos individuales suplementarios específicos, que aborden las cuestiones siguientes: a) frecuencia del teletrabajo y accesibilidad del teletrabajador; b) seguridad y salud en el trabajo; c) protección de datos; d) acceso del empleador al lugar de trabajo para verificar la correcta aplicación de las disposiciones en materia de salud, seguridad y protección de datos; e) cuando sea pertinente, condiciones relativas al suministro, la instalación y el mantenimiento del equipo necesario para realizar el trabajo móvil; f) protocolo a seguir en caso de avería del equipo; g) derecho de los trabajadores a acceder a oportunidades de formación y desarrollo profesional sujetos a las mismas políticas de evaluación a las que lo estén los trabajadores que no realizan teletrabajo para el empleador, y h) el derecho de los teletrabajadores de beneficiarse de las mismas prestaciones que el resto de los trabajadores de la empresa, con carga de trabajo, salario y criterios de desempeño equivalentes.

El control del desempeño debería medirse en función de los resultados obtenidos y no de la actividad en sí, y cualquier sistema de control del desempeño debería ser coherente y tener en cuenta las características específicas del tipo de trabajo móvil.[105]

En la región nórdica, los interlocutores sociales del sector financiero, el Sindicato de Servicios Financieros de Dinamarca y su homólogo empleador, Finanssektorens Arbejdsgiverforening, han firmado un acuerdo marco sobre el teletrabajo que se incluye en los convenios colectivos como un protocolo tipo. Dicho acuerdo marco especifica que el teletrabajo ha de formar parte del tiempo de trabajo total, de manera que se mantengan las relaciones entre los trabajadores y la empresa en el plano laboral y social. Además, el trabajador puede solicitar acogerse al régimen de teletrabajo por un tiempo máximo equivalente al 50% del tiempo de trabajo, calculado durante un período de 13 semanas. Asimismo, se subraya que el teletrabajador debe tener acceso a un lugar de trabajo en los locales de la empresa. Los interlocutores sociales también han concertado convenios colectivos y acuerdos a nivel de empresa sobre el teletrabajo. En Alemania, Vereinte Dienstleistungsgewerkschaft, por ejemplo, tiene convenios colectivos sobre el teletrabajo móvil con Deutsche Telecom, aplicados por primera vez en 1995.

5. Aspectos normativos del teletrabajo en Argentina y en el mundo

Ciertamente, las leyes avanzan a un ritmo más lento que la realidad. Analicemos entonces qué países cuentan con ley y qué sugerencias en materia normativa serían necesarias para poder brindar certeza jurídica y económica a los actores sociales.

---

105 https://www.etno.eu/datas/ETNO%20Documents/Joint_Declaration_ telework_UNIeuropa_ETNO.pdf y http://www.amice-eu.org/userfiles/file/ ISSDC_telework_declaration_2015-02-

Si recorremos América, países como Brasil, Colombia y Perú ya cuentan con leyes específicas que regulan el teletrabajo. En Argentina y Ecuador existen normas regulatorias dictadas por los respectivos ministerios de Trabajo, mientras que en Bolivia y México el teletrabajo forma parte de lo que se considera trabajo a domicilio. Varios países tienen proyectos de leyes en estudio, en algunos casos con propuestas que datan del año 2010 pero que aún no se han aprobado. En el caso de México, el proyecto de ley busca separar el trabajo a domicilio del teletrabajo, mientras que en Bolivia el proyecto limita el teletrabajo a grupos específicos de trabajadores (como personas con discapacidad, mujeres embarazadas o personas con problemas de salud) y propone que el trabajo a distancia sea posible solo por un lapso de tres meses. Finalmente, otros países como Uruguay están todavía elaborando su regulación.

Ya sea con regulación o con proyectos de ley, en la región se entiende que el marco jurídico debe alcanzar al teletrabajador como trabajador en relación de dependencia (asalariado) con los mismos derechos de una persona que trabaja en la empresa en forma presencial. Es decir, se les aplican las mismas escalas salariales, tienen los mismos derechos de protección ante el despido e idénticos beneficios de seguridad social. Una excepción se da en Chile, donde el Código del Trabajo excluye el teletrabajo de la limitación de la jornada de trabajo, lo cual implica que no hay régimen horario y, por lo tanto, no se generan horas extras; en el mismo sentido, la reforma de la ley laboral brasileña excluyó la posibilidad de que los teletrabajadores pudieran realizar horas extras.

Argentina

Cabe recordar la Declaración de Buenos Aires sobre Teletrabajo adoptada por el Taller Internacional sobre Teletrabajo, organizado en Buenos Aires del 25 al 27 de agosto de 2010, en el Ministerio de Trabajo Empleo y Seguridad Social, donde los actores sociales, empresas, sindicatos, sector académico y la OIT destacaron entre otras cosas la necesidad de establecer marcos jurídicos generales para proteger a todos los teletrabajadores, en

271

particular a los con discapacidades y otros grupos vulnerables, mediante normas u otras disposiciones jurídicas para garantizar su derecho de libertad sindical, sindicación y seguridad social.

El teletrabajo, ya sea ocasional o a tiempo completo, es un fenómeno muy extendido que sigue avanzando y que tiene consecuencias de gran alcance para el mundo del trabajo. Se trata de uno de los procesos facilitados por la tecnología que plantea dificultades motivadas por la falta de una definición y, consecuentemente, la posibilidad de su medición. Es crucial que los gobiernos empiecen a recopilar de forma sistemática datos sobre la incidencia del teletrabajo en la mano de obra, por ejemplo, añadiendo la formulación de preguntas a los métodos utilizados para la recopilación de datos existentes, como encuestas de población activa u hogares. Además, las herramientas tecnológicas actuales suponen que es técnicamente posible que los empleadores en cualquier parte del mundo empleen teletrabajadores a tiempo completo ubicados fuera del país en el que está domiciliada la empresa. Esto plantea muchos interrogantes, como: ¿qué legislación laboral debería aplicarse, la del país en la que se encuentra el empleador o la de donde trabaja el teletrabajador? ¿Qué impacto tendría en pilares del trabajo decente, como la libertad sindical y de asociación, la representación colectiva, los regímenes de seguridad social y el diálogo social en general, puesto que la mano de obra estaría dispersa por diferentes países –e incluso regiones– con diferentes leyes laborales? No son cuestiones puramente hipotéticas; el trabajo participativo y el trabajo en plataforma en el consumo colaborativo ya incluyen las modalidades de colaboración que cubren a países e incluso continentes, y que también facilitan la tecnología y el teletrabajo.

La posibilidad de deslocalizar los puestos de trabajo hace que las delimitaciones entre el trabajo subordinado y el autónomo sean más difusas, motivo por el que sobreviene la discusión de si es necesaria o no una regulación específica o modificación de las leyes laborales vigentes en cada país que contemple los aspectos propios del teletrabajo. Así surgió el proyecto de Ley de Teletrabajo en Relación de Dependencia elevado por el Ministerio de Trabajo, Empleo y Seguridad Social de la Argentina a través de la Coordinación de Teletrabajo para su tratamiento legislativo. Se trata de los proyectos n° 829 del 2 de julio de 2007 que fuera elevado al Congreso de la Nación, por expte 790531/03 y 2097/2012, por expediente n° 51323/2012.

Dicha normativa tenía como objetivo esencial la promoción de la igualdad de trato entre los teletrabajadores y trabajadores presenciales que ocupan igual cargo o posición laboral, particularmente en cuanto al ejercicio de la libertad sindical, la protección contra la discriminación en el empleo y en la ocupación, la protección en materia de higiene y seguridad, la remuneración, la protección por regímenes de la seguridad social, el acceso a la información, la edad mínima de admisión al empleo y la protección por maternidad. Regulaba lo que se denomina teletrabajo transfronterizo y lineamientos específicos sobre la frecuencia del teletrabajo y la compensación por gastos.

Chile

Introducido por la reforma de 2001 a la Ley 19.759, el Código de Trabajo chileno define el teletrabajo como "trabajo a distancia a través del uso de la tecnología de información y comunicación". El artículo 22 modificado por dicha ley excluyó la limitación del horario de trabajo a quienes presten servicios fuera de la empresa, facilitando la aplicación de la modalidad de teletrabajo. Chile cuenta con un buen nivel de telecomunicaciones y un notable aumento de conexiones a Internet. El flamante y nuevamente Presidente de la República, Sebastián Piñera, firmó en 2006, junto a la ministra del Trabajo Camila Merino, el proyecto de ley que impulsa el trabajo a distancia, el que permitiría mejorar las condiciones laborales de cerca de 100.000 personas que se desempeñan como teletrabajadores dependientes.

El proyecto buscaba mejorar el marco jurídico que regulaba a quienes trabajan bajo la modalidad de teletrabajo, y es parte de una estrategia integral del gobierno para promover el trabajo a distancia, sobre todo entre las 400.000 personas que hoy laboran desde sus hogares en calidad de independientes.

Entre los puntos del proyecto figuraban regular el grado de informalidad, clarificar las obligaciones y los derechos de los teletrabajadores y establecer la posibilidad de realizar jornadas mixtas, en la que la persona trabaje medio tiempo desde su casa y el resto de la jornada en la oficina.

El Ministerio del Trabajo sería responsable de este sistema, capacitando a través de talleres a quienes trabajan a distancia, iniciativa a cargo del Servicio Nacional de Capacitación y Empleo (SENCE) y el Ministerio de Economía.[106]

A partir del 1 abril de 2017 los trabajadores que cumplan ciertos requisitos pueden acordar con sus empleadores la posibilidad de realizar parte de sus funciones fuera del lugar habitual de trabajo. Como consecuencia de la aprobación de la Reforma Laboral de 2016, entró en vigencia una de las propuestas realizadas por esa ley que es trabajar cuatro días y tener tres días libres de común acuerdo entre los empleados y el empleador. Una vez acordada la nueva jornada semanal, existe la posibilidad de contar con más de un lugar para efectuar las actividades laborales, en este caso el propio hogar, siempre mediante el consenso previo entre las partes. Gracias a las nuevas tecnologías que permiten el trabajo a distancia, se podrá combinar las horas laborales entre el lugar de trabajo y fuera de este. Las ventajas que esto aporta, tanto individuales como sociales, significan mejoras en la productividad laboral y en la vida familiar del trabajador.

El beneficio va dirigido a los trabajadores chilenos con responsabilidades familiares, jóvenes estudiantes, mujeres, personas con discapacidad, entre otras categorías que serán fijadas por ambas partes en una empresa que cuente con sindicato. Para obtener la posibilidad de trabajar en casa deberá enviarse una solicitud escrita al empleador, quien tendrá un plazo de 30 días para responderlo. Luego de existir acuerdo entre las partes, se hará un anexo en el que se fije el segundo lugar de trabajo elegido por el empleado, las adecuaciones de jornada, los sistemas de control y gestión, y la duración del convenio.

---

106 http://www.teletrabajo.cl/portal/index.php?option=com_content&task=view&id=127

Con respecto a la jornada laboral, todavía siendo candidato Piñera planteó, en octubre de 2017, la creación de un contrato especial para el trabajo a distancia o teletrabajo y legislar para que empleadores y trabajadores pactaran "bolsas de permisos". Durante su campaña para las elecciones presidenciales, el actual presidente de Chile ya había anunciado su interés por el teletrabajo, señalándolo como una modalidad útil para alcanzar el aumento de puestos de trabajo.

Perú

En Perú, se encuentran comprendidos dentro del ámbito de aplicación de la Ley nº 30.036 del 4 de junio de 2013 y su reglamento el Decreto Supremo nº 017-2015-TR, aquellos trabajadores y servidores civiles que presten servicios bajo la modalidad de teletrabajo, así como las personas naturales o jurídicas y entidades públicas que los emplean cuyas labores se ejecuten en el territorio nacional, lo cual obstaculiza el teletrabajo transfronterizo. Son también de aplicación a dichos contratos, las resoluciones de incorporación o designación y adendas o acuerdos en los que se establezca la modalidad de teletrabajo, o el cambio de modalidad presencial por la de teletrabajo y viceversa, suscritos o emitidos en el país.

Tuve oportunidad de participar en el proceso de sanción de la ley, y particularmente en el Encuentro Internacional de Teletrabajo realizado en Lima, en 2014 y 2015. De allí se pautó que todos los contratos, resoluciones de incorporación o designación y adendas o acuerdos por los que se establezca la modalidad de teletrabajo o el cambio de modalidad presencial por la de teletrabajo debían cumplir con los siguientes requisitos:

1. Celebrarse por escrito.
2. Sujetarse a las condiciones y requisitos previstos por las normas convencionales.
3. Obligar al empleador a entregar un ejemplar del contrato, donde se consigne, como mínimo, la siguiente información:

a) Los medios informáticos, de telecomunicaciones y análogos que se emplearán para la prestación del servicio, así como la designación de quién es el responsable de proveerlos.

b) En caso de que los medios sean proporcionados por el empleador o entidad pública, debe indicarse las condiciones de utilización, las responsabilidades del teletrabajador sobre ellos y el procedimiento de devolución al momento de finalizar la modalidad de teletrabajo.

c) En caso de que los medios sean proporcionados por el propio teletrabajador, debe indicarse el monto de la compensación que deberá efectuar el empleador.

d) Las medidas sobre la gestión y seguridad de la información derivadas del uso de los medios con que se preste el servicio bajo la modalidad de teletrabajo.

e) La jornada asignada al teletrabajador, de acuerdo con los límites previstos en las normas que resulten aplicables.

f) El mecanismo de supervisión o de reporte a implementarse para facilitar el control y la supervisión de las labores, de ser el caso.

Conforme con la ley peruana, la modalidad de teletrabajo puede desarrollarse bajo las siguientes formas:

1. Forma completa. El teletrabajador presta servicios fuera del centro de trabajo o del local de la entidad pública, pudiendo acudir ocasionalmente a estos para las coordinaciones que sean necesarias.

2. Forma mixta. El teletrabajador presta servicios de forma alternada dentro y fuera del centro de trabajo o local de la entidad pública. No se considera teletrabajador al trabajador o servidor civil que ocasionalmente preste servicios fuera del centro de trabajo o entidad pública.

La ley consagra los mismos derechos, beneficios y obligaciones a los teletrabajadores que a los trabajadores que prestan servicios bajo la modalidad convencional, de acuerdo con el régimen al que pertenezcan. Entre los derechos que serán garantizados se encuentran:

1. A la capacitación sobre los medios informáticos, de telecomunicaciones y análogos que emplearán para el desempeño de la ocupación específica, así como las restricciones en el empleo de tales medios establecidos por la legislación vigente en materia de protección de datos personales, propiedad intelectual y seguridad de la información. La capacitación se realiza antes de iniciarse la prestación de servicios bajo la modalidad de teletrabajo y cuando el empleador introduzca modificaciones sustanciales en los medios informáticos, de telecomunicaciones y análogos con los que el teletrabajador presta sus servicios.

2. A la intimidad, privacidad e inviolabilidad de las comunicaciones y documentos privados del teletrabajador, considerando la naturaleza del teletrabajo.

3. A la protección de la maternidad y el período de lactancia de la teletrabajadora.

4. A la seguridad y salud en el trabajo, en lo que fuera pertinente y considerando las características especiales del teletrabajo.

5. A la libertad sindical, de acuerdo con el régimen que resulte aplicable. En ningún caso la aplicación o el cambio de modalidad de prestación de servicios de un trabajador o servidor civil a la modalidad de teletrabajo podrá afectar al ejercicio de sus derechos colectivos.

Entre las obligaciones del teletrabajador consagradas por la normativa se encuentran las siguientes:

1. Cumplir con la normativa vigente sobre seguridad de la información, protección y confidencialidad de los datos y seguridad y salud en el trabajo.

2. Estar disponible durante la jornada de trabajo o servicio para las coordinaciones con el empleador o entidad pública, en caso de ser necesario.

3. Guardar confidencialidad de la información proporcionada por el empleador o entidad pública para la prestación de servicios.
4. Cuando al teletrabajador le sean suministrados por parte del empleador o la entidad pública los elementos y medios para la realización de las labores, estos no podrán ser usados por persona distinta al teletrabajador, quien, salvo pacto en contrario, deberá restituir los objetos entregados en buen estado al final de esta modalidad, con excepción del deterioro natural.

La ley destaca los beneficios específicos para las empresas, que consisten en:

1. Aumento de la productividad. Los teletrabajadores se enfocan en generar resultados porque su labor se evalúa en función a cuánto contribuyen a lograr los objetivos y no a cuánto tiempo permanecen en el lugar de trabajo.
2. Captación del mejor talento. El teletrabajo se convierte en una propuesta de valor añadido para poder captar el mejor talento de las nuevas generaciones, que dentro de poco se convertirán en la mayor fuerza laboral del país.
3. Ahorro en costos. Gracias a las soluciones de la telepresencia, los empleados pueden reunirse con un cliente o sus colegas sin importar las distancias, lo que implica el ahorro de alquiler de oficinas y de transporte.

Como podemos apreciar, la Ley n° 30.036 regula el teletrabajo en el sector público y privado como una modalidad de prestación de servicios a través de las TIC. La modalidad es voluntaria y reversible, por cualquiera de las partes que conforman el vínculo laboral, y sin afectar la naturaleza de la prestación de servicios.

Costa Rica

Costa Rica fue uno de los países precursores del teletrabajo, justamente el Decreto n° 39.225 del 14 de septiembre de 2015 deroga el Decreto Ejecutivo n° 37.695 publicado el 23 de mayo de 2013 que regulaba la modalidad de teletrabajo para el sector público. El mismo está motivado en la necesidad de dotar de horarios flexibles a discreción de las instituciones públicas impulsando la promoción, sensibilización e implementación de programas piloto de teletrabajo. Costa Rica considera que el teletrabajo es una modalidad de organización de la prestación laboral, basada en las TIC, que supone importantes beneficios para el país al fomentar la reducción del consumo del combustible. Su impacto positivo en el medio ambiente requiere exigir la identificación de objetivos y la evaluación del grado de su cumplimiento para los propios funcionarios que se desempeñan total o parcialmente desde su domicilio o lugar habilitado.

Esta normativa incorpora el carácter de obligatoriedad para que las instituciones del Estado adicionen el teletrabajo como una opción más de prestación laboral. Además, tiene como objeto promover la modernización de las organizaciones, la inserción laboral, reducir el gasto de las instituciones públicas, incrementar la productividad del funcionario, el ahorro de combustibles y la protección del medio ambiente, y favorecer la condición de la vida personal, familiar y laboral mediante el uso de las TIC.

En años anteriores, Costa Rica había aprobado otros decretos relacionados con el teletrabajo, tales son el n° 35.434 (implementación del teletrabajo en mujeres que se encuentren en estado de embarazo) y el n° 34.704 (promoción del teletrabajo en las instituciones públicas), no obstante haber sido derogado este último por el nuevo decreto. En tiempos de compartir la integración del grupo de teletrabajo para América Latina de la CEPAL, Costa Rica tenía el ejercicio de la vicepresidencia, en tanto que Argentina lideraba la presidencia desde el año 2005, con una intensa actividad del Instituto Costarricense de Electricidad (ICE), desde donde se han elaborados informes y varios proyectos normativos sobre la temática.

Colombia

Colombia es quien ha recibido y puesto en marcha todos los *inputs* para implementar el teletrabajo. Así, en 2008 se promulgó la ley n° 1221 que promueve el teletrabajo como un instrumento de generación de empleo y autoempleo con el fin de dar mayores oportunidades laborales y disminuir la cifra de desempleo en el país. La ley, producto del proyecto de la senadora Claudia Rodríguez de Castellanos, con quien he intercambiado material de trabajo de investigación y todos los antecedentes del proyecto de ley argentino, señaló "que una de las metas del gobierno nacional era posicionar a Colombia como el segundo país más competitivo de América Latina antes de 2019 incrementando el crecimiento económico por encima del 5%, bajando los índices de desempleo hasta el 5% y disminuyendo los índices de pobreza hasta el 39%". Es decir que la ley busca promover la figura del teletrabajo como instrumento de generación de empleo y autoempleo mediante las TIC, a fin de lanzarse a una modernización organizacional y tecnológica. Sus cinco puntos clave son:

1. Establecer tres tipos de modalidades laborales: el suplementario, el autónomo y el móvil. El suplementario es mediante el cual el teletrabajador realiza sus tareas dos o tres días a la semana fuera de la empresa. El teletrabajo móvil no tiene un lugar fijo para laborar ya que sus funciones se trasladan constantemente de un lugar a otro. Pero el decreto no reglamenta la modalidad autónoma, que es aquel tipo de teletrabajo donde no hay relación de dependencia, son los *freelancers*.

2. Las mujeres en lactancia podrán teletrabajar. El decreto reglamentario establece que las empresas podrán adoptar el teletrabajo para las mujeres que hayan salido de su licencia de maternidad, con el ánimo de flexibilizar el sistema y fomentar la equidad de género en el ámbito laboral. Es decir que la mujer en lactancia realizará media jornada en el local del empleador y la otra en su casa, a través de teletrabajo.

3. Se reglamenta el teletrabajo para los sectores público y privado por medio del decreto n° 884 expedido el 30 de abril de 2012. Esta norma no solo está dirigida al sector privado, sino también al sector público. De hecho, la

Contraloría Departamental de Antioquia incorporó el teletrabajo con mucho éxito, al igual que la Alcaldía de Medellín. En cuanto a su implementación en el sector público, los organismos o entidades deberán adaptar los manuales de funciones y competencias laborales, a fin de permitir y facilitar el desarrollo del teletrabajo.

4. Se avalan los derechos y garantías laborales. Esta reglamentación establece muchos aspectos positivos para el teletrabajo en Colombia, entre ellos, que los trabajadores que pasen a tener tal condición tendrán los mismos derechos y garantías laborales, como salud, pensión, riesgos profesionales y en general serán beneficiarios del sistema de seguridad social integral, de igual manera que el resto de trabajadores que se encuentran en las instalaciones del empleador.

5. Se incentiva el uso de las TIC. El Ministerio del Trabajo y el Ministerio de las Tecnologías de la Información y las Comunicaciones (MINTIC) son los principales promotores de la implementación, difusión y fomento del teletrabajo en Colombia. De allí que el MINTIC es el responsable de promover e impulsar la cultura de esta modalidad en el país a través de planes y programas de promoción y difusión, incrementando el uso y apropiación de las TIC. De igual forma, deberá fomentarse la inclusión laboral de la población con discapacidad mediante el teletrabajo.[107]

A diferencia de Argentina y Ecuador, donde se busca incorporar la figura del teletrabajador en relación de dependencia, en Colombia se busca el fomento del teletrabajo como una política pública con gran implicancia en materia de productividad por la dinamización de la economía del país y por el impulso que permite el emprendimiento productivo mediante formas asociativas de organización empresarial. También, por su alta contribución al

---

107 Ley 1221 de teletrabajo decretada en 2008: http://www.secretariasenado. gov.co/senado/basedoc/ley/2008/ley_1221_2008.html. Fuente: Decreto 884 del 2012, que reglamenta la ley de teletrabajo: http://www.vivedigital. gov.co/teletrabajo/_assets/files/Decreto_0884_de_2012.pdf

avance en materia de innovación tanto desde el punto de vista de la adopción de tecnologías blandas, como de la incorporación de las tecnologías de la información para la prestación de nuevos servicios productivos.

La legislación vigente en Colombia en materia de teletrabajo es amplia y pretende abarcar todos los ámbitos posibles en materia de protección de los derechos de los trabajadores. Crea la Red Nacional de Fomento al Teletrabajo con el fin de promover y difundir esta práctica en el país. En tanto, la Resolución 2886 del año 2012 define qué entidades forman parte de la red y las obligaciones que les competen. En el mismo sentido, la Ley 1429 de 2010 establece la obligación del gobierno de diseñar y promover programas de formación, capacitación, asistencia técnica y asesoría especializada que conduzca a la formalización y generación empresarial de teletrabajo.

Brasil

La falta de una legislación específica que brinde reglas claras al teletrabajo en Brasil es realmente un obstáculo. Si bien existen dos proyectos de ley relacionados, el 3129/04 que redefine el artículo 6° de la Consolidación de las Leyes del Trabajo (CLT), que trata el trabajo a distancia añadiendo que también puede hacerse con tecnologías de la comunicación y telecomunicación, y el 4505/08, que intenta dar reglas al teletrabajo, pero no regula sobre el autónomo. Actualmente, más del 25% de la población adulta en actividad en el país adopta en el mes alguna forma de teletrabajo.

El Instituto Brasileño de Geografía y Estadística informa que la clase media brasileña ya llega al 52% de la población del país, cuando en 2008 era del 46%, lo que provoca un aumento en la compra de automóviles y grandes congestionamientos en las ciudades capitales brasileñas. Un caso crítico es el de São Paulo, donde todos los días aumenta el ingreso de vehículos en sus calles en más de 1.000, mientras que los nacimientos diarios son 850; o sea, "nacen" más autos que personas.

Es importante resaltar que en São Paulo los trabajadores se pasan en los ómnibus 22 días por año; el congestionamiento ya llegó a 266 km (sumando todos los puntos de la ciudad), en el horario punta el transporte colectivo llega a andar a 11 km por hora y los automóviles a 17 km en el mismo tiempo, sin contar con las lluvias, que cuando se producen el tránsito se vuelve más lento, casi totalmente detenido. El teletrabajo es sin lugar a dudas una buena solución, pues reduce la cantidad de accidentes de tránsito y muertes.

También resulta necesario que el poder judicial se actualice; en este sentido, el Tribunal Regional del Trabajo del Estado de Minas Gerais fue el primero en crear jurisprudencia sobre teletrabajo, ocurrió el 17 de diciembre de 2009 cuando por sentencia el juez laboral reconoce que en la situación planteada de teletrabajo existía una relación de empleo y reconoce los derechos laborales respectivos. En enero de 2012 se debatió en Brasil el proyecto de ley sobre teletrabajo, siendo recogido por varias publicaciones, entre ellas Convergencia Digital del Portal Terra, desde donde se afirma que "el teletrabajo puede ser autónomo o en régimen de subordinación al no ser una profesión u oficio, ya que lo puede realizar cualquier profesional".

El proyecto de ley considera que el teletrabajo es cualquier trabajo realizado a distancia en el que se utilicen TIC, como computadoras, telefonía fija y celular y todo lo que permita, desde cualquier lugar, recibir y transmitir información, archivos de texto, imagen u otros que estén relacionados con la actividad laboral.

Finalmente, el 12 de julio de 2017 el Senado brasileño aprobó la reforma laboral, la Ley 13.467. Entre sus puntos más criticados se encuentran: el fin de la contribución sindical obligatoria y el hecho de que las negociaciones colectivas se sobrepongan a la legislación. Además, las jornadas de trabajo y el tiempo de intervalo, como la hora de almuerzo, por ejemplo, podrán ser negociados. La reforma laboral aún propone nuevos tipos de contrato de trabajo, como la modalidad de "trabajo intermitente", hecho por jornada u horas de servicio, y el teletrabajo, llamado *home office* cuando se trabaja desde la casa.

A lo largo de los dos meses que el proyecto tramitó en la Cámara, el gobierno se enfrentó a una derrota política en el Senado, con el rechazo del informe en la Comisión de Asuntos Sociales (CAS),

por diez votos a nueve. Sin embargo, la propuesta fue aprobada en la Comisión de Asuntos Económicos (CAE) y en la Comisión de Constitución, Justicia y Ciudadanía (CCJC). El presidente brasileño, Michel Temer, aspira con la nueva ley a que Brasil sea más competitivo y se facilite la contratación de personal.
Sintéticamente la ley determina:

1. **Acuerdos por encima de la ley.** La normativa brasileña establece, entre otras disposiciones, que las convenciones y acuerdos colectivos en las empresas prevalecerán sobre las disposiciones legales.
2. **Vacaciones.** Si bien las vacaciones no se modifican en cantidad de días sí se permite fraccionarlas de diferentes maneras. A partir de la ley se podrán dividir hasta en tres veces y las pausas podrán modificarse con la condición de que sean de al menos 30 minutos.
3. **Jornada de 12 horas.** Por otra parte, establece la posibilidad de una jornada de 12 horas de trabajo, con 36 horas ininterrumpidas de descanso.
4. **Salario por hora.** Pero una de las medidas más polémicas es que se permitirá pagar salarios sobre una base horaria o diaria, ya no mensual. El empleador convocará al empleado con un mínimo de tres días de antelación y le informará cuál será la jornada de trabajo. Fuera de ese período, el trabajador no estará a disposición de esa empresa.
5. **Trabajador autónomo.** Por otro lado, la ley crea la figura del trabajador autónomo exclusivo, que podrá prestar servicios a un único empleador pero sin vínculo laboral permanente, y que la rescisión de contratos podrá ser por "mutuo acuerdo" entre empleador y empleado, ya sin necesidad de validación sindical.
6. **Aporte sindical.** También indica que dejará de ser obligatorio el aporte sindical que hasta ahora equivalía a un día de salario al año. Pasará así a ser voluntario.
7. **Mujeres embarazadas.** Además, la ley comprende a trabajadoras embarazadas. En trabajos insalubres en grado

medio o mínimo la mujer deberá presentar un certificado médico que proscriba su presencia en esos lugares.

8. **Trabajo desde la casa.** Se reglamenta la posibilidad de trabajar desde la casa con el reembolso de los gastos en los que incurra el trabajador.

9. **Despidos.** La ley flexibiliza las condiciones de despido, que podrá notificarse con 15 días de anticipación, y no 30 como hasta ahora, y la indemnización no queda atada al salario.

Uruguay

En septiembre de 2016, las autoridades de la Cámara Uruguaya de Tecnología de la Información (CUTI) y el ministro de Trabajo, Ernesto Murro, aseguraron que la Ley de Teletrabajo es un proyecto en el que el Poder Ejecutivo está muy interesado. Con respecto a la Ley de Teletrabajo, Murro recordó que el subsecretario de la cartera, Nelson Loustaunau, realizó una exposición al respecto en la Organización Internacional del Trabajo (OIT). "Para el ministerio, es un tema muy importante y creemos que debe estar presente en el Consejo de Trabajo que propuso la central sindical." Otra de las prioridades será articular el concepto de "cultura del trabajo" con las llamadas "nuevas tecnologías", según subrayó Murro. Adelantó además que está prevista la visita de las autoridades de la CUTI al Instituto Nacional de Empleo y Formación Profesional (INEFOP) para presentar una propuesta que implique la formación de 4.000 personas más de las que hoy en día ya están trabajando en el sector.

Finalmente, en marzo de 2017 se presentó en la nueva Legislatura el proyecto de ley para la creación de un Comité Nacional para el Teletrabajo. El proyecto fue presentado por el diputado por Canelones, Gustavo Espinosa, por segunda vez, ya que se había presentado al final de la Legislatura anterior. La redacción fue entregada por primera vez en septiembre de 2009, pero no se discutió en el Parlamento durante la pasada Legislatura. Este proyecto de ley para la creación de una Comisión de Teletrabajo establece en su primer artículo: "El Estado promoverá el teletrabajo, en sus distintas modalidades, como un instrumento de generación de empleo y autoempleo mediante la utilización de tecnologías de la información y la comunicación (TIC)". Y describe la integración de esta comisión.[108]

Ecuador

El Ministerio del Trabajo de Ecuador presentó en octubre de 2016 las normas que podrían liberar a los empleados de viajar diariamente a su lugar de trabajo. Mediante Acuerdo Ministerial MDT-2016-0190, la cartera de Estado reguló el teletrabajo. La norma define esta modalidad como una labor no presencial por medio de la cual el trabajador realiza su jornada laboral fuera de la oficina. Esto se da siempre que las necesidades y la naturaleza del servicio lo permitan. Para ello, el trabajador podrá hacer uso de las TIC. Los servicios bajo esta modalidad se podrán prestar en dos formas: permanente y parcial. La primera es aquella donde el servicio se presta siempre fuera de oficina. En la parcial, en cambio, el empleado puede cumplir un máximo de 24 horas semanales (tres días) fuera de la oficina.

El ministro de Trabajo, Leonardo Berrezueta, afirmó que esta iniciativa revoluciona la forma en que se hace el trabajo en el país. En Ecuador alrededor de 15.200 personas trabajan bajo esta modalidad, según cifras presentadas por esa cartera durante la presentación de la iniciativa en Quito. Con la norma, se espera quintuplicar para 2018 esa cifra hasta 76.000 teletrabrajadores. Aunque el uso de esta modalidad contractual dependerá de la naturaleza de la actividad que desempeñe el trabajador, el ministerio cree que tendrá mayor demanda para puestos como analistas, auditores, contadores o informáticos. Además, el ministro explicó que la medida busca ampliar las ofertas laborales a personas con discapacidad, padres, madres y mujeres embarazadas. Las autoridades destacaron que el teletrabajo permitirá

---

108 (http://www.teletrabajo.com.uy/noticias/proyecto-de-ley-de-teletrabajo-a-discutir-en-esta-legislatura/569/) http://www.calameo.com/read/000130904 a8c 1962b15f3

ahorro en costos para la empresa y el trabajador, señalando que los teletrabajadores ahorrarán en promedio USD 2,24 diarios en gasolina y USD 4 en estacionamiento. Por otro lado, desde el ministerio se aseguró que si gracias al teletrabajo se lograra que 21.000 personas "teletrabajasen" en Quito, se reduciría el uso de vehículos y, por lo tanto, la emisión de unas 4.000 toneladas diarias de dióxido de carbono. En Ecuador se aplica especialmente el teletrabajo en lo que son ventas por teléfono (telemarketing, call center) donde es necesario establecer metas claras y no meramente cumplir horas de trabajo. Otro factor clave es que la empresa realice una inversión en tecnología, tanto en las instalaciones de la compañía como en la casa del trabajador. La norma está dirigida para el sector privado.

La ley prevé algunos presupuestos tales como:

1) Los teletrabajadores tendrán los mismos beneficios (seguro, décimos o sueldo anual complementario, vacaciones, etc.) que los trabajadores presenciales.

2) Horas extra. Serán pagas.

3) El empleador tiene obligación de proveer al trabajador la tecnología para que pueda realizar sus labores.

4) Jornada. La jornada es de 40 horas a la semana. El horario puede ser pactado y modificado por las partes.[109]

Posteriormente, el Ministerio del Trabajo desarrolló la normativa de teletrabajo para el sector público, emitiendo finalmente el acuerdo ministerial 090-A-2017 que regula la forma de prestación de servicios denominada "Teletrabajo para el sector público". Con este avance de índole jurídica, el Ministerio del Trabajo dio un gran paso para el desarrollo del teletrabajo en Ecuador. Sin embargo, al igual que en algunos países de América Latina, aún son necesarias acciones público-privadas para que el teletrabajo se desarrolle en sus países, tales como:

• Promoción y difusión.
• Programas de capacitación continua.

---

109 http://www.elcomercio.com/actualidad/laboral-norma-teletrabajo- iniciativa.html.ElComercio.com

- Regulación y/o legislación que incentive el teletrabajo.
- Articulación con otras normas legales (porcentaje de discapacidad, por ejemplo).

Se estima un total de 20.000 teletrabajadores, equivalentes al 0,24% de la población económicamente activa (PEA), proporción que se incrementará significativamente en las principales ciudades de Ecuador: Guayaquil, Quito y Cuenca, básicamente debido a un factor externo, que es paliar de alguna forma no traumática la congestión vehicular en crecimiento en dichas ciudades.

Se ha calculado que si el teletrabajo solo aumentase el 1% de la PEA dos días por semana, en Quito dejarían de circular 26.100 vehículos, y en Guayaquil 31.000 vehículos por semana. Curiosamente, es una cantidad similar de vehículos la que a diario congestiona la ruta Samborondón-Guayaquil.

Europa

La experiencia europea es muy enriquecedora. El 16 de julio de 2002 se firmó en Bruselas el Acuerdo Marco Europeo entre los agentes sociales: CES, Confederación Europea de Sindicatos; UNICE/UEAPME y CEEP, Centro Europeo de Empresas con Participación Pública. El acuerdo contó con el apoyo de la Unión General de Trabajadores (UGT). Se trata de un trabajo de consenso entre los agentes sociales que permitió tratar temas como salud y seguridad, privacidad, confidencialidad, organización del trabajo, carácter voluntario y la reversibilidad al trabajo presencial en el marco del teletrabajo.

Italia

Particularmente, Italia es por cierto una de las pioneras en las prácticas de teletrabajo, concretamente a través de la Ley Bassanini sobre el teletrabajo en la función pública, promulgada el 16 de junio de 1998. Desde esa fecha y hasta la actualidad fueron diferentes las iniciativas en ese país, pero que no contaron con la apoyatura del gobierno para darle difusión y transparencia a la modalidad. Fue muy interesante la experiencia vivida el 13 de junio de 2013, como coordinadora de Teletrabajo del Ministerio de Trabajo de la Nación, participando del "Lanzamiento del Programa Ítalo-Argentino sobre Teletrabajo en el marco de los servicios públicos de empleo" en Roma, Italia. El evento contó con la representación de la OIT Italia, la asociación sin fines de lucro ADAPT, Telecom Argentina, FOETRA, Italia Lavoro y la Embajada Argentina en Italia. En dicha oportunidad se firmó un documento sobre lineamientos del teletrabajo, como una buena práctica. Tras el encuentro con el embajador argentino en Italia, se acordaron líneas de trabajo para avanzar sobre la temática de teletrabajo entre Argentina e Italia. Una de las principales empresas que lleva adelante el teletrabajo en Italia es el grupo ENEL.

Irlanda

Irlanda también es un país teletrabajador, y así fue consagrado en los códigos de conducta redactados por el comité consultivo sobre el teletrabajo creado en 1998 por el Ministerio de Ciencia y Tecnología y el Ministerio de Comercio, Industria y Turismo. En Irlanda más de la quinta parte de los gerentes de pequeñas y medianas empresas trabajan a distancia, en lugar de estar en la oficina. Según un estudio elaborado por O2 (Telefónica UK e Irlanda) en el año 2000, un 45% de los directores de pymes en Irlanda trabajaba a distancia como mínimo un día al mes. De la comparación de estas últimas cifras con las obtenidas en 2004, cuando un 25% teletrabajaba como mínimo un día al mes, podemos observar que la tendencia ha sido creciente. El estudio, que involucró a más de 300 empresarios irlandeses, muestra que el 15% de los encuestados trabajan desde la casa para adelantar trabajo atrasado y cubrir los plazos, mientras que el 12% lo hace desde la casa porque les permite una mayor concentración. Los datos también muestran un incremento en el uso, por parte de los empresarios, de teléfonos móviles con tecnología 4G y conexión a Internet.[110] Actualmente 10 millones de europeos "teletrabajan"

---

110   "El teletrabajo, una tendencia creciente entre las Pymes irlandesas". *The Sunday Business Post*, Mayo de 2009.

según el Status Report on European Telework, de fecha mayo 2012, elaborado por la Comisión Europea, lo que representa el 6% del total de la fuerza de trabajo.

Al comparar el número de teletrabajadores entre los diferentes Estados Miembro de la U.E., se advierte que Alemania y Reino Unido cuentan con más de 2 millones de teletrabajadores, en tanto Irlanda es el país con menor implantación (61.000), seguido de Dinamarca (280.000), Finlandia (355.000) y por último España, que solo tiene 357.000 teletrabajadores.

Dinamarca

Sin lugar a dudas es Dinamarca el que presenta mayor desarrollo en teletrabajo en el continente europeo y, desde 1997, lo ha incluido en convenios sectoriales del sector público, tanto a nivel nacional, regional y municipal, así como en los de la banca, la industria, el comercio y los servicios. Los convenios incluyen en general cláusulas muy similares entre sí, pudiendo establecer la siguiente clasificación de temas tratados:

- Naturaleza voluntaria. El teletrabajo se desarrollará voluntariamente, y nunca podrá ser impuesto por el empresario.
- Reversibilidad. Tanto el empresario como el trabajador podrán dar por terminado el teletrabajo, regulándose los procedimientos para la finalización
- Condición de empleado. Los teletrabajadores mantienen su condición de empleados de la empresa a todos los efectos, y las condiciones laborales están, por lo tanto, reguladas en los convenios, aunque algunos aspectos pueden estar incluidos de forma específica.
- Principio de no discriminación. Los teletrabajadores no sufrirán discriminación alguna por su condición. En ocasiones se hace referencia explícita al salario y al desarrollo de la carrera. También suele mencionarse el tema del acceso a la información disponible en la empresa a través de las telecomunicaciones, así como a la representación legal de los trabajadores.

- Seguridad e higiene en el trabajo. Los convenios adaptan la normativa existente a la situación específica del teletrabajador. En general, la responsabilidad del empresario se extiende a la obligación de supervisar las condiciones laborales del trabajador en su domicilio, asegurándose de que se cumplan las normas en ese ámbito.
- Jornada laboral. La jornada laboral es la que se establece en el convenio colectivo, aunque habitualmente se fijan normas específicas en relación con la flexibilidad.
- Equipamiento y gastos. El empledor habitualmente proporciona y asume los costos de mantenimiento del equipo técnico necesario, así como los gastos domésticos extraordinarios derivados del teletrabajo (teléfono, electricidad, etc.).
- Colectivos específicos. El teletrabajo se orienta a veces hacia ciertos colectivos, tales como técnicos de alto nivel, personas discapacitadas o mujeres embarazadas o con niños pequeños.

Francia

Francia, tiene una actitud ambigua respecto de la modalidad, a pesar de haber sido definida en la Ley n° 387 del año 2012 como: toda forma de organización del trabajo en la que el trabajo puede ser ejecutado en las instalaciones del empleador o en otra diferente, con regularidad y voluntariamente utilizando TIC en el marco de un contrato de trabajo o una enmienda a este.

Uno de los convenios más importantes es el firmado por todas las centrales sindicales en julio de 1996, en relación con el empleo de personas discapacitadas en el Banques Populaires (27.000 trabajadores), a quienes trata de proporcionarles oportunidades de teletrabajo voluntario en casa.

España

El Real Decreto Ley 3/2012 español, que toma como antecedente el manual para la implantación del teletrabajo en la Administración General del Estado del año 2007, entiende el teletrabajo como una particular forma de organización del trabajo que encaja perfectamente en el modelo productivo y económico que persigue España, al favorecer la flexibilidad de las empresas en la organización del trabajo, incrementar las oportunidades de empleo y optimizar la relación entre tiempo de trabajo, vida personal y familiar. Se modifica, por ello, la ordenación del tradicional trabajo a domicilio, para dar acogida, mediante una regulación equilibrada de derechos y obligaciones, al trabajo a distancia basado en el uso intensivo de las nuevas tecnologías.

El DHC Internacional España tiene suscripto desde marzo de 1998 un convenio que establece la posibilidad de crear empleo a través del teletrabajo, una fórmula dirigida a facilitar la integración de personas discapacitadas. El convenio permite a la empresa definir los puestos de trabajo que sean adecuados para emplear a este grupo de personas vulnerables. En España, la cultura laboral se caracteriza por niveles relativamente elevados de trabajo presencial y no está impulsada principalmente por objetivos, por lo que el resultado es una implementación relativamente reducida de arreglos laborales flexibles, según afirma el consultor Oscar Vargas, de Eurofound, quien resalta que los pioneros en el teletrabajo fueron grandes empresas como Telefónica, Repsol o Banco Santander, así como Indra, que lo introdujo en 2002 mediante un proyecto piloto.[111]

Alemania

En Alemania existen diferentes tipos de teletrabajo:

a) *Heimbasierte Telearbeit* (teletrabajo a domicilio): que corresponde a la oficina en casa. La prestación de trabajo se desarrolla exclusivamente en la vivienda del trabajador, y en ese caso, el teletrabajo a veces se confunde con el trabajo a domicilio.

---

111 "España, a la cola de Europa en teletrabajo. Apenas un 7% de los empleados ejercen a distancia, frente al 17% de media en la UE o el 20% de EE.UU.", *El Diario Vasco*, 15 de febrero de 2017.

b) *Alternierende Telearbeit* (teletrabajo alternado): es la forma más difundida en Alemania (42%, respecto del 22% del teletrabajo fijo). Los trabajadores realizan su tarea en parte en su casa y en parte en la empresa (en general, un día por semana). El teletrabajo alternado ofrece mayores posibilidades de comunicación entre el trabajador y el empleador que el teletrabajo en casa a tiempo completo.

c) *Mobile Telearbeit* (teletrabajo móvil): se desarrolla en diversos lugares (por ejemplo, en la sede de un cliente o de un proveedor) y con la utilización de los instrumentos móviles (como computadora, módem fax, teléfono celular, impresora portátil) conectados a la red de la empresa.

d) *On-site Telearbeit* (teletrabajo en el lugar): la actividad se realiza en la sede misma del cliente o del proveedor, con el trabajador en contacto telemático con su propia empresa o con el contratante.

e) *Telecenter* (telecentro): las estructuras, las herramientas, como conexiones de red rápidas y servicios calificados de asistencia y de ayuda a los usuarios, están a la disposición de distintos agentes: trabajadores de diferentes empresas, trabajadores autónomos, profesionales o pequeños empresarios. La lógica de los centros obedece a dos objetivos: compartir los gastos y crear un espacio comunitario de trabajo que provea servicios colectivos para los usuarios; es decir, salas de conferencias, servicio de comedor, jardín de infancia, etc. Hay variantes de telecentros según las lógicas de organización o el tipo de utilización potencial a saber:

- *Satellitenbüros* (oficinas satélite). El trabajador cumple su trabajo en la oficina satélite que es un lugar fuera de la empresa, lo cual favorece tanto a la empresa como a los trabajadores. La empresa goza de ventajas ligadas a sus exigencias estratégicas, de gestión y operativas. A su vez, el teletrabajador tiene la ventaja de emplear poco tiempo para desplazarse al lugar del trabajo porque muchas veces las oficinas satélites están localizadas cerca de su casa.

- *Nachbarschaftsbüros* (oficinas de vecindad). Se encuentran en zonas residenciales. Permiten la disminución de gastos de transporte y de los tiempos de traslado de la casa a la empresa. También concilian necesidades individuales del trabajador (como el cuidado de los niños) con la meta de productividad por parte de las empresas. Son como centros sociales en los barrios que cumplen diferentes finalidades.
- *Teleservicecenter* (centro de teleservicios). La agencia de teleservicio organiza una oferta a distancia de los productos y de los servicios; la producción y la prestación de servicios se hacen para clientes localizados a larga distancia, a través de redes de comunicación. La agencia de teleservicio permite alcanzar un mayor número de clientes en mercados que, anteriormente, estaban excluidos.

En Alemania no existe una ley específica sobre teletrabajo, el que está regulado a través de los contratos colectivos de los distintos sectores o de acuerdos con la empresa. Eso ocurre tanto en las empresas privadas como en la administración pública y en los organismos territoriales. El teletrabajo puede ser negociado en el momento del ingreso o durante la relación de trabajo. Las leyes alemanas y la contratación colectiva garantizan a los teletrabajadores el ejercicio de los derechos sindicales, como el derecho de participar regularmente en las asambleas de los trabajadores o la posibilidad de reunirse periódicamente con sus colegas. Los derechos de información, consulta y decisión de los representantes de los trabajadores se aplican en las empresas privadas a través de los consejos de fábrica (*Betriebsrat*), y en el empleo público a través de la representación del personal (*Personalvertretung*). El consejo de fábrica (*Betriebsrat*) tiene que ser informado y consultado de forma previa en los siguientes casos: la introducción de nuevas tecnologías, en particular aquellas que permiten un control de la eficiencia en el trabajo; la formación continua;

los cambios en el horario de trabajo; la introducción de sistemas de incentivos a la retribución; la selección de trabajadores para el teletrabajo cuando haya cambios en el contrato de trabajo.

El primer acuerdo de teletrabajo en Alemania fue firmado en 1995 entre el sindicato de correos (*Deutsche Postgesellschaft*) y Deutsche Telecom AG. En los años siguientes se concluyeron acuerdos en grandes empresas como T-Mobile, Allianz, Bosch, Dresdner Bank, Ford, Hypovereinsbank, LVM, Schering, Schott y Siemens. También Coca-Cola AG Berlín firmó un contrato de teletrabajo con el sindicato alemán de la alimentación. Todos estos acuerdos a menudo contienen cláusulas más específicas con respecto al Acuerdo Marco Europeo que mencionamos anteriormente. Son cláusulas que se adaptan a las características de las empresas.

El 28 de junio del 2013 la canciller Merkel instó a las empresas alemanas a mejorar aún más el nivel de productividad de Alemania con el fin de promover políticas para impulsar todavía más la condición de vida laboral y familiar mediante el teletrabajo. El convenio colectivo firmado entre la Deutsche Telekomy el Sindicato DGP en octubre de 1995 establecía que los teletrabajadores mantenían la condición de empleados a todos los efectos; el teletrabajo adquiere un carácter voluntario y revocable, garantizando la vuelta del teletrabajador a su antiguo puesto de trabajo; el empresario es responsable del equipo y su mantenimiento, así como de los gastos adicionales; la distribución del trabajo entre el hogar y la empresa se realizará mediante acuerdo individual y por escrito. Existe también un convenio firmado por IBM Alemania en 1991, uno de los primeros en Europa.

Suecia

La difusión del teletrabajo en Suecia fue motivada por la necesidad de superar las grandes distancias y la baja densidad de población. Se trata de un país de nueve millones de habitantes en una superficie de 450.000 km^2 (2,2 millones de personas viven en zonas urbanas y el resto de la población vive en áreas separadas por largas distancias). El uso de la tecnología informática es obligatorio y el teletrabajo es considerado como una oportunidad clave para empujar el desarrollo económico en las áreas marginales y distantes de los centros urbanos. En el país, el teletrabajo tiene una amplia difusión. Más de la mitad de las empresas con 10 o más trabajadores tiene personal que trabaja por lo menos medio día por semana fuera de la empresa a través de los sistemas tecnológicos de la compañía. Los datos disponibles del Instituto Sueco de Estadísticas hacen referencia al porcentaje de empresas que practican esta forma de trabajo y no al número de trabajadores o a la cantidad de horas trabajadas.

El porcentaje de empresas involucradas en el teletrabajo aumenta con su dimensión: el 86% cuentan con al menos 250 trabajadores y el 35% con un número de trabajadores de 1 a 9. La incidencia es más elevada en el sector de la información y comunicación (79%), y en el de las actividades financieras (66%). Disminuye en los hoteles y restaurantes (32%) y en el trasporte (37%). Entre las personas más involucradas en el teletrabajo están los investigadores, los profesores, los periodistas, todos ellos con altas calificaciones y capacidades. Suecia exige una absoluta paridad de género también en el área de teletrabajo. El teletrabajo se ha adoptado también para facilitar estrategias más completas de descentralización para evitar la congestión urbana y el tránsito. En algunos casos, se ha introducido el teletrabajo para responder a la necesidad de desplazar ocho actividades productivas y de dirección lejos de la capital del país. De lo contrario, se habría reforzado el tránsito pendular.

A través del teletrabajo Suecia se inserta en la construcción de las *smart cities,* las ciudades inteligentes que, con vistas al desarrollo sostenible, logran conciliar y satisfacer las exigencias de los ciudadanos, de las empresas y de las instituciones. La amplia utilización de las TIC, en particular en el campo de la comunicación, y de la movilidad y cuidado del medio ambiente, facilita tal objetivo. El teletrabajo está considerado e incentivado como una medida para mejorar la eficiencia energética y reducir la polución. El teletrabajo en Suecia ha sido facilitado por la amplia difusión de instrumentos de tecnologías TIC y las elevadas capacidades de base que han permitido una amplia utilización de la tecnología. Actualmente el 86% de la población de 16 años tiene en su casa una computadora y el 78% tiene acceso a Internet de banda ancha. Se trata de uno de los países con más alto porcentaje de acceso a Internet en el mundo, lo que favorece una mentalidad predispuesta a la red. Una de las primeras experiencias de la extensa aplicación del teletrabajo se ha realizado en la STEM (Swedish National Energy Administration), que era la autoridad para la gestión de la energía. En 1999, el gobierno, dentro de una estrategia de desplazamiento de las autoridades centrales hacia las afueras de la capital, decidió desplazar las oficinas de la STEM con sus 155 trabajadores a un pueblo a 110 km al suroeste de Estocolmo. Se decidió otorgar a todos los empleados, en la mayor parte de los casos residentes de Estocolmo, incluidos los recientemente contratados, el acceso al teletrabajo. Se establecieron de manera conjunta las tareas a cumplir fuera de la oficina. Para aquellos que podían trabajar desde sus casas, se aplicó un contrato individual sobre un modelo acordado con el sindicato que preveía la utilización del teletrabajo dos días por semana. Se definieron las obligaciones de los empleados en términos de alcance telefónico, obligatoriedad de encuentros semanales de trabajo, posibilidad para que el empleador y el representante de la salud y seguridad tuvieran acceso al lugar de teletrabajo en casa. La autoridad suministraba las computadoras y verificaba la idoneidad del lugar de trabajo. La experiencia ha sido muy positiva y no ha causado ninguna disminución de la eficiencia y del compromiso. Se ha comprendido entonces que el problema era reestructurar la organización del trabajo con nuevas reglas para integrar el teletrabajo a la organización. La crítica provino de quienes habían continuado trabajando en la oficina a tiempo completo, pues pensaban haber sido desfavorecidos en la división de las tareas con respecto a los teletrabajadores.

Uno de los más importantes convenios suecos, firmado en forma conjunta con el sector del comercio, artesanía y servicios (80.000 trabajadores) en noviembre de 1997 establece normas para la reconversión (total o parcial) de los trabajadores, donde se establecía que el teletrabajo debe ser una actividad voluntaria y revocable según las condiciones que se regulen; que debe facilitarse al teletrabajador los medios para poder asistir a reuniones de trabajo; que el teletrabajador conserva los mismos derechos que el resto de los trabajadores de la empresa en cuanto a información, consulta y desarrollo de su carrera; que los materiales de trabajo deben cumplir con la normativa de seguridad y salud laboral, y que el responsable de estas condiciones es el empresario, por lo que este deberá disponer del acceso necesario al área de trabajo en el domicilio.

Reino Unido

El Reino Unido encuentra en el teletrabajo una razón económica para su implementación. Así surge de la investigación realizada por la Red Internacional sobre Teletrabajo en el año 2011 que se refiere a la naturaleza de esta forma de trabajo en el Reino Unido, como posibilidad de ahorro para los empleadores. Del estudio surge que una empresa puede ahorrar más de 3.000 libras esterlinas por cada empleado, además de otras ventajas como mayor productividad, menor ausencia por enfermedad y costos indirectos más limitados. En cuanto al trabajador, si teletrabaja en la casa un promedio de tres días semanales, el estudio demuestra una disminución anual de los gastos de transporte aproximadamente de entre 220 libras esterlinas (alrededor de 258 euros) y 2.900 libras esterlinas (alrededor de 3.400 euros).

Para sustentar el teletrabajo, en 2012, el Ministerio de Transportes, en colaboración con la Universidad de Warwick y las principales empresas del país (entre ellas Bentley, British Telecom, British Airports Authority - BAA, etc.), han promovido una iniciativa denominada Caminos al Trabajo (*Ways 2 Work*) para resaltar las ventajas y difundir, a nivel territorial, las experiencias de teletrabajo. Los resultados de la implementación del teletrabajo también replicaron en las personas con discapacidad y en lo que se refiere a casos de éxito, el de la British Telecom (BT) es realmente para destacar. BT es uno de los principales pioneros del teletrabajo, promovido desde 1986, con un acuerdo firmado en 1992 que regulaba las condiciones y que estaba dirigido a directivos y profesionales. El convenio determinaba que el teletrabajo no podía considerarse solo como una forma de compaginar la vida familiar con la laboral, y establecía las siguientes premisas: el teletrabajo es voluntario; los teletrabajadores reciben un salario y por lo tanto a todos los efectos están incluidos en la negociación colectiva, incluidas las provisiones de seguridad y salud en el trabajo; debe existir igualdad de oportunidades en la promoción profesional; el equipamiento y los gastos corrientes estarán a cargo de la empresa; el empresario es responsable de las condiciones de salud y seguridad en el trabajo; los teletrabajadores tienen garantizado el derecho a la información y a la comunicación con la empresa, incluida la asistencia a reuniones de trabajo. Actualmente, BT tiene 25.000 teletrabajadores sobre un total de 100.000 empleados. La empresa afirma que los teletrabajadores pueden ahorrar un promedio anual de 6.000 libras esterlinas (alrededor de 7.000 euros) registrando un crecimiento de la productividad de un 20%.

6. La mirada de la Justicia sobre el teletrabajo

Por lo que respecta al contenido de las sentencias que tratan o citan al teletrabajo, son variadas las soluciones que se adoptan como consecuencia de la divergente y reducida situación normativa. En este sentido, cabe la redefinición de conceptos e instituciones básicas del derecho del trabajo, para tratar los problemas derivados de su implementación en las empresas.

Actualmente en la Unión Europea conviven aproximadamente 10 millones de teletrabajadores.[112]

---

112 Tal cantidad se compone, entre otros, de trabajadores por cuenta ajena que desarrollan su actividad de manera alternativa en su casa y en los locales de la empresa; teletrabajadores autónomos que trabajan con normalidad en sus domicilios; trabajadores "móviles" que pasan al menos diez horas a la semana fuera de su casa (viajes de trabajo, desplazamientos o en los locales de clientes, etc.) o trabajadores ocasionales que podrían entrar en el primer grupo, el de quienes trabajan en casa pero que pasan menos de diez horas a la semana teletrabajando desde aquella. "Teletrabajo: el nuevo Acuerdo es Positivo para los trabajadores y para las empresas, dice la Comisión". Nota de prensa IP/02/1057. Bruselas, 16 de julio de 2002.

En España los datos indican que alrededor de un 3% de la población ocupada[113] ya se encuentra teletrabajando en sectores relacionados con las tecnologías de la información. Frente a este universo de trabajadores implicados, aparecen resoluciones judiciales que perfilan, a través de los casos concretos, aspectos básicos del teletrabajo.

Es el caso ejemplar, de la sentencia del Tribunal Superior de Justicia de Cataluña Número 25/2003 del 8 de enero de 2003, o la sentencia del mismo tribunal núm. 5881/2002 de 18 de septiembre de 2002,[114] que conforman dos de los primeros pronunciamientos judiciales en esta materia. Pero tiempo antes, el Tribunal Supremo Español había comenzado a tratar el tema de los indicios para considerar una relación de dependencia cuando no se trabajaba en el asiento principal de la empresa. Justamente, fue el 22 de abril de 1996,[115] que a cuenta de tener que decidir la calificación de una prestación como laboral o como arrendamiento de servicios, se optó por la primera por concurrir, entre otros indicios de dependencia que marcara la existencia de una "estricta dirección", un programa informático confeccionado por la empresa que finalmente determinó la existencia de una relación de dependencia con un trabajador que no prestaba tareas desde el domicilio del empleador.[116]

A raíz de esta sentencia han aparecido otras en los Tribunales Superiores de Justicia abundando en este mismo criterio, SSTSJ de Asturias, de 16 de marzo de 2001 (AS 2001, 335); o de Baleares, de 20 de mayo de 1995 (AS 1995, 1790).

No obstante, los últimos pronunciamientos de los tribuna-

---

113 Datos correspondientes al tercer trimestre de 2002, según texto del Acuerdo Interconfederal para la Negociación Colectiva para el año 2003.

114 Datos correspondientes al tercer trimestre de 2002, según texto del Acuerdo Interconfederal para la Negociación Colectiva para el año 2003.

115 (Aranzadi 3334).

116 En la sentencia del TS del 22 de abril de 1996, se pone de manifiesto cómo se controlaba la relación laboral a través del análisis de los datos registrados en el ordenador (número de llamadas realizadas, tiempo invertido, descansos realizados, etc.) o a través de vías indirectas (la empresa controlaba determinados aspectos de la prestación de teletrabajo, poniéndose en contacto directo con las personas de las que había solicitado informes).

les europeos, se centran más en analizar el propio concepto de dependencia y la definitiva eclosión de las nuevas tecnologías en las relaciones laborales. Es el caso de la sentencia del Tribunal Superior de Justicia de Cataluña 5881/2002 del 18 de septiembre de 2002, que viene a poner de manifiesto una especie de tránsito del concepto clásico de dependencia a una nueva idea de dependencia más amplia con el objetivo de dar cabida al teletrabajo como una nueva forma de trabajo favorecida por la implementación de una economía y sociedad más avanzada.

Este nuevo significado es causal de una evolución en los elementos que identifican y prueban el concepto de dependencia en la práctica de las relaciones de trabajo. En este sentido servían para definir su existencia y la concurrencia de elementos tales como: el mantenimiento de un horario concreto y previamente determinado, la exigencia de una exclusividad en la tarea realizada y la incompatibilidad de realizar otra tarea, la existencia de unas normas o directrices de carácter disciplinario y de organización de la actividad por parte de un empresario o la propiedad de los medios de producción y del centro de trabajo, entre otras. Pues bien, la sentencia de referencia viene a modelar los elementos que sirven de base para probar la relación de trabajo y que traen como resultado un nuevo concepto de dependencia, que por otra parte ya se percibía desde la propia aparición del fenómeno del teletrabajo.

La modificación sustancial de las condiciones de trabajo ha sido la institución jurídica empleada por la sentencia de 25/2003 del TSJ de Cataluña para solventar si la decisión de la empresa de optar por el teletrabajo como la nueva forma de organizar la relación laboral de sus trabajadores, había cumplido con los requisitos básicos de la misma: (sic) "que el incumplimiento empresarial de las obligaciones nacidas de la relación laboral sea grave; que se produzca una modificación de las condiciones de trabajo y, fundamentalmente, que ello redunde en perjuicio de la formación profesional del trabajador o menoscabo de su dignidad". Finalmente la sentencia estima que tal modificación no supone un quebranto a la formación profesional ni produce menoscabo en su dignidad por cuanto la empresa puso en práctica todas las medidas que le fueron posibles para evitar tal fin.

En Argentina un caso resonante fue resuelto por la Cámara de Apelaciones del Trabajo, el 7 de agosto de 2013. La empresa había implementado la modalidad de teletrabajo por la cual la tarea desarrollada por determinadas empleadas se realizaba desde sus respectivos domicilios en el horario de 9 a 15 hs. Al poco tiempo y aduciendo problemas en los sistemas, la empresa les indicó que debían trabajar en forma presencial en la casa central de la firma ubicada en el microcentro porteño (lugar donde ya habían prestado las tareas antes de aplicar el teletrabajo). Pero finalmente, cambiaron de directiva y les señalaron que debían prestar servicios en la localidad bonaerense de Munro, partido de Vicente López.

Una de las dependientes se consideró despedida y recurrió a la Justicia para reclamar la indemnización por despido sin causa, originado en la culpa de la empresa. La Justicia tuvo en cuenta que la decisión de la firma alteraba el ritmo de vida de la dependiente, quien prestaba servicios desde su hogar y tenía un niño pequeño. La jueza de primera instancia hizo lugar a la demanda con fundamento en que "...no existe elemento de juicio por el que resulte justificada la actitud asumida por la empresa" y concluyó que "la empleadora realizó un ejercicio abusivo del *ius variandi*, puesto que el cambio del lugar de trabajo conllevó una alteración de horarios en la vida de las trabajadoras, quienes tienen hijos menores a su cargo". Ante la apelación, los camaristas consideraron que la compañía no pudo probar cuáles fueron los motivos para ordenarles volver a sus oficinas, remarcando que "el cambio de la modalidad de trabajo excedió claramente los límites del *ius variandi* en tanto alteró el horario y lugar de prestación de servicios que también integran la estructura de la relación laboral, por lo que no pueden ser modificados unilateralmente por el empleador, excepto por circunstancias razonables que debe acreditar", conforme lo normado por el artículo 66 de la LCT.

En muchos casos la justicia reconoce la aplicación de la modalidad de teletrabajo como por ejemplo en la Ciudad de Córdoba donde el 4/03/2016, la Sala "B" de la Excma. Cámara Federal de Apelaciones de la Cuarta Circunscripción Judicial dictó sentencia en los autos caratulados: "VALDEZ, MAGDALENA MARÍA Y

OTROS C/ COMISIÓN NACIONAL DE COMUNICACIONES S/ RECLAMOS VARIOS" avalando la existencia de la modalidad.

Asimismo, en los autos. "HARLAP ANA MARIA C/ OSDE ORGANIZACIÓN DE SERVICIOS DIRECTOS EMPRESARIOS S/DESPIDO", la Cámara Nacional de Apelaciones del Trabajo, SALA VII, el 9 de agosto de 2017 dictó sentencia definitiva N° 51192 causa N° 26.043/12 - Juzgado N° 74 aclarando que se trataba de una relación asalariada enmarcarda en el modelo de teletrabajo.

En Mendoza, la Primera Cámara Laboral de Apelaciones, el 2 de noviembre de 2016 dictaminó que la internacionalización de las relaciones laborales comprende distintos supuestos. En la actualidad las nuevas tecnologías de la información y de la comunicación hacen posible la realización de la prestación laboral a través de la red o teletrabajo en un país distinto del que se encuentre el empleador. El contrato de trabajo se define por la subordinación económica por un lado, y por la subordinación jurídica y personal por el otro. Es en esta última donde existen varios matices, ya que el trabajador puede estar toda la jornada bajo la vigilancia directa de su empleador, o desenvolverse sin el control inmediato de este: como por ejemplo el viajante, o el caso del teletrabajador.

También en Mendoza, la sentencia n° 151956 de la Séptima Cámara Laboral de Apelaciones, el 5 de mayo de 2016, dictaminó que el proceso laboral contiene normas de compensación entre los contrincantes con el objeto de hacer real el principio de igualdad de las partes en el pleito, igualdad que no se da en el ámbito laboral, precisamente por la condición intrínseca o innata de hiposuficiencia negocial en la que se encuentra el trabajador con relación al empleador, lo que ha dado lugar a reconocer como teletrabajo a la prestación llevada adelante desde el domicilio particular del trabajador.

En otro caso similar, la Cámara Nacional de Apelaciones del Trabajo - Sala VII Causa n° 13107/2012 Sentencia Definitiva N° 48381 - Juzgado n° 67 en la ciudad de Buenos Aires, el 30 de diciembre de 2015, dictó sentencia en los autos: "GANTMAN MARCELO DARÍO c/ RADIODIFUSORA BUENOS AIRES S.A." reconociendo la prestación laboral, como teletabajo.

De modo concreto se reconoció los reclamos articulados en la Sentencia n° 99077 de la Corte Suprema de Justicia de Mendoza, Sala 1, del 30 de diciembre de 2011, donde se dispuso que el servicio de e-mail utilizado para transmitir y recibir mensajes, era de titularidad del empleador –Poder Judicial– por lo cual se puede reglamentar su uso y vigilar el modo de su cumplimiento de tales instrucciones (acordada 17.868), por lo que, ante el uso indebido del mismo, la autoridad administrativa tiene la facultad de investigar y sancionar tal conducta.

7. Convenios colectivos en Argentina y en Europa que incluyen cláusulas de teletrabajo

Uno de los convenios más innovadores en materia de teletrabajo ha sido sin lugar a dudas el celebrado en el marco de la Federación de Sindicatos Unidos Petrolíferos e Hidrocarburíferos –SUPEH– el 23 de octubre de 2014. Las partes intervinientes fueron el sector empresario TELEBIT S.A. y el sector gremial, Federación Sindicatos Unidos Petrolíferos e Hidrocarburiferos –SUPEH–.

La actividad regulada fue la operación de sistemas de telesupervisión, coordinación de yacimientos, mantenimiento de instrumentos en campo, ingeniería de procesos, programación y mantenimiento de sistemas de adquisición de datos, obras de montaje, automatización de plantas, calibración y mantenimiento de unidades y puentes de medición de gas. El número de beneficiarios fue de 20 teletrabajadores, dependiendo la expansión o retracción de las evoluciones tecnológicas, la diversificación de los trabajos y el desarrollo de la demanda potencial en el mercado oferente. El ámbito de aplicación comprendía todo el territorio nacional, y el período de vigencia de 36 meses, a partir de la fecha de suscripción, destacándose que durante este lapso de vigencia las partes intervinientes podrían pactar modificaciones, supresiones e inclusiones que respondan a necesidades expresamente fundadas, las que solo tendrán efecto práctico a partir del momento en que resulten homologadas por el Ministerio de Trabajo y Seguridad Social.

En el Capítulo 5° se tipifica el teletrabajo: por "teletrabajo/trabajo a distancia" se entienden actos, obras o servicios realizados total o parcialmente por el trabajador en su domicilio, mediante la utilización de tecnologías de comunicación e información. En caso de darse esta situación las partes acordarán una reglamentación al respecto.

En el Expediente n° 1.489.609/12 obra el Convenio Colectivo de Trabajo de Grupo de Empresas, celebrado entre la Federación Sindicatos Unidos Petroleros e Hidrocarburíferos (SUPEH), por la parte trabajadora y, por la parte empleadora, YPF Sociedad Anónima y Operadora de Estaciones de Servicios Sociedad Anónima (OPESSA), donde se establecen cláusulas de teletrabajo que expresan:

a) Por "teletrabajo/trabajo a distancia" se entienden actos, obras o servicios realizados total o parcialmente por el trabajador en su domicilio, mediante la utilización de tecnologías de comunicación e información.

b) Las empresas realizarán unos exhaustivos análisis de los posibles puestos de trabajo/funciones que pudiesen permitir su desarrollo bajo la modalidad del "teletrabajo". Dicho procedimiento será formalizado por las partes en cuestión, debiendo las empresas ir detallando al gremio los puestos de trabajo/funciones que pudieran ser alcanzados por esta modalidad. A posterioridad de ello el "teletrabajador" deberá estar de acuerdo y prestar su conformidad para acceder a esta nueva modalidad.

c) El teletrabajador, sumado a lo expresado en el artículo anterior, deberá reunir los siguientes requisitos:
   • Desempeño destacado.
   • Comportamiento de autodisciplina, gestión y motivación.
   • Competencias técnicas del puesto y de informática.
   • Aceptación/acuerdo del jefe.
   • Posición efectiva con un mínimo de 2 años de antigüedad.

d) La duración tendrá un plazo máximo de 6 meses, con la posibilidad de renovación dentro del marco suscripto por las empresas con la Coordinación de Teletrabajo del Ministerio de Trabajo, Empleo y Seguridad Social de la Nación, "Programa piloto de seguimiento y promoción del teletrabajo en empresas privadas" (PROPET). La frecuencia semanal no podrá ser inferior a 2 días ni exceder los 3 días de teletrabajo salvo excepciones justificadas.

e) Ambas partes tendrán la facultad, con previo aviso, de finalizar la situación de "teletrabajo".

f) El lugar que se defina y se utilice para llevar a cabo dicha modalidad deberá cumplir todos los requisitos exigidos por la aseguradora ART.

g) El teletrabajador acordará, durante el transcurso de dicha modalidad, la visita a su domicilio de un profesional del área de Seguridad e Higiene, en 2 o más ocasiones, a quien podría acompañar un técnico de la ART.

h) El teletrabajador deberá mantener reuniones de seguimiento y evaluación con su superior directo, con la Dirección de Recursos Humanos de la empresa, con representantes del Ministerio de Trabajo de la Nación y del gremio.

i) Las empresas se comprometen a informar trimestralmente el listado del personal que se encuentre teletrabajando.

El SUPEH y la empresa YPF son protagonistas de la revolución 4.0, en tanto en fecha 28/12/2017 presentaron la reforma de su CCT introduciendo la temática del trabajo remoto superando de esta forma, el modelo de teletrabajo y abordando diferentes cuestiones tales como productividad, formación laboral, medio ambiente, igualdad de género y adicciones. Desde el mes de febrero de 2018 el convenio se encuentra a la espera de la homologación del Ministerio de Trabajo de la Nación.

Muy interesante resulta el proyecto presentado por UTSA ante el Ministerio de Trabajo en junio de 2013 (www.utsasoftware.org.ar/cct) donde se establece que el empleado, cuando trabaje bajo la modalidad de *teletrabajo*, cumplirá su jornada laboral conforme el CCT, la que podrá ser distribuida por este, según las necesidades operativas vinculadas a la particularidad de las tareas encomendadas y la forma de la prestación

Precursora en la temática, la Federación Argentina de las Telecomunicaciones (FATEL) se sumó al teletrabajo el 26 de octubre de 2011 (https://mundogremial.com/el-teletrabajo-una-modalidad-que-suma-cada-vez-mas-adeptos). Se trata de un convenio celebrado entre la Federación de Obreros y Empleados de Telecomunicaciones (FOETRA) y Telecom, con el objetivo de sumar a la modalidad teletrabajo a los empleados de esta empresa adheridos a FOETRA Buenos Aires, SITRADEL Rosario, SUTAH Chaco, Sindicato Luján, Santa Fe y Tucumán.

El acuerdo sobre teletrajo suscripto entre Telecom – UPJET (Unión Personal Jerárquico de Empresas de Telecomunicaciones) convirtió en operativo un Programa Piloto de Teletrabajo, bajo la órbita de la Coordinación de Teletrabajo del Ministerio de Trabajo, Empleo y Seguridad Social, entonces a mi cargo.

Luego de un largo debate entre Telecom Argentina S.A. y UPJET sobre los mecanismos que serían utilizados para poner en práctica esta nueva modalidad de trabajo, ambas partes, de común acuerdo, coincidieron en llevar adelante una prueba piloto bajo las siguientes pautas:

I - Definición: Por "teletrabajo" se entiende todo acto y/o prestación de servicios realizado total o parcialmente por el trabajador en algún lugar diferente al establecimiento de la compañía, mediante la utilización de todo tipo de tecnologías de la información y de las comunicaciones (TIC).

II - Cantidad/duración: Las partes acuerdan realizar un programa con un número inicial de cincuenta (50) teletrabajadores convencionados en el CCT n° 489/02, por un plazo de seis (6) meses renovables

III - Reversibilidad: Si tanto un trabajador comprendido dentro de la experiencia piloto, como Telecom Argentina S.A., decidiera reversar la modalidad de teletrabajo aquí acordada, deberá preavisar dicha circunstancia con una anticipación no menor a los quince (15) días. Además, si esa decisión fuera tomada por parte de la compañía, esta deberá informar previamente a UPJET con cinco (5) días de antelación al preaviso antes citado.

IV - Puestos/funciones: La empresa realizará un exhaustivo análisis de los posibles puestos de trabajo/funciones que pudieran permitir su desarrollo bajo la modalidad del "teletrabajo". En igual sentido, la entidad gremial validará dicho análisis con sus propias consideraciones y en forma conjunta podrán determinar los sectores y cantidad de trabajadores destacados en el Programa.

V - Candidatos: Los trabajadores podrán libre y voluntariamente concurrir a la convocatoria cursada desde las áreas. La entidad gremial estará habilitada a presentar una nómina de candidatos que voluntariamente deseen integrarse al Programa.

VI - Requisitos: El/la candidato/a cualquiera sea su origen, deberá cumplir indefectiblemente con las siguientes condiciones:

• Tener posición efectiva y antigüedad no menor a dos (2) años.

• Probadas competencias técnicas requeridas por el puesto y manejo del entorno informático.

• Factibilidad –conforme a las necesidades de servicio del sector y competencias definidas por la empresa– de realizar tareas bajo dicha modalidad.

VII - Frecuencia/horario de trabajo: El "teletrabajo" inicialmente no puede ser inferior a dos días, ni superar los tres días en la semana laboral. El teletrabajador seguirá teniendo su lugar de asiento en su oficina de origen, donde continuará prestando servicios los días que le corresponda concurrir en forma efectiva. El horario del teletrabajador será el que habitualmente cumpla de acuerdo con el Convenio Colectivo de Trabajo, por lo cual la jornada de trabajo no podrá desnaturalizarse por esta modalidad.

VIII - Provisión de elementos de trabajo y seguridad: Será a cargo de Telecom Argentina S.A. la provisión de:

• Conectividad suficiente para la labor desempeñada,

- Equipamiento informático para el desarrollo de la tarea (provisión y mantenimiento).
- Matafuegos, botiquín de primeros auxilios y manual de recomendaciones en materia de Higiene y Seguridad Laboral. Asimismo, Telecom pondrá a su disposición: escritorio, apoyapiés, padmouse y silla con las condiciones ergonométricas requeridas. Los cargos y el mantenimiento de la conexión así como el acceso a los datos que necesite el trabajador, resultan responsabilidad exclusiva de la empresa.

IX - Libertad sindical/comunicaciones: Los teletrabajadores conservan todos sus derechos colectivos e individuales, particularmente la facultad de elegir y/o ser elegidos en cargos gremiales dentro de sus respectivas oficinas de asiento y a recibir por la vía sindical o la habilitada por la empresa al efecto, todas las comunicaciones que en forma regular la entidad gremial cursa a sus representados.

X - Enfermedades/accidentes: Sin perjuicio de la facultad de contralor que tiene la empresa, las enfermedades y/u accidentes podrán ser comunicados por correo electrónico.

XI - Mayores gastos: El teletrabajador tendrá derecho a percibir mensualmente y durante toda la duración del Programa una suma no remunerativa compensatoria de los mayores gastos que derivan del uso de energía, y demás servicios en general. Se fija el importe de esta suma en pesos ciento veinte ($ 120).

XII - Inspección del lugar de teletrabajo: Ambas partes podrán acordar durante el transcurso de dicha modalidad la visita al lugar determinado por el teletrabajador para la ejecución de su tarea, de un profesional del área de Seguridad e Higiene de la Empresa en dos o más ocasiones, a quien podrá acompañar un técnico de la ART y/o un representante de la entidad gremial.

XIII- Comisión: las partes acuerdan la conformación de una comisión empresa-entidad gremial para el análisis, monitoreo y evaluación de los resultados que se generen en la presente prueba piloto, como así también de la instrumentación de la experiencia, la que conforme a sus resultados podrá ser renovada y/u ampliada en similares términos. El acuerdo fue suscripto el 3 de diciembre de 2009.

En el resto del mundo, también la modalidad ha sido sujeto de convenios colectivos. Así, entre otros, el convenio marco relativo al personal de las autoridades locales (Dinamarca); los convenios y modelos empresariales propuestos por los sindicatos: British Gas (Reino Unido), IBM y Deutsche Telecom (Alemania), TCO (Suecia), CONFAPI con CGIL-CISL y el convenio UIL sobre el teletrabajo (Italia), el Convenio Colectivo de Telefónica de Telecomunicaciones, el de la empresa Ibermática y el de la entidad Siemens Nixdorf.

Particularmente, el de Telefónica, entre otros aspectos, establece un programa piloto con el objetivo de identificar aquellas actividades susceptibles de ser desarrolladas a través del teletrabajo, a saber: "La Dirección de la Empresa y la Representación de los Trabajadores coinciden en declarar imprescindible la potenciación del uso de las nuevas herramientas propias de la actual evolución tecnológica, de las que Telefónica de España es y debe seguir siendo pionera, siendo el teletrabajo una de las formas innovadoras de la organización y prestación del trabajo en la empresa, que permite una mejor adaptación a las exigencias del cambio tecnológico en el que estamos inmersos, con el objetivo de la modernización y adaptación de las condiciones de trabajo para generar una mayor empleabilidad mediante la recolocación de recursos".

Por ello la empresa, en línea con lo previsto en el Convenio Colectivo, toma los principios recogidos en el Acuerdo Marco Europeo sobre teletrabajo suscrito el 16 de julio de 2002 entre las organizaciones empresariales e interlocutores sociales de los estados miembros de la Unión Europea. Esta prueba piloto se llevó a efectos mediante la suscripción por el empleado de un acuerdo previo de teletrabajo, donde se detallarán las condiciones aplicables, bajo el principio de voluntariedad y reversibilidad, con garantías de la igualdad de derechos y mantenimiento de las condiciones de empleo y derechos colectivos de los empleados participantes en la misma.

El convenio colectivo de la empresa Ibermática S.A. establecía "la implantación de nuevos sistemas y productos de informática, así como la posibilidad de conectarse a la empresa desde el domicilio del empleado". Permitía que, cuando el tipo de actividad lo requiriera y a criterio del responsable, podría proponerse a determinados empleados, desarrollar su trabajo desde su casa. Debía pactarse de común acuerdo y volcarse por escrito entre la empresa y el empleado, el tipo de tarea a realizar, la duración máxima de la misma, los niveles de control y seguimiento, así como la disposición a presentarse en la oficina tantas veces como sea requerido durante la ejecución del proyecto o tareas encomendadas. La implantación de este sistema, permitía una flexibilidad horaria total, con un menor volumen de desplazamientos y un mayor nivel de concertación.

El convenio colectivo de la empresa Siemens Nixdorf establecía "la implementación de un programa en áreas funcionales, colectivos y puestos que pudieran desempeñar sus funciones total o parcialmente en 'teletrabajo'. Esta definición y su reglamentación correspondiente se haría conjuntamente entre la empresa y los representantes de los trabajadores".

8. Síntesis del Capítulo VI

El recorrido por el mundo muestra que la falta de normativa es un factor importante pero no esencial para la implantación de modelos de TCR o de teletrabajo en el mundo. En el caso de Europa, lo dispuso en julio de 2002, en el contexto del Consejo Europeo entre las centrales empresarias y sindicales, con la firma del "Acuerdo Marco Europeo sobre Teletrabajo". En este acuerdo el teletrabajo se definió como "una forma de organizar y ejecutar el trabajo usando tecnologías de la información como parte de un contrato o relación laboral, donde el trabajo, que también puede realizarse en el local del empleador, se realiza sobre una base regular fuera de dichos locales".

En Argentina, bajo la órbita del Ministerio de Trabajo de la Nación, en el proyecto de ley de teletrabajo en relación de dependencia, se definió la modalidad de teletrabajo como la "forma de organizar el trabajo a distancia mediante la utilización de las tecnologías de la información y las comunicaciones (TIC) que puede realizarse desde el domicilio del trabajador o desde otro establecimiento, siempre ajeno al empleador". Dentro de esta modalidad, y desde 2013 a través de convenios de cooperación, diversos organismos públicos comenzaron a implementarla.

A nivel local, en Argentina, Neuquén es la única provincia que ha reglamentado el teletrabajo bajo el amparo de la Ley 2861/13, definiéndolo "como la realización de actos o prestación de servicios, en las que el trabajo se realiza en lugares distintos del establecimiento del empleador, mediante la utilización de todo tipo de TIC". Tiene carácter voluntario y se prioriza la protección de las personas con discapacidad, las mujeres amas de casa y las personas con alguna enfermedad. La normativa hace especial hincapié en la inserción de los jóvenes y profesionales.

Cabe destacar que Mendoza y Río Negro tienen dos proyectos de ley para regular el teletrabajo. En el caso de la primera provincia mencionada, la normativa cuenta con media sanción de la Cámara de Senadores; mientras que en el caso de la segunda, las partes involucradas están en la etapa de discusión y redacción del proyecto.

En Argentina, el 52,8% de los hogares urbanos dispone de computadora y el 43,8% de Internet. De estos hogares, 8 de cada 10 tienen computadora de escritorio, 4 de cada 10 poseen una portátil y 9 de cada 10 acceden a Internet mediante red fija en el hogar, mientras que 2 de cada 10 acceden a servicio móvil.

En cuanto al uso de tecnologías, el 74% de las personas residentes en hogares urbanos del país utilizan celular, el 58% emplea computadora y el 54% usa Internet. A partir de los datos obtenidos, se advierte que 6 de cada 10 personas utilizan computadora para sus tareas laborales. Es el tipo de actividad más extendido después del uso destinado a tareas de ocio/recreación. Los datos revelan que la mayoría de la población ocupada (83,7%) que utilizó computadora con fines laborales lo hizo desde su propio hogar y el 68,5% desde su trabajo, es decir un 15,2% menos. En menor medida, hay otros espacios en los que las personas emplean esta tecnología con fines laborales, entre los más importantes señalamos: la casa de otra persona (8,8%), un local comercial con acceso a computadoras (8,6%), un establecimiento educativo (7%), o bien en cualquier lugar desde dispositivos de acceso móvil (3,1%). A su vez, en algunas jurisdicciones de nuestro país el empleo desde el hogar, mediado por las TIC y destinado a trabajar, es aún mayor, como son los casos de Tierra del Fuego, Antártida e Islas del Atlántico Sur, donde el 97% de su población hace este tipo de uso; la Ciudad Autónoma de Buenos Aires, con el 92%, seguidas por Río Negro, La Pampa, Santa Fe, Chubut, Entre Ríos y Neuquén.[117]

En 2013 se estimaba que la cantidad de teletrabajadores rondaba los dos millones de personas (Diario Electrónico Información Profesional: 2013), casi cuatro veces más que en 2007. Es decir que en los últimos años la proliferación de los trabajadores conectados a distancia a través de las TIC ha multiplicado las relaciones laborales de la mayoría de los argentinos.

La Dirección de Trabajo Virtual del Ministerio de Trabajo, Empleo y Seguridad Social, a mi cargo hasta 2016, elaboró distintas estadísticas que permiten hacer un análisis más amplio del impacto del teletrabajo en la Argentina. De la encuesta a 1.412 teletrabajadores de 16 empresas adheridas al PROPET, realizada entre marzo de 2015 y marzo de 2016, surge que el 99% de los encuestados afirmó que gracias al teletrabajo se sienten más a gusto con su empleo, y el 77% resaltó que esta modalidad laboral permite un ostensible florecimiento de la vida familiar, al poder estar más tiempo en el hogar.

A la hora de elegir la principal ventaja del teletrabajo, el 36% de los argentinos encuestados optó por la mejora en la conciliación entre la vida familiar y la vida laboral, mientras que un

---

117 Los datos mencionados fueron publicados por la Coordinación de estadísticas TIC del INDEC en el *Newsletter* de la Coordinación de Teletrabajo, edición n° 5, marzo 2014.

35% escogió el ahorro de tiempo y dinero. Según la información relevada en la encuesta de 2016, una persona que teletrabaja tres veces por semana podía ahorrar alrededor de 1.000 pesos mensuales, al no tener que trasladarse hacia la oficina.

Como el teletrabajo es una modalidad y no una profesión, un puesto podrá ser teletrabajable siempre y cuando esté mediado por las TIC. Si bien el rubro de empresas es variado, el 35,31% de las compañías que tenían teletrabajadores estaban vinculadas con las telecomunicaciones, el 29,41% ofrecía distintos tipos de servicios y el 17,64% pertenecía al mundo jurídico.

CAPÍTULO VII

ÚLTIMAS NOVEDADES EN TCR

1. Trabajo rural conectado (TRUCO)

Fueron varios los programas y proyectos que en materia de trabajo conectado remoto (TCR) he desarrollado, en forma personal y también en el marco de la Asociación Argentina de Usuarios de la Informática y las Telecomunicaciones (USUARIA), todos ellos apuntando a la inclusión sociolaboral.

Es interesante compartir algunos de ellos, como por ejemplo el Trabajo Rural Conectado (TRUCO). Con una duración de 12 meses y alcance nacional, tiene como objetivo llevar el campo a la ciudad, brindando al sector rural una combinación de tecnologías que permita conformar una sólida red de telecomunicaciones y conectividad para facilitar "el traslado de la ciudad al campo", logrando la inclusión sociolaboral y el trabajo registrado.

Desde lo específico, el programa busca crear los centros rurales de trabajo conectado (TRUCOS), evitar la migración del campo a la ciudad, aplicar el TCR como una herramienta de mejora de la empleabilidad de los trabajadores/as rurales, cooperar en la preservación del medio ambiente, evitar una mayor contaminación ambiental y una mayor densidad de tránsito vehicular, así como conciliar la vida familiar con la laboral y aumentar el empleo rural registrado.

Tiene previstas diferentes etapas, que van desde la determinación de los lugares y cuantificación de inversión, como la capacitación mediante la alfabetización digital y el trabajo conectado rural. La meta es incluir en forma abierta a todos los interesados, focalizándose en el desarrollo inclusivo de la propia región, así como regímenes de exenciones en materia tributaria y de aportes para las empresas que contraten bajo la modalidad TRUCO.

Es muy interesante analizar las diferentes experiencias en el mundo. Efectivamente, el ámbito rural posee una idiosincrasia que le es propia; los recursos, las distancias y el desarrollo educativo de la población del campo tienen otros tiempos y una realidad diferente de la urbana. Sin embargo, el aspecto tecnológico al servicio de un compromiso laboral facilita el crecimiento de las zonas rurales al utilizar el modelo TCR como un medio de arraigo de las familias a sus localidades. El área rural está sembrada de pueblos de pequeño tamaño, con poblaciones en muchos casos inferiores a los 5.000 habitantes, donde las conexiones de banda ancha han llegado recientemente, e incluso hay algunos que aún carecen de infraestructura informática. El TCR aparece como una solución para que los pueblos puedan ofrecer nuevas y diferentes oportunidades a sus habitantes en las zonas más aisladas o marginadas.

La modalidad TCR facilita el arraigo, en especial de los jóvenes, y también contribuye a fortalecer y potenciar oficios y actividades típicas o tradicionales de cada comunidad. No reconoce fronteras y representa una oportunidad para desarrollar empleo decente y fortalecer las economías locales en un contexto mundial cada vez más globalizado.

En Europa han surgido los llamados "telepabellones rurales" o "telecentros", que son centros ubicados en el campo que ponen a disposición de la población técnicas de información para su educación, sus actividades profesionales y para sus tiempos de ocio. Se trata de iniciativas que han tenido mucho éxito en los países nórdicos y que, por el interés público que supone la conservación del medio rural, están siendo apoyadas por los Estados y por la Unión Europea a través de créditos para desarrollar actividades de inserción laboral con trabajadores rurales y con emprendedores rurales, pues el teletrabajo no es privativo de la relación de dependencia sino que también significa una herramienta para crear trabajo a través de la autogestión y el autoemprendimiento. Particularmente en países como España, son cada vez más frecuentes los denominados telepueblos, que propician la conformación de pequeñas y medianas empresas rurales que buscan reducir los desequilibrios demográficos.

Algunos de los telecentros más destacados en España son el Telecentro de Gordexola (Vizcaya), el de Taramundi (Asturias), el de Biazpe (Navarra) y el Proyecto Brisa (Aragón). Este último crea una red de seis zonas rurales específicas y representativas de las tres provincias aragonesas, consistente en una oferta de servicios a las empresas y a las ones públicas.[118]

A través del Proyecto Wosnet se brinda Internet como fuente de oportunidades de formación y empleo para la mujer en el ámbito rural. Es un proyecto europeo enmarcado dentro de la iniciativa comunitaria NOW. Esta iniciativa tiene como finalidad promover el empleo de las mujeres, de manera que se favorezca la igualdad de oportunidades entre hombres y mujeres en el mundo del empleo y la formación profesional.

En Alemania, el proyecto Telehaus Wetter, lanzado en 1992 en la localidad de Wetter, ubicada en un área rural de la región de Hesse, tuvo como objetivos:

- Crear actividades laborales válidas cerca de los hogares en las que los trabajadores tuvieran el control del horario laboral (programa para mujeres).
- Mantener a la gente en la zona rural de pertenencia y reforzar las estructuras económicas de la región, aprovechando los conocimientos de las mujeres del lugar y fundando una industria de servicios moderna.
- Determinar una transferencia de actividades laborales de la ciudad a las áreas rurales, para llegar a una distribución más equilibrada del empleo.

---

118 http://www.gordexola.net,).http://cfnti.net/telecentros/dicit,http://www.cein.es,http://www.biazipe.net,.http://www.eatur.com.

- Alcanzar objetivos de carácter ecológico (por ejemplo, reducir los desplazamientos diarios de y hacia un área superpoblada) teniendo en cuenta que el transporte público es sumamente ineficiente.[119]

2. Proyecto de reforma laboral en Argentina. Inclusión del TCR

A lo largo de la obra hemos compartido las diferencias entre teletrabajo y TCR, también hemos advertido sobre la nueva terminología de la OIT en relación con el trabajo nómada digital. Por eso, resulta muy adecuado compartir el proyecto de modificación a la Ley 20.744, Ley de Contrato de Trabajo, sostenido desde USUARIA.

En oportunidad de discutir la reforma laboral, prevista por el presidente Mauricio Macri para el período legislativo 2018, hemos incluido el TCR, en el Título II, Relaciones de Trabajo, Capítulo I, cuando se define en el art. 4 qué se entiende por trabajo, así como también en el Capítulo I, Título Único, que se refiere a la equidad e igualdad de oportunidades en el trabajo, art. 175.

¿Por qué USUARIA? Porque es la Asociación Argentina de Usuarios de la Informática y las Comunicaciones, una ONG que data de 1982 y que fomenta el conocimiento de las TIC, el desarrollo de la sociedad digital y la implementación y certificación de buenas prácticas en TCR. El proyecto de reforma trabajado, introduce los siguientes cambios:

Título II
Relaciones de trabajo - Capítulo I
Modificaciones al régimen de contrato de trabajo
Concepto de trabajo. Sustitúyese el artículo 4° de la Ley de Contrato de Trabajo n° 20.744 (t.o. 1976) y sus modificatorias, el que quedará redactado de la siguiente forma:

---

119 Organización Internacional del Trabajo, informe VII, de la 97° Reunión realizada en 2008, sobre "La promoción del empleo rural para reducir la pobreza".

Artículo 4. Concepto de trabajo

Constituye trabajo a los fines de esta ley, toda actividad lícita que se preste tanto en forma presencial, a distancia mediante el uso de las tecnologías de la información y comunicación o mixta en favor de quien tiene la facultad de dirigirla, mediante una remuneración. El contrato de trabajo tiene como principal objeto la actividad productiva y creadora del hombre en sí. Solo después ha de entenderse que media entre las partes una relación de intercambio y un fin económico en cuanto se discipline por esta ley. Asimismo, se prevé la necesidad de una reglamentación que regule específicamente el trabajo conectado remoto (TCR) en relación de dependencia.

Título único
Capítulo I
De la equidad de género e igualdad de oportunidades en el trabajo

Artículo 175. Igualdad de género para efectuar trabajo fuera del establecimiento, sea el trabajo conectado remoto o teletrabajo.

Los trabajadores, sin distinción de género, podrán optar por ejecutar trabajos fuera del establecimiento que les sean encargados por su empleador, así como realizar prestaciones a favor de este a través de la modalidad de trabajo conectado remoto o teletrabajo, de acuerdo con los requisitos que establezca la reglamentación y conforme al acuerdo y/o convenio alcanzado por las partes involucradas.

Reglamentación del trabajo conectado remoto (TCR) en relación de dependencia

Más allá de la reforma normativa, es la reglamentación la que marcará la esencia particular de la implementación de esta modalidad, por eso también desde USUARIA proponemos un modelo de reglamentación:

Artículo 1°. Concepto de trabajo remoto conectado (TCR). Se entiende por trabajo conectado remoto la realización de actos, ejecución de obras o prestación de servicios en los términos de los artículos 21 y 22 de la Ley de Contrato de Trabajo n° 20.744 (t.o. 1976) y sus modificatorias, en las que el objeto del contrato o relación de trabajo es realizado total o parcialmente a distancia desde el domicilio del trabajador o en lugares distintos del establecimiento principal del empleador, mediante la utilización de todo tipo de tecnologías de la información y de las comunicaciones (TIC).

Artículo 2°. Derechos de los trabajadores conectados remotos. Estos gozarán de los mismos derechos que los demás trabajadores en relación de dependencia que ocupen la misma posición laboral en cuanto resulten compatibles con la naturaleza de las prestaciones. Sin perjuicio de ello, los convenios colectivos deberán establecer las condiciones de trabajo, teniendo como prioridad las particularidades de la prestación, la índole de la relación y el respeto del principio de igualdad de trato entre un trabajador conectado remoto y un trabajador que desempeñe igual tarea en el establecimiento del empleador.

Artículo 3°. Tiempo de trabajo. Distribución. Los convenios colectivos podrán prever una distribución razonable de la carga horaria semanal a desarrollarse como trabajo presencial y como trabajo conectado remoto (TCR) aplicable en los contratos de trabajo. A falta de una disposición colectiva, los contratos individuales deberán prever que al menos dos (2) jornadas completas se realicen como trabajo conectado remoto (TCR).

Artículo 4°. Equipamiento. Gastos y compensaciones. En caso de que el trabajador conectado remoto (TCR) aporte su propio equipamiento el empleador deberá compensar la totalidad de los gastos que genere su uso, sin perjuicio de los mayores beneficios que pudieran pactarse en los convenios colectivos. Cuando los equipos sean provistos por el empleador, el trabajador conectado remoto será responsable por su correcto uso y mantenimiento, a cuyo fin tendrá la obligación de evitar que los bienes sean utilizados por terceros ajenos a la relación de trabajo.

Artículo 5°. Bienes del empleador. Sistemas de control. Los sistemas de control destinados a la protección de los bienes e información de propiedad del empleador deberán salvaguardar la intimidad del trabajador conectado remoto y la privacidad de su domicilio.

Artículo 6°. Modalidad de trabajo conectado remoto (TCR). Conformidad del trabajador. Cuando por razones de organización del trabajo el empleador requiera la prestación de tareas bajo la modalidad de trabajo conectado remoto, este deberá contar con la aceptación fehaciente del trabajador expresada por escrito, para quien siempre será voluntaria.

Artículo 7°. Domicilio del trabajador conectado remoto (TCR). Inspección laboral. Registro. La aceptación de la modalidad de trabajo conectado remoto implicará el consentimiento del trabajador para que la autoridad de aplicación pueda realizar inspecciones en el domicilio en que se cumpla la prestación. A tal efecto, el empleador deberá asentar en el legajo del trabajador, con su firma, el o los domicilios involucrados desde donde se ejecuta el trabajo, la constancia de la conformidad del trabajador según lo dispuesto por el Artículo 6° y que le han sido comunicadas las implicancias propias de la modalidad.

Artículo 8°. Modificación de las condiciones de prestación de servicios. Requisitos. Toda transformación o modificación de las condiciones de prestación de servicios en trabajo conectado remoto (TCR) o en trabajo presencial, en tanto exceda las facultades del empleador, deberá contar con la conformidad por escrito del trabajador.

Artículo 9°. Reversión de la prestación. Cualquiera de las partes, sea el empleador o el trabajador a quien se le hubieren modificado las condiciones de prestación de servicios en trabajo conectado remoto (TCR), podrá solicitar la reversión a su condición anterior dentro del plazo de tres (3) meses posteriores al efectivo inicio de la modalidad.

Artículo 10. Deber de la autoridad administrativa. Adecuación. La autoridad administrativa dictará las normas relativas a higiene y seguridad en el trabajo adecuadas a las características propias de la prestación del trabajo remoto conectado, como así también la inclusión de las enfermedades causadas por este tipo de actividad dentro del listado previsto en el artículo 6°, inciso 2, de la Ley n° 24.557 y sus modificatorias.

Artículo 11. Ámbito de aplicación. Compatibilidad. La Ley de Contrato de Trabajo n° 20.744 (t.o. 1976) y sus modificatorias, será aplicable al trabajo conectado remoto en todo lo que resulte compatible con esta modalidad y con el régimen específico reglamentado.

Artículo 12. Ley aplicable. Cuando se trate de prestaciones transnacionales de trabajo conectado remoto se aplicará al contrato de trabajo respectivo la ley del lugar de ejecución de las tareas o la del domicilio del empleador, según sea más favorable para el trabajador telemático.

Artículo 13. Fiscalización. La fiscalización del cumplimiento de las disposiciones legales y convencionales relativas a las tareas cumplidas bajo la modalidad del trabajo conectado remoto se ejercerá acorde con lo establecido por el régimen de la Ley n° 25.877 y sus modificatorias. Cuando el trabajo se ejecute en la vivienda del trabajador la autoridad de aplicación deberá ejercer la potestad de inspección preservando su intimidad y la de su grupo familiar en las condiciones que fije la reglamentación.

Artículo 14. Autoridad de aplicación. El Ministerio de Trabajo, Empleo y Seguridad Social será la autoridad de aplicación de la presente reglamentación.

3. Las TIC y el trabajo de las mujeres. ¿Existe el techo TIC de cristal? El trabajo invisible

Desde el mes de octubre de 2014 se celebra anualmente, en la ciudad de Barcelona, el *Women 360° Congress,* el Congreso de Salud, Bienestar y Empresa para la Mujer Directiva y Empresaria, donde más de 350 mujeres del mundo empresarial buscan las claves para mejorar la salud y el bienestar de las mujeres directivas, que se enfrentan a mayores situaciones de estrés y otros problemas de salud.

En el marco de aquel primer congreso se debatió sobre el uso de las TIC en las empresas, los nuevos modelos de dirección y las desigualdades entre hombres y mujeres en el mundo laboral. Uno de los temas predominantes del encuentro fue la importancia de las nuevas tecnologías para el desarrollo de la empresa y la mejora de la empleabilidad. La conclusión fue clarísima: las TIC son un elemento imprescindible para ayudar a conciliar la vida laboral y familiar de las directivas.

Las mujeres dedican el doble de tiempo al cuidado del hogar que los hombres. "Los estereotipos de género siguen aún muy arraigados ya que un 45% de la sociedad española cree que es la mujer que la debe abandonar el trabajo en el inicio de la maternidad", afirma Sara Moreno, profesora de Sociología en la UAB (Universidad Autónoma de Barcelona). A lo largo de nuestras vidas, como mujeres hemos abandonado o en algún caso descuidado la carrera profesional; podría dar muchísimos ejemplos con nombres y apellidos de sus protagonistas.

La mujer asume el cuidado de los hijos y de las personas mayores, mientras se desenvuelve en el mundo laboral, sin embargo pocos hombres han entrado al mundo doméstico. La falta de políticas de igualdad que acaben con la brecha salarial y favorezcan el acceso de las mujeres a ciertos sectores laborales donde predominan los hombres, así como a los altos cargos, implica mantener una discriminación que solo genera una grieta de género. La crisis de los cuidados, también es entendida como la multifacética tarea femenina de todos los días.[120]

La división sexual del trabajo propia del sistema patriarcal excluye a las mujeres de la llamada "esfera pública" e invisibiliza el trabajo que tradicionalmente vienen realizando, así lo expresa Gemma Nicolás Lazo en su artículo "Defender y repensar los de-

---

120 Torns, T.; Borràs Català, V.; Moreno Colom, S. y Recio, C.: "El trabajo de cuidados: un camino para repensar el bienestar". *Papeles de relaciones ecosociales y cambio global*, nº 119, 2012, págs. 93-101.

rechos sociales en tiempo de crisis".[121] Para nosotras, las mujeres, no es algo nuevo, llevamos mucho tiempo conociendo la invisibilidad del trabajo del cuidado.

Durante el devenir de la historia, el estatus de las mujeres fue terrible. En la antigua China, por ejemplo, no podían caminar bien debido a la costumbre del vendado de los pies, una mutilación que provocaba que esas extremidades no crecieran más de 10 cm. En la antigua Atenas, las mujeres no tenían la condición de sujeto legal y se las consideraba parte del hogar, cuya cabeza era un hombre, siendo custodiadas por sus padres y otros parientes hombres hasta el matrimonio. Una vez casadas, el esposo se convertía en su cabeza. Las mujeres no tenían permitido realizar procedimientos legales, y contaban con un derecho de propiedad limitado, pues no se las consideraba ciudadanas de pleno derecho. No obstante, podían adquirir derechos de propiedad por donación, dote o herencia, pero no disponer de dichas propiedades.

Platón[122] afirmaba "que la concesión de derechos políticos y civiles a las mujeres alteraría sustancialmente la naturaleza del hogar y del Estado". Su discípulo, Aristóteles, opinaba que las esposas se podían "comprar" argumentando que la principal actividad económica de las mujeres era la de cuidar la propiedad familiar creada por el hombre. Según Aristóteles,[123] el trabajo de las mujeres no añadía valor porque "el arte de la gestión del hogar no es idéntica al arte de la adquisición de riqueza, porque una utiliza el material que proporciona la otra". Las mujeres libres de la antigua Roma eran ciudadanas romanas con privilegios y protecciones legales que no disfrutaban los no ciudadanos

---

121 Nicolás Lazo, G.: "Defender y repensar los derechos sociales en tiempo de crisis", *Observatori DESC*, diciembre 2009.

122 Platón (428/427 a.C.-347 a.C.), filósofo griego, maestro de Aristóteles, escribió sobre los más diversos temas, tales como filosofía política, ética, psicología, metafísica, cosmogonía, cosmología, filosofía del lenguaje y filosofía de la educación.

123 Aristóteles (384 a.C.-322 a.C.) fue un polímata; filósofo, lógico y científico de la antigua Grecia cuyas ideas han ejercido una enorme influencia sobre la historia intelectual de Occidente durante más de dos milenios.

y esclavos; no obstante, en una sociedad patriarcal, a las mujeres no se les permitía votar, ni ocupar cargos públicos, ni servir en el ejército.

Las mujeres de clase alta ejercían influencia política a través del matrimonio y la maternidad. Durante el período imperial, las mujeres de la familia del emperador podían adquirir un considerable poder político, y a menudo se las representaba en el arte oficial y en las monedas. Se publicaban sus cartas y peticiones sobre temas oficiales porque sus opiniones tenían peso en la opinión pública.

Las mujeres romanas podían comparecer en un juzgado y defender casos, aunque la costumbre era que las representara un hombre. Se las consideraba demasiado ignorantes y faltas de criterio como para ejercer la abogacía, pero al mismo tiempo eran activas e influían en los casos legales, lo que dio como resultado un edicto que limitó su ejercicio del derecho a los litigios que les afectaran directamente.

Según el Derecho de Inglaterra, desarrollado a partir del siglo XII, todas las posesiones que una mujer tuviera a su nombre en el momento del matrimonio pasaban a ser propiedad del marido. Los tribunales ingleses acabaron por prohibir que los maridos se arrogaran las propiedades sin consentimiento de su esposa, pero retuvieron el derecho a administrarlas y a su usufructo. Las mujeres francesas casadas sufrían restricciones a su capacidad legal, las que duraron hasta 1965. A pesar de la relativa libertad de que disfrutaban las mujeres anglosajonas, hasta mediados del siglo XIX los escritores daban por hecho que el orden natural era el patriarcado tal como siempre había existido. A finales del siglo XVIII, la cuestión de los derechos de la mujer se convirtió en tema central de los debates políticos en Francia y Gran Bretaña. El filósofo Jean Jacques Rousseau[124] pensaba que el hecho de que la mujer obedeciera al hombre formaba parte del orden natural.

---

124 Jean-Jacques Rousseau (1712-1778), filósofo social y escritor suizo que participó en el movimiento intelectual del siglo XVIII: la Ilustración. Su principal obra, *El contrato social*, sirvió como un verdadero catecismo para la Revolución Francesa y ejerció gran influencia en el llamado liberalismo político.

Escribió que "las mujeres hacen mal en quejarse de la desigualdad de las leyes humanas", y defendió que "cuando la mujer intenta usurpar nuestros derechos, se muestra inferior a nosotros", los hombres, claro.

La Declaración de los Derechos del Hombre y del Ciudadano aprobada por la Asamblea Nacional francesa el 26 de agosto de 1789 fue uno de los documentos fundamentales de la Revolución Francesa (1789-1799) pero atribuía derechos solo al hombre y al ciudadano, no a la mujer o ciudadana. En ese mismo año se promulgó la Ley Sálica que excluía a las mujeres del derecho al voto, y años más tarde, en 1793, también se las excluyó del ejército y la Constitución de ese año les negó cualquier derecho político. Finalmente, el Código Napoleónico de 1804 declaró la inferioridad de la mujer, instauró el deber de obediencia de la esposa al marido y estableció un denominador común: exclusión, en todas sus conjugaciones y variedades. La consigna acompañaba el sojuzgamiento de la mujer y su imposibilidad de crecimiento personal, social y comunitario.

Los ideales del sufragio femenino devinieron con el sufragio universal, y el voto de la mujer es un derecho recogido por la Convención sobre la Eliminación de Todas las Formas de Discriminación contra la Mujer o CETFDCM (también conocida por sus siglas en inglés CEDAW). Se trata de un tratado internacional de las Naciones Unidas firmado en 1979, fruto del trabajo de años realizado por la Comisión de la Condición Jurídica y Social de la Mujer, que fue creada en 1946 por el Consejo Económico y Social de la ONU. Dicha comisión, basándose en la Declaración sobre la Eliminación de la Discriminación Contra la Mujer de Naciones Unidas de 1967 comenzó a preparar la CETFDCM en 1974, y el 18 de diciembre de 1979 fue aprobada por la Asamblea General de Naciones Unidas, entrando en vigencia el 3 de septiembre de 1981.

En 1893, Nueva Zelanda se convirtió en el primer país del mundo en conceder el derecho al voto a las mujeres, y Australia lo aprobó en 1902. Fueron varios los países nórdicos que dieron a las mujeres derecho a votar a principios del siglo XX: Finlandia en 1906, Noruega en 1913, Dinamarca e Islandia en 1915. Los Países Bajos en 1917; Austria, Canadá, Polonia, Suecia y Checoslovaquia en 1918; Alemania y Luxemburgo en 1919; Estados Unidos en 1920 y España en 1931; Turquía en 1934; Francia en 1944; Bélgica, Italia, Rumania y Yugoslavia en 1946, y Suiza en 1971.

En Latinoamérica algunos países dieron a las mujeres el derecho a votar en la primera mitad del siglo XX: Ecuador en 1929, Brasil en 1932, El Salvador en 1939, República Dominicana en 1942, Argentina en 1946, México en 1955 y Guatemala en 1956. En India se aprobó el sufragio universal en 1935, durante la época colonial. Otros países asiáticos concedieron el derecho de votar a las mujeres a mediados del siglo XX, como Japón en 1945, China en 1947 e Indonesia en 1955. En África, en general, las mujeres consiguieron el derecho al voto al mismo tiempo que los hombres: Uganda en 1958 y Nigeria en 1960. En muchos países de Oriente Medio el sufragio universal se aprobó tras la Segunda Guerra Mundial.

En la década de 1960, el movimiento que bregaba por los derechos de las mujeres recibió el nombre de "feminismo" o "liberación femenina". Las reformistas exigían el mismo salario que los hombres, los mismos derechos ante la ley y la libertad de planificar su familia o de no tener hijos. El Consejo Internacional de Mujeres (ICW) fue la primera organización que unió a mujeres de distintas nacionalidades para defender los derechos humanos femeninos. En marzo y abril de 1888, se reunieron en Washington D.C. mujeres que representaban a 53 organizaciones femeninas de nueve países: Canadá, Estados Unidos, Irlanda, India, Reino Unido, Finlandia, Dinamarca, Francia y Noruega. Participaron mujeres de organizaciones profesionales, sindicatos, movimientos artísticos y sociedades benéficas. El ICW trabajó con la Sociedad de las Naciones en el período de entreguerras, y con Naciones Unidas tras la Segunda Guerra Mundial. La Women for Women Internacional (WfWI) es una organización humanitaria sin ánimo de lucro que proporciona apoyo práctico y moral a mujeres supervivientes de conflictos bélicos. Las ayuda a recomponer sus vidas por medio de un programa gradual de un año de duración que comienza con ayuda financiera directa y orientación psicológica, con formación educativa si es necesario (alfabetización, matemáticas básicas), sensibilización sobre sus derechos, nociones sanitarias, formación profesional y desarrollo de pequeñas empresas. La organización fue fundada en 1993 por Zainab Salbi, norteamericana de origen irakí superviviente de la guerra entre Irán e Irak, y su marido, Amjad Atallah.

El trabajo del cuidado, también denominado reproductivo, es aquel que comprende las actividades destinadas al cuidado del hogar y de las personas que viven en él, abarca todo lo atinente a la familia en sentido amplio y se aplica en un ámbito de competencia estrictamente privado. Se denomina reproductivo para diferenciarlo del trabajo de mercado o productivo, que es el que oficialmente pertenece a la esfera de lo público.

La investigadora Teresa Torns[125] describe en su obra "El perquè de la reproducció" las tareas que comprende el trabajo reproductivo, agrupándolas en cuatro grandes bloques, a saber:

1) Cuidado y mantenimiento de la infraestructura del hogar (limpieza, alimentación familiar, orden general, compras, etc.).

2) Cuidado y atención de la fuerza de trabajo presente, pasada y futura. Es decir, el trabajo social, sanitario, educativo, psicológico de todas las personas de la familia dependientes o no (niñas/os, jóvenes, personas adultas o ancianas). La "dependencia" mencionada puede ser por edad (niñas/os, ancianas/os, etc.) o por salud (enfermas/os).

3) Organización y gestión del hogar y la familia. Implica la mediación entre la familia y los servicios privados y públicos existentes. Se refiere a gestiones burocráticas, bancarias, búsqueda y matriculación en escuelas, etcétera.

4) Representación conyugal. Se refiere a aquellas actividades que tienen que ver con los vínculos y relaciones afectivas y sociales de la pareja, celebraciones familiares, cercanía e interés por la familia, amistades, etcétera.

El trabajo del cuidado generalmente lo realizan las mujeres, no es remunerado y no está valorado socialmente; se lleva a cabo

---

125 Torns, T.: "El porqué de la reproducción", *Papers*, 59, págs. 99-108.

todos los días del año, sin horarios, y es necesario para la vida humana. La magnitud y responsabilidad de esta actividad lleva a pensar en una especie de "poderosa mano invisible" que regula la vida cotidiana y permite que el mundo siga funcionando.

Los estudios económicos y sociales suelen olvidarse de esta parte del trabajo, sumamente necesaria, importantísima, y del componente subjetivo de las necesidades humanas que se cubren desde el hogar por medio de las mujeres, de manera tradicionalmente gratuita.

Para el pensamiento económico clásico, el concepto de "trabajo" se ha identificado con empleo (mercado productivo y remunerado) y generalmente el concepto de "familia" se percibe solo como unidad de consumo de bienes, desconociendo, o peor aún, haciendo invisible, el hecho de que en el interior de los hogares se realiza una parte importantísima del trabajo que necesitamos como sociedad.

Se estima que algo más de la mitad del trabajo realizado por toda la población es el trabajo familiar doméstico, siendo, por lo tanto, inferior a la mitad, el que se realiza en el mercado productivo, el llamado "trabajo de la esfera pública". Es decir, las mujeres realizan gratuitamente todas aquellas actividades destinadas a criar y a mantener personas saludables, con estabilidad emocional y seguridad afectiva, características sin las cuales sería imposible no solo el funcionamiento de la esfera mercantil, sino ni siquiera la adquisición del llamado "capital humano". Así lo expresó Cristina Carrasco Bengoa en el artículo "Mujeres y trabajo: entre la invisibilidad y la precariedad".[126]

Ahora bien, la creciente incorporación de las mujeres al trabajo de mercado no tiene como resultado el abandono del trabajo familiar ni, tampoco, la incorporación de los hombres a esa labor y provoca que las mujeres se evadan del trabajo reproductivo. Esta situación sin duda ha producido una visible tensión entre los tiempos de cuidado y las exigencias del trabajo mercantil, determinando lo que se denomina como la "crisis de los

---

126 Carrasco Bengoa, C.: "Mujeres y trabajo: entre la invisibilidad y la precariedad", *Estudios de derecho judicial*, n° 131, 2007, págs. 141-164.

cuidados". Esta crisis es asumida por las mujeres, a través de la "doble presencia-ausencia" (jornada en el trabajo productivo y en el trabajo reproductivo), con la obligación de tenerlo todo en la cabeza para organizarlo debidamente con no pocas repercusiones para su salud y su estado anímico.

Una vez que las mujeres acceden al mercado laboral sufren mayores dosis de temporalidad y parcialidad, durante los períodos de maternidad y lactancia, debiendo licenciarse para el cuidado de los niños y su adaptación a la escolaridad; en fin, todo un cúmulo de tareas que representan en sí mismas rasgos de precariedad laboral. Este cuasi trabajo forzado generalmente se ve acompañado con el denominado "techo de cristal", pues existe también, como consecuencia de una corriente histórica "machista", una fuerte discriminación en la valoración de los salarios de trabajadores y trabajadoras, justamente lo que se ha llamado "brecha salarial" que representa alrededor de un 30% inferior lo que cobra una mujer en relación de dependencia de lo que cobra un hombre en el mismo puesto de trabajo y en las mismas condiciones.

Del trabajo de los cuidados depende no solo que las generaciones más jóvenes estén alimentadas, educadas y en condiciones –a su tiempo– de ingresar en el mercado laboral, sino también que la sociedad en general goce de cierto bienestar emocional y los mayores, enfermos o discapacitados estén atendidos, pues en su amplia mayoría esta tarea recae en las mujeres.

La propia Iglesia ha cambiado su mirada sobre la mujer, justamente el papa Francisco, en una entrevista concedida al padre Antonio Spadaro, director de la revista jesuita *La Civiltà Cattolica*, enunciaba: "La mujer es imprescindible para la Iglesia, las mujeres están formulando cuestiones profundas que debemos afrontar (...) en los lugares donde se toman las decisiones importantes es necesario el genio femenino. Afrontamos hoy este desafío: reflexionar sobre el puesto específico de la mujer incluso allí donde se ejercita la autoridad en los varios ámbitos de la Iglesia".

El 25 de enero de 2014 Jorge Mario Bergoglio recordaba: "La contribución vital de las mujeres en la sociedad, en particular con su sensibilidad e intuición hacia el otro, los débiles y los indefensos". En el 29° Congreso Nacional del Centro Italiano Femenino, que ha cumplido 70 años, el Papa afirmó: "Espero ampliar los espacios para una presencia femenina más extensa e incisiva en la Iglesia", y nuevamente en febrero de 2015, frente a los miembros del Pontificio Consejo de la Cultura, en el Vaticano, enfatizó: "Que se ponga en marcha criterios que favorezcan que las mujeres se sientan protagonistas y no invitadas cuando participen en la vida social y eclesiástica. Es un reto impostergable".[127]

En este sentido, un informe de la CEPAL publicado en 2009 define la actual "crisis del cuidado" en América Latina como "un momento histórico en que se reorganiza simultáneamente el trabajo salarial remunerado y el doméstico no remunerado, mientras que persiste una rígida división del trabajo en los hogares y la segmentación de género en el mercado laboral".

Sin lugar a dudas el resultado es fulminante: mientras aumenta la cantidad de personas dependientes de cuidado, disminuye la proporción de aquellas que están en condiciones de asumir esos cuidados. Así, las mujeres insertas en el mercado laboral suelen sumar a la jornada diaria de trabajo lo que se llama el "segundo turno", y a veces hasta un tercero o un cuarto, ligados siempre con las tareas de cuidado. Nada de esto se vislumbraba a mediados del siglo XX, cuando a la incorporación masiva de las mujeres al mercado laboral siguió el "estallido" de la familia nuclear y el consecuente derrumbe del esquema "hombre proveedor/mujer ama de casa". Luego vendrían la maternidad a edad cada vez más avanzada y la prolongación de la expectativa de vida. Al menos en Occidente, no ha quedado espacio del mundo privado sin transformarse, a excepción de uno: el de los cuidados y tareas domésticas.

Las encuestas de uso del tiempo y trabajo no remunerado, defendidas por los premios Nobel Joseph Stiglitz y Amartya Sen, como herramientas para un conocimiento más preciso de la dinámica económica de una comunidad, están arrojando luz sobre una zona por mucho tiempo en penumbra. Así lo demostró en el

---

127 Jorge Mario Bergoglio es el Papa número 266 de la Iglesia Católica. Es el primer Papa latinoamericano y el primer jesuita de la historia en ocupar ese puesto. Ha elegido llamarse Francisco.

año 2006 la catedrática madrileña María Ángeles Durá cuando, al frente de un estudio del Centro Superior de Investigaciones Científicas, llegó a la conclusión de que las tareas de cuidado no remuneradas representaban casi el 55% del PBI de la Comunidad de Madrid.

Algo similar reveló el Instituto de Estadísticas de México, al establecer que el trabajo no remunerado realizado en los hogares de ese país en 2009 alcanzaba aproximadamente al 22% del PBI. De acuerdo con el trabajo que Flavia Marco Navarro y María Nieves Rico publicaron en la compilación "Las fronteras del cuidado" esa cifra significó "un aporte al bienestar económico del país superior a la participación de la industria manufacturera (17,6%), la extracción de petróleo y gas (6,9%) o el sector agrícola (3,4%)".

Ahora bien, ¿por qué el TCR podría ser una alternativa al trabajo invisible?

El TCR permite visibilizar "sin culpas ni reproches" el trabajo de cuidados, sea a través de la mujer o del hombre que se encuentra trabajando conectadamente. Como sabemos, el TCR es una modalidad laboral que permite en forma autónoma o dependiente trabajar a distancia, a través de las TIC, desde el propio domicilio u otro lugar. Desde la perspectiva del modelo TCR dependiente, el trabajador no modifica su jornada de trabajo, pero sí elimina tiempos muertos, es decir, aquellos que invierte en traslados o en esperas, y es precisamente entonces cuando la organización del tiempo personal, la autogestión cobra preponderancia al convertir a cada teletrabajador en hacedor de sus propios tiempos y disponibilidades.

4. TCR y medio ambiente

Desde 1973, cada 5 de junio se celebra el Día Mundial del Ambiente, establecido por la Asamblea General de Naciones Unidas, en su Resolución 2997 XXVII del 15 de diciembre de 1972. Con ella se dio inicio a la Conferencia de Estocolmo, Suecia, cuyo tema central fue la preocupación por el cuidado del medio ambiente. Existe un fuerte consenso científico respecto de que el clima global se verá alterado significativamente en el siglo XXI como resultado del aumento de concentraciones de gases de efecto invernadero. Por "cambio climático" se entiende una modificación del clima atribuida directa o indirectamente a la actividad humana que altera la composición de la atmósfera mundial y que se suma a la variabilidad natural del clima observada durante períodos comparables.

La combinación de la alta movilidad de las personas y la falta de infraestructura apropiada, más elevados niveles de densidad poblacional han llevado a grandes niveles de congestión en la mayoría de los centros urbanos, tanto de países desarrollados como en desarrollo. Esto a su vez ha dado lugar a extensos tiempos de viaje desde el hogar hacia el trabajo que también podrían estar asociados a elevados niveles de emisión de gases de efecto invernadero (GEI). Está claro que entre los numerosos responsables de las emisiones GEI el transporte constituye uno de los ítems más relevantes. Entre las múltiples ventajas del TCR (puntualmente con respecto a la temática ambiental) se identifica el hecho de que puede evitar el traslado diario de los individuos, reduciendo la contaminación ambiental y el tránsito vehicular. Se impide la migración del campo a la ciudad, permitiendo la prevención en situaciones de pandemia y catástrofes naturales, además de ser un medio para construir una vida más saludable al reducir el nivel de estrés por evitar los traslados, con el consiguiente ahorro de tiempo y dinero.

Este programa utiliza como base la "huella de carbono". Se trata de un indicador que permite medir la totalidad de GEI que emite a la atmósfera –de forma directa o indirecta– un individuo, organización o producto durante un período de tiempo determinado. El conocer la huella de carbono, nos permite identificar las principales fuentes de emisión de GEI en nuestra vida cotidiana, en el proceso de producción de un producto, en el funcionamiento de una empresa o en un territorio. Ese es el primer paso para tomar decisiones sobre medidas y estrategias a implementar que permitan reducir las emisiones de GEI, además de ser más eficientes en el uso de la energía, combustibles y/o materia prima para evitar el calentamiento global.

Según datos de la Secretaría de Ambiente y Desarrollo Sustentable de la Argentina, un habitante tiene una huella de carbono promedio de 5,71 toneladas de CO_2 al año. Si se analiza la composición de la huella de carbono, el transporte resulta la principal fuente de emisiones por persona, representando un 50,69% de la huella total.[128]

Para el caso del transporte –que constituye el mayor peso dentro de la huella de un/a argentino/a– la opción para emitir menos GEI, y en consecuencia reducir la huella, será optar por medios de transporte más eficientes para desplazarse. Efectivamente, la modalidad de TCR reduce la frecuencia de traslados de los trabajadores, lo cual contribuye a reducir la huella de carbono en un 76% si se desplaza en colectivo, en un 98% si opta por el tren eléctrico y en un 84% si lo hace en tren diesel, en tanto que reduce un 99% si viaja en subte.

Diariamente una enorme cantidad de personas se desplaza hacia sus puestos de trabajo, si lo hicieran de una manera más sustentable se podría ayudar a reducir significativamente la contribución al cambio climático. A modo de ejemplo: si un organismo –que cuenta con 100 empleados– implementa la modalidad de TCR dos veces a la semana, podrían evitarse desplazamientos que conllevan a una reducción del 40% de las emisiones de GEI anuales (6.500 kg de CO_2/año). Ello se debe al ahorro de los combustibles de las distintas modalidades de transporte utilizados habitualmente por los empleados para desplazarse desde sus hogares hasta su puesto de trabajo en la empresa y viceversa. Las reducciones conseguidas (6.500 kg de CO_2/año) son equivalentes a las emisiones que generarían 85 automóviles en el viaje de Buenos Aires a Mar del Plata (ciudades distantes a algo más de 400 km).

El programa de TCR y medio ambiente tiene como objetivos:

a) Promover la experiencia de "empresas verdes".

b) Fomentar la implementación de acciones para la protección del medio ambiente en sectores públicos y pri-

---

128 https//www.lanacion.com.ar, 8/07/2012, extraído del reporte de Cambio Climático de la Secretaría de Ambiente y Desarrollo Sustentable de la Argentina.

vados a través de procesos de certificación de buenas prácticas.

c) Impulsar dichas acciones mediante incentivos económicos otorgados por la autoridad de aplicación.

d) Formar y capacitar en medio ambiente y TIC al alcance de todos.

e) Elaborar informes y estadísticas sobre teletrabajo y medio ambiente.

f) Divulgar sus beneficios a través de talleres con los actores sociales.

A través del programa de TCR, las posibilidades de reducción de la huella de carbono varían entre el 3% respecto de la línea de base si el programa alcanza a un 5% de trabajadores, entre 6 y 10% de reducción si afecta al 15% de trabajadores y entre 12 y 18% si existe una proporción de 30% de trabajadores conectados remotos para los casos analizados.

Considerando estos resultados, para las empresas y organismos, el TCR constituye una medida de mitigación de emisiones de GERI que resulta por demás de efectiva, en caso de que deseen reducir su huella de carbono.

En este sentido, dicha modalidad contribuye y fomenta la mejora del medio ambiente en función de que disminuye:

- La emisión de GEI al evitar el desplazamiento del trabajador.
- El consumo energético, por el uso de tecnología informática.
- El consumo de combustibles fósiles.
- El calor irradiado al ambiente por los vehículos en desplazamiento.
- Los niveles de *distress* (o estrés negativo) dado que el TCR reduce notablemente el tránsito vehicular, mejorando la calidad de vida.

Este programa pretende instalar el tema en la agenda de los actores públicos y privados para comenzar a generar conciencia acerca de posibles modalidades alternativas e innova-

TELETRABAJO Y NEUROTECNOLOGÍA

doras para abordar la acuciante cuestión del cambio climático y el impacto ambiental de las actividades económicas en la Argentina.

Más allá de Argentina, en otros países de la región la preocupación es similar. Según un informe confeccionado por el Mintic de Colombia, una empresa que tiene 1.000 teletrabajadores puede salvar hasta 1.514 árboles y ahorrar 58.931 litros de combustible, con lo cual está absolutamente comprobada la contribución del TCR para la conservación y mejora del medio ambiente.

5. Síntesis del Capítulo VII

Por motivos culturales, las mujeres que trabajan en las organizaciones están más expuestas que los hombres a un mayor estrés, por la necesidad de conciliar la familia con el trabajo; un buen ejemplo de ello es que la mayoría de las mujeres que están en carrera gerencial tienen que decidir entre mantener su carrera profesional y la familia. Aquellas que pueden optar por el modelo TCR pueden disponer de más tiempo familiar reduciendo así la sensación de doble jornada laboral que muchas veces exige un puesto gerencial. Tanto el trabajo como la familia requieren tiempo y energía, y más aún cuando existen grandes distancias entre el hogar familiar y la oficina laboral.

Para muchas mujeres el TCR es considerado como parte de su salario emocional, lo cual aumenta su nivel de satisfacción, en el mismo sentido el TCR posibilita la reducción de la contaminación y la mejora de la calidad del aire. Efectivamente la tasa de consumo de energía de equipos de oficina es el doble de la de equipos de oficina en la casa.

El TCR facilita la conciliación de la vida laboral y la personal, y esto, más allá de una frase hecha, es la clave del éxito de una modalidad que crece y se desarrolla local, regional y mundialmente. A través de este formato se organiza la vida laboral y personal, pudiendo llevar adelante tareas propias del trabajo de los cuidados. Si la familia es la base, la célula principal de una sociedad, cómo no apostar a su bienestar; cómo no contribuir a generar más y mejores condiciones de vida a través inclusive de la reducción genuina de costos laborales superfluos, como excesivos pagos de alquileres o de infraestructuras edilicias, exceso de gasto de energía y demoras en los traslados.

ALGUNAS REFLEXIONES FINALES...

Como hemos visto, nuestro cerebro está construido para aprender hábitos y conservarlos en los ganglios basales como memorias de procedimiento que impiden que gastemos energía consciente. El cerebro es dinámico, y se remodela a sí mismo en respuesta a las experiencias y aprendizajes que vamos viviendo y que son seleccionadas por nuestro sistema límbico, el responsable de las emociones. Durante un largo tiempo las emociones fueron identificadas como "habilidades blandas"; sin embargo, hoy la ciencia demuestra que por el contrario cumplen funciones ejecutivas, conducen a la acción, a la razón, a las conclusiones o a las justificaciones. Las emociones son reacciones psicofisiológicas que alteran nuestra atención y se originan en el sistema límbico. Existen diferentes teorías sobre la emoción, las más importantes se clasifican en:

- Teorías fisiológicas. Afirman que las responsables de las emociones son las respuestas intracorporales.
- Teorías neurológicas. Plantean que la actividad en el cerebro lleva a respuestas emocionales.
- Teorías cognitivas. Proponen que los pensamientos son los responsables de la formación de las emociones.

Muchas veces no valoramos la educación emocional, sin embargo la inteligencia emocional ha demostrado ser una herramienta básica para la salud mental. En este sentido, Daniel Goleman[129] señala que los componentes de la inteligencia emocional son:

a) autoconocimiento emocional, se refiere al conocimiento de nuestros propios sentimientos y emociones, y cuánto ellos nos influyen;
b) autocontrol emocional, es el que nos permite reflexionar y dominar las emociones;
c) automotivación, implica enfocar las emociones hacia objetivos y metas que nos permiten ser proactivos;
d) reconocimiento de las emociones de los otros, empatía, que facilita la compresión e identificación de los otros;
e) relaciones interpersonales, que a su vez implican un mejor desempeño social y laboral.

La inteligencia emocional es clave para nuestro bienestar mental y para las relaciones con los demás. La repetición en el tiempo de experiencias personales condiciona nuestras emociones, y la motivación genera una energía que sirve para empujar el cambio; solo con la repetición, un nuevo hábito o una nueva creencia logra pasar de un lugar consciente, que lleva esfuerzo y energía y que se ubica en el córtex prefrontal, a otro más económico y automático del cerebro, que es el ganglio basal.

La propuesta de este libro es salir de la zona de confort, crear nuevos cables y mapas para pensar en forma novedosa, y adoptar la modalidad de TCR como un estilo de vida. Para describir el TCR se han utilizado términos como *telecommuting* (teledesplazamiento), *telework* (trabajo a distancia), *networking* (trabajo en red), *flexible working* (trabajo flexible), teletrabajo, trabajo nómada digital. Ahora bien, todos términos referidos a la actividad en sí, pero no a la particularidad de su prestación.

Desde la prestación en sí misma, pueden identificarse dos tipologías:

---

129 Goleman, D.: *Inteligencia emocional.* Kairós, Barcelona, 1996. Goleman (1946) nació en California y se doctoró en la Universidad de Harvard; es escritor y psicólogo.

a) El teletrabajo, que se caracteriza por ser el trabajo que se realiza a distancia, generalmente desde el domicilio del trabajador o desde uno ajeno al empleador, a través de las TIC, con habitualidad; es decir, en forma constante y con carácter mixto. Esto implica que se requiere la presencia del trabajador en el establecimiento laboral al menos una o dos jornadas laborales por semana.

b) El TCR, que es el realizado a través de las TIC, sin habitualidad y con la posibilidad de poder conectarse durante todas las jornadas laborales de la semana.

Pero siempre, la posibilidad de trabajar desde el hogar o desde algún lugar remoto y manejando el tiempo propio, requiere un cambio cultural, adaptarse a la tecnología desde su lado más humano. Su aplicación significa una mejora para la vida que facilita la conciliación de lo laboral y lo personal, permite ahorrar en gastos y en los tiempos muertos que consumen los traslados.

Desde el punto de vista de las empresas, pueden disminuirse costos y mejorar la productividad y el clima laboral. Sin embargo, lo inquietante sigue siendo la regulación de esta modalidad, y, en este sentido, la guía de la Organización Internacional del Trabajo (OIT) constituye una suerte de carta orientativa para los países que en la actualidad se encuentran frente a la problemática de su regulación.

Estos lineamientos, que responden al teletrabajo, también son aplicables a los trabajadores conectados remotos. Ellos son:

1. El reconocimiento de la condición de asalariado a los trabajadores conectados remotos, que trabajen fundamentalmente para el mismo empleador.

2. Los mismos regímenes de prestaciones sociales (formación, desempleo, pensiones, enfermedad) que los empleados presenciales de las empresas que ocupan los mismos puestos.

3. Idénticos sistemas de retribución que los de los trabajadores presenciales de las empresas que se ocupan en los mismos puestos laborales.

4. Retribución con referencia horaria clara, con el fin de no extender el tiempo de trabajo de manera unilateral por el empleador.
5. Participación garantizada en las actividades sindicales en los centros de trabajo.
6. Gastos e inversiones necesarios para la realización del trabajo a cargo de las empresas, considerando los materiales y las instalaciones pertinentes, así como una estimación de los costos energéticos.
7. Sistemas de contacto con el resto de los trabajadores presenciales, con carácter periódico, con el fin de limitar las posibles sensaciones de aislamiento y falta de integración.
8. Programas formativos permanentes, a la vez que sistemas informativos estables sobre los cambios y nuevos requerimientos profesionales de los trabajadores.
9. Iguales posibilidades de promoción que los trabajadores presenciales.
10. Carácter voluntario recíproco de las partes para la implementación de la modalidad.

Evidentemente, algunas leyes y proyectos legislativos de TCR ponen énfasis en la inclusión social, la calidad del empleo y en los niveles de desempleo, en tanto que otros contienen motivos vinculados a la posibilidad de reducir el tránsito o a la protección del medio ambiente. Las modificaciones o ampliaciones de legislaciones vigentes incorporan las variantes de espacio y tiempo que son flexibilizados con el TCR. Sin embargo, difícilmente puedan considerar la facilidad con que esta forma se convierte en transfronteriza y *offshore*, por lo que sería interesante elaborar un marco normativo para la región, acordando aspectos transnacionales puntuales, como ley aplicable, jurisdicción, conciliación y arbitraje virtual.

Es importante señalar que algunos motivos locales para legislar son la invisibilidad del TCR, el fraude laboral y el reconocimiento de nuevas formas de trabajo; en tanto que otros motivos de carácter regional para trabajar en marcos legales, lo constituyen:

el trabajo sin fronteras, las tendencias regresivas del salario y el crecimiento de ciertas industrias como la de las TIC.

Pero la pretensión de la obra va más allá. Busca ensamblar la tecnología con las emociones utilizando como instrumento la programación, en el marco del TCR.

Ciertamente, a través de las diferentes herramientas, como la meditación, la práctica de yoga, la respiración, el *mindfulness* y el EPEP, podemos gestionar las emociones utilizando la parte racional del cerebro más que los impulsos emocionales e instintivos.

Las neurociencias estudian el sistema nervioso tratando de explicar cómo la actividad del cerebro se relaciona con la psiquis y el comportamiento, advirtiendo cuáles son los procesos biológicos que facilitan el aprendizaje. A medida que avanzan las neurociencias mejoran las herramientas para lograr un adecuado autoliderazgo emocional. Se ha comprobado que ante una sensación de placer el organismo libera endorfinas, que son moléculas que actúan como un analgésico natural, nos sedan y revitalizan el sistema inmunológico. A la inversa, si una persona está estresada, ansiosa, impactada por la tecnología, aumenta el flujo de sangre en su corteza prefrontal y se reduce su capacidad de motivación e iniciativa.

Ahora bien, los estados de ánimo positivos pueden generarse con el pensamiento, ejercitando el córtex izquierdo del cerebro, obteniendo menor dependencia emocional y mayor concentración cognitiva. Cada ser humano adulto tiene una enorme influencia en el desarrollo de su inteligencia, que no está predeterminada por los genes. Es decir, el genoma, que es la totalidad de la información genética que posee un organismo, y el fenoma, que es el conjunto de todos los fenotipos expresados por una célula, tejido, organismo o especie, no son suficientes ni excluyentes.

Un nuevo concepto abre ventanas a la sociedad con una medicina predictiva y con un grado de responsabilidad individual cada vez más fuerte. No son nuestros genes los que de modo irrenunciable y determinista provocan las enfermedades; el ambioma, definido como el conjunto de elementos no genéticos, cambiantes, que rodean al individuo y que pueden determinar la aparición de una enfermedad, plantea una nueva área de conocimiento, por cierto muy compleja. El concepto de ambioma es multidimensional, ya que incluye la vida afectiva, los sentimientos, el ámbito familiar, los lugares de trabajo, los hábitos que influyen en el desarrollo cerebral. "El ser humano es espejo y creador de todo lo que lo rodea, incluido él mismo, porque podemos orientar la información de su aprendizaje y de la memoria en la dirección que, de alguna manera, nos gustaría que llevara", explica el neurólogo español Francisco Mora, quien también señala que muchas cosas que hacemos en nuestras vidas pueden repercutir potencialmente en nuestra herencia genética, si bien de forma reversible.[130]

Desde la física cuántica, el investigador Philippe Panchout sostiene que los esquemas y los comportamientos genéticos no dependen de la cantidad de neuronas del ser, y por ende de sus sinapsis, sino de las informaciones contenidas en cada neurona, las cuales tienen que ser idénticas en todas las neuronas de un mismo animal por actuar todas en forma sincronizada. Una de las conclusiones más importantes a las que arriba es que en cualquier momento de la vida puede desarrollarse la inteligencia. La inteligencia depende de la organización del cerebro, debiéndose respetar una alimentación adecuada durante la gestación, seguir una buena dieta a lo largo de la vida y tener acceso a medios de comunicación, a libros, revistas e Internet para estimular y aprender.[131]

---

130 Francisco Mora es doctor en Medicina por la Universidad de Granada y en Neurociencias por Universidad de Oxford, catedrático de Fisiología Humana de la Facultad de Medicina de la Universidad Complutense de Madrid, y de Fisiología Molecular y Biofísica de la Facultad de Medicina de la Universidad de Iowa, Estados Unidos. Ha escrito más de cuatrocientos trabajos y comunicaciones científicas en el campo de la neurobiología, y cincuenta libros, entre ellos, *Diccionario de Neurociencia* y *Neurocultura*.

131 Philippe Panchout (1946), físico y matemático, estudioso de microbiología, biología, zoología, psicología y numerosas disciplinas. Es autor de cerca de una decena de libros sobre el funcionamiento del cerebro y el comportamiento humano, y otros tantos sobre filosofía. Nació en París en 1946. Su libro *El funcionamiento del cerebro* fue elegido libro del mes en la Facultad de Medicina de la Universidad Complutense de Madrid, a pesar de discrepar con neurólogos sobre la importancia de la sinapsis.

La realidad de los hechos permite al autor deducir que una zona primitivamente dedicada a lo genético puede achicarse o desaparecer. En verdad, no es que las neuronas que corresponden a dichas zonas sean destruidas, lo que se notaría inmediatamente en un estudio neurológico, sino que son utilizadas para otro u otros propósitos. Por ende, cuando una conducta de orden genético no se emplea y se inscribe un aprendizaje en el total o en parte de la zona cerebral involucrada, el aprendizaje imposibilita una posterior lectura de tipo genético.

Obviamente, esta capacidad humana de reemplazar los comportamientos genéticos por otros aprendidos permite a los seres humanos efectuar la creación de un gran número de nuevos comportamientos; un aprendizaje adecuado posibilita el cambio.

Sin la presencia del otro, la comunicación degenera en un intercambio de información: las relaciones se reemplazan por las conexiones, y así solo se enlaza con lo igual; la comunicación digital es solo vista, hemos perdido todos los sentidos. Estamos en una fase debilitada de la comunicación como nunca: la comunicación global y de los likes solo consiente a los que son más parecidos a uno: "¡lo igual no duele!", sostiene el sudcoreano Byung-Chul Han, uno de los filósofos más importantes de nuestra época, de quien se comenta que su particular estilo de escritura –con frases cortas, casi telegráficas, pero profundamente significativas– es el resultado de la adopción del alemán como idioma de expresión.[132]

Han propone "regresar al animal original, que no consume ni comunica desaforadamente" porque la lógica actual afirma que el capital necesita que todos seamos iguales; cuanto más iguales sean las personas, más aumenta la producción. Vivimos en una época de conformismo radical: la universidad tiene clientes y solo crea trabajadores, no forma espiritualmente; el mundo está al límite de su capacidad.

---

132 Byung-Chul Han (1959), de formación universitaria, comenzó la carrera en su país en el sector metalúrgico y a los 20 años emigró a Alemania para estudiar literatura. Su excelencia consiste en enlazar corrientes y autores decisivos de la filosofía del siglo XX con algunos de los problemas más urgentes de nuestra época.

La crisis de la época actual no es la aceleración sino la dispersión y la disociación temporal. En contraposición al mundo de la verdad de Platón, la actual sociedad de la transparencia es la sociedad de la información. La transparencia carece de trascendencia, le falta aquella luz divina que implica una tensión metafísica. El aumento de información y comunicación no esclarece por sí solo el mundo, la hiperinformación y la hipercomunicación no inyectan ninguna luz en la oscuridad.

El método GNT, Gestión Neuro-TIC, busca entrenar la atención ignorando distracciones y procurando la eficiencia. Se trata de focalizar el cerebro, potenciar la concentración, evitar el mal uso de las TIC y prevenir su impacto negativo en nuestro cuerpo. Focalizar implica estabilizar los circuitos cerebrales, la atención consciente que debe coincidir con las intenciones y expectativas, filtrando los diferentes estímulos y compitiendo por la atención, que es limitada, solo de 173.000 millones de bits de información.

BIBLIOGRAFÍA

Acuerdo Marco Europeo sobre Teletrabajo (16/07/02) extraído de https://www.uned.ac.cr/viplan/images/acuerdo-marco-europeo-sobre-teletrabajo.pdf

Bertalanffy, L.: *Teoría general de los sistemas*. Fondo de Cultura Económica, México D.F., 1989.

Braidot, N.: *Neuromanagement*. Paidós, Buenos Aires, 2010.

Copeland, T.; Koller, T. y J. Murrin: *Valoración: gestión y medición del valor*. Deusto, Bilbao, 2004.

Damasio, A. R.: *El error de Descartes: la razón de las emociones*. Andrés Bello, Santiago de Chile, 1994.

De Bono, E.: *El pensamiento lateral. Manual de creatividad*. Paidós Ibérica, Barcelona, 1993.

Fuentes Izquierdo, B. V.: "El teletrabajo y su interpretación en el derecho laboral guatemalteco". Tesis publicada en *Derecho Guatemalteco*, Guatemala, 2005. Disponible en http://www.derechogt.org

Henríquez, H.; Cárdenas Tomazic, A. y Selamé, T.: "Trabajo a domicilio en el siglo XXI, tres miradas sobre el teletrabajo". Dirección del Trabajo, Departamento de Estudios, Santiago de Chile, diciembre de 2005.

Kahneman, D.: "Mapas de racionalidad limitada. Psicología para una economía conductual". *Revista Asturiana de Economía*, n° 28, 2003.

Levy, A.: *ECP - Estrategia, Cognición y Poder*. Granica, Barcelona, 2007.

"Los trabajadores a domicilio y la economía mundial, Quitarles la máscara de invisibilidad"; extraído de la revista http://www.cinterfor.org.uy/public/spanish/region/ampro/cinterfor/temas/gender/doc/cinter/pacto/cue_gen/tra_dom.htm

Mintzberg, H.; Lampel, J. y Ahlstrand, B: *Safari a la estrategia*. Granica, Barcelona, 1999.

Pisapia, J.; Reyes-Guerra, D. y Coukos-Semmel, E.: "Developing the Leader's Strategic Mindset: Establishing the Measures", Kravis Leadership Institute, *Leadership Review*, Spring, Vol. 5, págs. 41-68.

Recomendaciones de la OIT en materia de teletrabajo, extraído de http://www.gva.es/guiaempleo/

Senge, P.: *La quinta disciplina*. Granica, Barcelona, 1994.

Stegmann, J.: "Strategic Value Management. A New Generation of Strategic Management Thinking". *Strategic Management Society 2010*. Annual Conference, Roma.

Thompson, A. Jr; Strickland, A. J. y Gamble, J. E.: *Administración estratégica. Teoría y casos*. McGraw Hill, México, 1996.